Kuan Yin
Die Mutter der Buddhas
in einer Schale Tee

Kuan Yin
Die Mutter der Buddhas in einer Schale Tee

Language : German

Author : Sonja MyoZen Sterner

Copyright: Sonja MyoZen Sterner

ISBN 978-81-975182-5-6 (print)
ISBN 978-81-975182-9-4 (ebook)

BISAC Code:
REL007000, Religion / Buddhism / General
REL092000 , Religion / Buddhism / Zen
OCC012000 Body Mind & Spirit/Mysticism
EDU040000 EDUCATION / Philosophy, Theory & Social Aspects SEL032000   SELF-HELP / Spiritual
REL062000 RELIGION / Spirituality

Thema Subject Category:
DN , Biography and non-fiction prose
WBXN12 , Tea Ceremony
QRFB23 , Zen Buddhism

Published by:
PRISMA, an imprint of Digital Media Initiatives
PRISMA, Aurelec/ Prayogshala,
Auroville 605101, Tamil Nadu, India
www.prisma.haus

Kuan Yin Tempel in Vietnam

Inhalt

Einleitung 1

Kirschblüten und Heilwasser 13
    Kuan Yin, Mutter Natur 13
    Das Kosmische Ohr 20
    Kuan Yin entlang der Seidenstraße 26
    Kuan Yin und die sechs Daseinsbereiche 31
    Wasser-Mond Kuan Yin 34
    Om Mani Padme Hum 35
    Drachenmädchen 37
    Avalokita, das Universelle Tor – Saddharmapundarika Sutra, Kapitel 25 39
    Herzsonne in Nepal 47
    Im Stern-Gebirge von Portugal 51

Träume und Begegnungen 57
    Erstes Aufleuchten meines Herz-Mandalas 57
    Blumen für Kuan Yin 62
    Kuan Yins Violettes Licht 65
    Traumzeit-Geschwister 68
    Kuan Yin vom Dach der Welt 72
    Kuan Yin und Tara 78

Erneutes Aufleuchten meines Herz-Mandalas   82

Kuan Yin formlos   89

Mein zen-buddhistischer Lehrer   89

Kuan Yin im vietnamesischen Tempel   96

Die Legende von Miao Shan   99

MyoZen   102

Kuan Yin im Zen   106

Kuan Yin und Prajnaparamita   112

Hungergeister - Dämonen   116

Hui Neng   121

Die Lehre vom Weißen Wasser   125

Die Lehre vom Weißen Kham kommt nach Bielefeld   125

Kuan Yin und Umay   132

Kuan Yin und Transformation   133

Meine Jurte
Rückkehr zu meinen Spirituellen Wurzeln   140

Das Windpferd   141

Weitere Reisen
Der weiße Schwan   142

Alles ist verbunden   145

Kuan Yin im Weißen Land des Schnees   149

Initiation   150

Kuan Yin und der Schwan   152

Die Lehre vom Weißen Wasser	155
Weiteres Aufleuchten des Herz-Mandalas	157

Mutter aller Buddhas — **159**

Herz-Selbst	159
Kuan Yin als Himmlische Mutter	163
Cundi Kuan Yin	167
Maha Cundi Dharani Das Herz der Mutter von Sieben Myraden Buddhas	172

Höchstes Gewahrsein - Unsterblichkeit — **173**

Swastika - Mara	173
Goldene Kuan Yin und Herzsonne	176
Zeitlosigkeit – Unsterblichkeit – Tugend	181
Spiegel-Träume	195

Ankunft in meinem Herz Mandala — **199**

Kuan Yin - Heilige Geometrie	199

Anrufungen — **213**

Kuan Yin – Mutter aller Buddhas	213
Symbole von Kuan Yin	215

Danksagung — **217**

Über die Autorin — **219**

Buchempfehlungen — **221**

*Für meinen Sohn Ole AnGyo,
der im Alter von neun Jahren seine
Meditationspraxis begann
und mich stets auf meinem
Weg ermutigt und inspiriert.*

*Wenn sich die Flamme
des Greifens
in die Flamme
des Gebens
verwandelt,
geschieht Befreiung
im Nu.*

Sonja MyoZen

Einleitung

Eine goldene Treppe erscheint vor mir in meinem Traum. Sie führt nach oben. Ich steige die Stufen hinauf und gelange in einen großen Saal mit vielen Fenstern. Der Saal ist fast leer. Nur am hinteren Ende ist eine alte Holzkommode zu sehen, auf der ein Spiegel steht. Vor dem Spiegel findet eine Wasserschale aus weißer Emaille Platz – und im glitzernden Wasser schwimmt eine silbrig weiße Lotusblüte.

Ich schaue in den Spiegel … und völlig unvermittelt finde ich mich im nächsten Moment auf einem verschneiten Berg wieder. Rechts von mir ist ein Weg; Gebetsmühlen reihen sich entlang des Weges. Auf den Gebetsmühlen kann ich das Mantra „Om Mani Padme Hum" erkennen. Viele Pilger, die diese Gebetsmühlen drehen, umgeben mich. Gekleidet in weiße Roben beginne ich ebenfalls die Gebetsmühlen beim Hinaufsteigen des Berges in Bewegung zu setzen. Der Himmel ist endlos blau, die Sonne scheint. Als ich den Gipfel erreiche, ist dieser in goldenes Licht getaucht. Plötzlich spüre ich Kuan Yins Nähe und höre eine laute Stimme: „Dein Leben ist ein Gebet an Kuan Yin!"

Kuan Yin ist eine uralte Licht-Göttin. Ihr Licht strahlt aus dem Mittelpunkt der Zentral-Sonne unserer Galaxie zu uns und ermöglicht Leben in allen möglichen Formen – es strahlt im Außen aber vor allem durchströmt uns dieses Lebenslicht auch von innen. Diese Lichtkraft, die untrennbar verbunden ist mit Güte und Weisheit hat in den menschlichen Kulturen verschiedene Formen und Namen, sodass wir ihr mühelos begegnen können – sowohl in der Begegnung mit der Welt als auch in der Begegnung mit uns selbst.

Kuan Yin, die Göttin des Mitgefühls und der Weisheit. Was ist jedoch Mitgefühl? Und was ist Weisheit? Vielleicht haben wir direkt Ideen dazu, wenn wir diese Begriffe lesen. Ich mag die Leserinnen und Leser gern dazu einladen, sich in den nächsten Seiten auf eine Reise zu begeben, auf der sie Kuan Yin in verschiedenen Kulturen und Aspekten begegnen können - und zu schauen, wie sich Mitgefühl und Weisheit in uns selbst offenbaren.

Aus meiner tiefen Hingabe an sie ist dieses Buch entstanden. Ich erlebe Kuan Yin als eine innere archetypische Kraft – und nehme sie ebenso als ein Wesen wahr, welches mir wunderbar weise und geschickt zur Seite steht, wenn ich darum bitte. Dabei kann es sowohl um ganz alltägliche Angelegenheiten gehen als auch um grundlegende Entscheidungen auf meinem spirituellen Weg.

Auf diese umfassende Weise wird Kuan Yin auch in Japan (als Kannon) mit großer Hingabe in der Bevölkerung verehrt. Ihr zu Ehren zieht sich ein Pilgerweg entlang der japanischen Insel Honshū, der sogenannte Saigoku-Pilgerweg, der aus 33 Schreinen besteht. Jeder Schrein ist einer spezifischen Form der Kuan Yin geweiht. Mich berührt es, dass Kuan Yin, die mir so sehr am Herzen liegt, auch von anderen Menschen mit Hingabe geliebt und geachtet wird. Die Pilger und Pilgerinnen finden – so wie ich – in Kuan Yins Energiefeld Zuversicht, Mut und innere Anleitung, also etwas, das wir alle auf unserem Weg gut gebrauchen können

Die Zahl 33 steht auch symbolisch für ihre zahllosen Formen. In Japan unterstützt sie z.B. als „Koyasu Kannon" eine sichere Geburt. In ihrer Form „Juntei Kannon" verkörpert sie die reine Mutter aller Wesen. Als „Jibo Kannon" ist sie die liebende Mutter und als „Mizuko Kuyō Kannon" umsorgt sie verstorbene Seelen. Tatsächlich gibt es in Japan auch eine christliche Form von Kuan Yin, die „Maria Kannon" genannt wird.

„Schritt für Schritt – keine Distanz" las mir ein buddhistischer Mönch einmal vor, den ich auf der Straße traf. Er war als Pilger unterwegs. Kleine Glöckchen zierten seinen Wanderstock, die mit jedem seiner Schritte leise vor sich hinsangen. Nur ein paar wenige Habseligkeiten hatte er dabei: Fuß-Salbe, Pflaster und einen Geldschein, den seine fürsorgliche Frau ihm heimlich ins Gepäck gesteckt hatte. In unserer ortsansässigen Meditationsgruppe in Bielefeld fand er Unterkunft für eine Nacht. So verbrachten wir den Abend gemeinsam und lauschten den Erlebnissen seines Weges. Am nächsten Morgen zog er weiter. Sein Lehrer hatte ihm diesen Satz „Schritt für Schritt – keine Distanz" als Inspiration mit auf den Weg gegeben – eine Lehre, die vielleicht im ersten Augenblick seltsam erscheinen mag, die jedoch jede und jeder auf dem Zen-Weg irgendwann nachvollziehen kann: Jeder einzelne Schritt ist in sich vollständig und führt ins Hier und Jetzt.

In gewisser Weise bin auch ich eine Pilgerin. Wie jeder Mensch mache ich mich auf den Weg, mein wahres Sein zu ergründen oder wiederzufinden – gleichzeitig ist es dir ganze Zeit schon bei mir – und um mich herum.

So beschreibt dieses Buch meinen ganz persönlichen Pilgerweg mit Kuan Yin – den Pilgerweg meines Lebens. Schon früh fühlte ich mich einer Urkraft verbunden, die ich als gütig, liebevoll und weise – und zuweilen auch furchteinflößend und machtvoll – empfand und nach wie vor empfinde. Meine Kindheit war begleitet von Sagen und Geschichten über die Weiße Göttin; die Weiße Frau, welche die Seelen der Wesen hütet, sie sanft durch alle Wandlungen führt und die zur Hilfe eilt, wenn wir sie rufen. Zahlreiche Geschichten erzählen davon, wie sie sich unter uns Menschen mischt, um unsere Tugenden zu prüfen. An Quellen, Seen, Bäumen und Steinen können wir besonders leicht Kontakt mit ihr aufnehmen – so wurde es mir nahegelegt. Und natürlich habe ich das auch ausprobiert.

Viele Jahre später begegnete mir die Weiße Frau auch in vielen anderen Traditionen, zum Beispiel bei den Kelten als Göttin Brighid - und in der buddhistischen Tradition als Kuan Yin, die „Liebende Weisheitsmutter".

Uralte Steinfiguren ihrer lieblichen und zugleich kraftvollen Gestalt zieren die alten Tempel. Wandbilder zeigen sie in goldener Körperfarbe elegant auf einem Lotos tanzend. Sie hält eine Vase, welche den kostbaren Nektar der Unsterblichkeit enthält – oder einen Lotos, in dessen Blüte ein Zauberspiegel ruht.

Der Lotos hat vielfältige Bedeutungen. Mir gefällt besonders die Beschreibung, dass der Lotos die Nährstoffe des Schlammes nutzt, um sich in seiner ganzen Pracht zu entfalten.

Und nebenbei bemerkt: Ist es nicht so, dass wir alle durch die Nährstoffe unserer Erfahrungen - seien sie positiv oder negativ - wachsen und immer weiter reifen?"

In vielen Teilen der Welt wurde die Lotusgöttin verehrt. Uralte Steinbilder in Uttar Pradesh, Indien, werden auf 20.000 Jahre vor unserer Zeit datiert. Diese alten Bildnisse zeigen sie auf einem Lotos sitzend, und ihre Hände halten jeweils eine Lotosblüte. Padma war einer ihrer Namen. In China wurde sie Kuan Yin genannt; In Vietnam Quan Am, in Indien Tara, Padma Pani oder Avalokiteshvara, in Tibet Chenrezig (Kyan Razig) – und in Japan wie gesagt Kannon, Kichijo oder Kanzeon.

Verschiedene malerische Bedeutungen ihres Namens Kuan Yin begegneten mir im Laufe der Jahre. Diese variieren von „Licht, Klang, Tugend, Kontemplation", bis hin zu „die den Rufen der Wesen Lauschende; die Befreiung Betrachtende; die den Klängen der Welt Lauschende, die mit Leichtigkeit Beobachtende".

Mit mitfühlendem Blick schaut sie auf ausnahmslos alle Wesen und trägt daher auch den Namen „Liebevolle Augen". Einige ihrer Bilder und Statuen zeigen sie mit tausend Händen, wobei jede ihrer Hände mit einem mitfühlenden, aufmerksamen Auge ausgestattet ist. Sie verkörpert den Urgrund des Lebens, und die mannigfaltigen Erscheinungen werden durch ihre vielen Hände und Gesichter dargestellt.

Kuan Yin erschien mir bereits in so vielen Traditionen und Lebensumständen, dass ich sie nicht nur mit der buddhistischen Tradition in Verbindung bringe. Gern möchte ich daher den Horizont für ihre mannigfaltigen Erscheinungen in verschiedenen Kulturen öffnen. In buddhistischen Texten wird erwähnt, dass Kuan Yin / Avalokiteshvara in unzähligen Formen erscheinen kann, um den jeweiligen Wesen zu helfen. Und genauso nehme ich sie auf meinem Lebensweg wahr.

Durch meine Eltern und meine eigene Lebensweise bin ich viel in der Welt unterwegs gewesen. Schon in meiner Kindheit bereiste ich Gegenden, in denen früher die Göttin des Mitgefühls verehrt wurde. Auch begegnete mir Kuan Yin später unerwartet, an den unterschiedlichsten Orten meiner Reisen. Selbst in einem kleinen dänischen Dörfchen am Meer, welches nur drei Ladengeschäfte hatte, lächelte mir in einem der Läden eine Porzellan-Kuan-Yin entgegen. Sie steht noch heute auf meinem Hausaltar. Kuan Yin lehrt mich immer wieder Neues, oder macht sich in irgendeiner Form bemerkbar, um mir zu sagen, dass sie bei mir ist – dass sie als Kosmische Mutter immer bei uns allen ist. Es liegt an uns, diese Kraft in uns und um uns herum wieder zu entdecken, zu aktivieren und schöpferisch, kreativ zu nutzen.

In Visionen und Träumen bekam ich immer wieder die klare Information, dass Kuan Yin eine Urkraft ist, die den Menschen ursprünglich als weibliches Wesen erschien, jedoch in allen möglichen Formen erscheinen kann, um wirklich allen zu helfen. Meine Visionen widersprachen der allgemeinen Meinung, dass Kuan Yin ursprünglich männlich war, und in China erst später in ein weibliches Wesen verwandelt wurde. Das, was ich sah, schickte mich auf eine Entdeckungsreise, und so fand ich Kuan Yin als Kosmische Urkraft in verschiedenen Traditionen wieder. Sie ist uralt, und in ihrer ganzen Fülle ist sie eher in den Hintergrund gerückt. Ich habe schon oft erlebt, dass Menschen, die lange in der buddhistischen Tradition unterwegs sind, mich fragen, wer oder was Kuan Yin eigentlich sei.

Manchmal wird Kuan Yin in buddhistischen Kulturen mit 11 oder 1000 Köpfen dargestellt, welche symbolische Bedeutungen haben. Mit all ihren Augen schaut sie liebevoll auf ausnahmslos alle Wesen. Gleichzeitig spiegelt sich in dieser Darstellung unser multidimensionales Wesen wider.

Auch unter den sogenannten „Aufgestiegenen Meistern und Meisterinnen", die für so viele Menschen von Bedeutung sind, finden wir Kuan Yin. Dort wird sie entweder dem Violetten Strahl zugeordnet, oder dem Rosa Strahl, oder sie erscheint als „Hüterin der Regenbogenbrücke, welche in das goldene Zeitalter führt".

Großzügig und endlos verströmt sie ihre Fülle. Sie wird in vielen unterschiedlichen Situationen um Hilfe gebeten, sei es ein Problem in der Familie, dem Beruf, der Gesundheit oder auch bei spirituellen Hindernissen. Keine Schwierigkeit ist zu nichtig oder zu groß, um an sie herangetragen zu werden.

Kraftvolle Wesen begleiten Kuan Yin. Chinesische Darstellungen zeigen sie manchmal auf dem Rücken eines zarten Kranichs durch die Lüfte fliegen – ihre Inspiration an alle Wesen verströmend. Anmutig und unerschütterlich steht sie in weißen wehenden Roben auf dem Rücken eines Drachens, von tosenden Meeres-Wellen umspült, und besänftigt die Naturkräfte. In diesen Bildern wird sie als Unsterbliche dargestellt – in den alten Rezitationen wird ihr Wesen als „freudvoll – rein – zeitlos" besungen. In vielen alten Kulturen wird von Unsterblichen berichtet, und es gab Bemühungen, das Rätsel der Unsterblichkeit zu lösen. Ich werde an späterer Stelle mehr dazu berichten.

Aus tiefem Mitgefühl für alle Wesen ist sie unermüdlich aktiv. Ihre vielfältigen Erscheinungen entstehen aus ihrer Formlosigkeit, die sich jenseits unseres Verstandes erstreckt und sich auf vielerlei Arten zeigen kann. Gleichzeitig durchströmt in ihr personifizierte Kraft des Mitgefühls und der Weisheit alle Daseinsbereiche. Ihr Name „Mutterraum der Leerheit" weist auf ihre formlose Existenz und zugleich auf ihre Zugewandtheit hin. Sie ist für alle Wesen wie eine Mutter. Doch ist diese mütterliche Urkraft kein mystisches Wesen in für uns unzugänglichen Bereichen; wir begegnen ihr persönlich in den ganz alltäglichen Verrichtungen und Begegnungen.

Auch können wir sie nicht vollständig umfassen, wenn wir sie auf die sanfte Art und Weise reduzieren, in der sie überwiegend dargestellt wird: Liebe, Mitgefühl und Weisheit können uns zwar Geborgenheit schenken, sie können aber ebenso erschüttern. Als Quelle des Lebens erscheint Kuan Yin auch in wilder, ungezähmter, kraftvoller Weise; sie kann aufrütteln – wachrütteln – aufzeigen, was nicht mehr stimmt, und in uns den Mut erwecken, etwas zu ändern und voranzugehen.

„Nach der Erleuchtung beginnt der abenteuerliche Weg des Großen Bodhisattva. Im Stillen Sitzen betreten wir das Reich der Guan Yin, des umfassenden Mitgefühls. Hier ist Lotusland.
...Welchen Weg zur Rettung würde das Mahayana aufzeigen können ohne unsere geliebte Guan Yin, das allumfassende Mitgefühl?"[1]

Diese inspirierenden Worte stammen von dem chinesischen Chan-Meister Hsu Yun, in dessen
Biografie wir lesen können, dass er in der taoistischen Tradition aufgewachsen war. Eines Tages fand er jedoch in einem Keller die Schriftrolle „Xiangshan Baojuan" („die kostbare Schriftrolle des duftenden Berges"). Nachdem er diese gelesen hatte, soll er sich endgültig für den buddhistischen Pfad entschlossen haben. Diese Schrift beschreibt das Leben und Wirken der Prinzessin Miao Shan, die schließlich zu Kuan Yin wurde. Da diese Legende auch mir am Herzen liegt, werde ich an späterer Stelle mehr darüber berichten.

Auch im „Buch vom quellenden Urgrund" des berühmten daoistischen Meisters Liezi, der im 3. Jahrhundert vor unserer Zeitrechnung lebte, nahm Kuan Yin bereits eine bedeutende Rolle ein. Sie wurde wie gesagt in China als weibliche Gottheit bzw. weiblicher Ausdruck des Dao

---

1 Hsu Yun: Leere Wolke, Mumon-Kai Verlag, Berlin, 2015, Seite 124

oder Tao verehrt, bevor die buddhistische Tradition ihren Weg nach China fand. Ihre Ursprünge sind unklar, doch lässt alles darauf schließen, dass ihre Verehrung weit älter ist als der Daoismus und wohl auf Zeiten verweist, in denen es noch keinen Namen für diesen religiösen Weg der Menschen gab. Wie immer man den Weg und auch Kuan Yin damals nannte, wichtig ist, dass ihre Kraft auch heute noch spürbar ist …

Seit ich Kuan Yin als untrennbar von mir realisiert habe, *entfaltet sie sich in mir – und ich mich in ihr.*

Ein wundervolles Potential der Liebe und des Mitgefühls steckt in uns. Doch wie bekommen wir wieder den Zugang dazu, besonders in Zeiten, in denen wir uns erschöpft und im Leiden verstrickt fühlen?

In uns existiert ein Raum, welcher zutiefst mit allen Welten und Wesen verbunden ist. Begeben wir uns bewusst dorthin, finden wir Zugang zu der uns innewohnenden Weisheit und dem in uns verborgenen Potential.

Ohne es zu bemerken, bin ich Schritt für Schritt an meinen innersten Ort geleitet worden. Erst als ich dort ankam, erkannte ich, dass ich so viele Jahre darauf zugesteuert war. Und davon möchte ich gern erzählen und andere damit ermutigen, ihrem Weg zu folgen, um ins innerste Kraftfeld ihres eigenen Wesens zu gelangen.

Mir ist dieser Ort so wertvoll, da wir uns dort mit unserem klaren Gewahrsein verbinden können, welches nicht von unseren Konditionierungen und Störungen beeinflusst ist. Von dort schauen wir mit anderem Blick auf unser Leben, bekommen neue Sichtweisen aufgezeigt, erhalten Lösungsvorschläge für Schwierigkeiten, und können anders auf unser Leben einwirken als bisher.

„Wenn du willst, dass die Welt anders ist, musst du selbst anders leben" betont mein zen-buddhistischer Lehrer immer wieder. Um anders leben zu können, müssen sich mir zuvor auch andere, neue Sichtweisen erschließen.

Die Selbstreflexion ist dabei entscheidend. Indem wir langsamer machen und aufmerksamer werden, nehmen wir nach und nach unsere

Illusionen, Konditionierungen und unheilsamen Muster wahr. Dies ist manchmal schwer auszuhalten. Auch hier begegnet uns Kuan Yin als ein kraftvolles Wesen: in ihren Formen als „Herrin über die Dämonen, Buddha-Mutter mit dem Spiegel oder Befreierin der Angst". Sie verkörpert unsere Fähigkeit, mit diesen unheilsamen Mustern geschickt umzugehen und Heilung geschehen zu lassen – für uns selbst und alle Wesen.

Da wir ihrer aber nicht immer gewahr sind, können wir sie „herbeirufen" – und so ist sie im Nu für uns da. Sie ist so schnell bei uns, weil wir nicht von ihr getrennt sind. Ihre Tradition ist gewaltfrei und achtet alle Lebewesen.

Zusätzlich zu meiner geistigen Schulung in der buddhistischen Tradition, traf ich eines Tages – durch eine Kette glücklicher Zufälle – auf eine Lehrerin einer alten spirituellen Tradition aus dem Altai und Usbekistan. Diese Methoden der sogenannten Traum-Arbeit schienen mir ursprünglich mit der buddhistischen Praxis verwoben zu sein. Die Übungen waren mir unerklärlich vertraut, und ich konnte mich ohne größeres Zögern darauf einlassen. Nach und nach begann sich ein faszinierendes Bild vor mir zu entfalten; das Bild einer spirituellen Tradition in Zentralasien, in der es um Heilung und innere Befreiung geht, und die uns recht geschickte Mittel an die Hand gibt.

Nach diesem alten Wissen leiden wir Menschen – bewusst oder unbewusst – an verschiedenen Arten von Trauma, die wir selbst transformieren können. Quelle dieser alten Tradition ist die „Liebende Weisheits-Mutter". **Schritt für Schritt offenbarte sich mir Kuan Yin in den inneren Reisen als Urkraft, ein wohlwollendes Wesen, welches uns in den Heilprozessen unterstützt – und die gleichzeitig nichts anderes ist als unser eigenes Inneres Licht des Gewahrseins!**

Ihr Licht, das aus *sich selbst heraus* existiert, wird in manchen Traditionen „Herz-Licht oder Herz-Sonne" genannt. Es ist dieses goldene Licht, das in den alten Überlieferungen alles Leidvolle und

Unheilsame wandeln kann. Dieses Licht leuchtet unentwegt an unserem inneren Ort.

Die zen-buddhistische Praxis und die Methoden der Traum-Arbeit aus dem Altai und Usbekistan unterstützen mich darin, meinen inneren Ort, mein Herz-Mandala zu aktivieren. Begebe ich mich bewusst dorthin, dann offenbart sich mir nach und nach mein innerer Reichtum. Ruhe ich in diesem Energiefeld, dann bin ich zwar gleichzeitig mit Allem bewusst verbunden, jedoch lasse ich mich weniger in die emotionalen Programme anderer Menschen hineinziehen. Es fällt mir leichter, bei meinem Wesen zu bleiben, und so ist es mir möglich, authentischer zu agieren anstatt blind zu re-agieren.

Dieser innerste Ort ist ein starkes elektromagnetisches Feld, das weit über das hinausgeht, was mein Intellekt umfassen kann. Ich nenne dieses Feld meine Herzsonne. Spannend finde ich diesem Zusammenhang die derzeitige Aussage der Physik, dass das elektrische Feld unseres Herz-Bereiches 100-mal stärker sei, als das elektrische Feld unseres Gehirns – und dass das magnetische Feld unseres Herz-Bereiches 5000-mal stärker sei, als das magnetische Feld unseres Gehirns. Es ist wichtig, unser Gehirn und Herz bewusst zu verbinden; dadurch entsteht ein starkes elektromagnetisches Feld, was uns in unseren Bemühungen um ein gesundes und erfülltes Leben unterstützen kann.

Der Prozess, durch den ich an diesen inneren Ort geführt wurde, hat genau das bewirkt: mein Herzfeld wurde wieder stärker aktiviert und in bessere Harmonie mit meinen Denkprozessen gebracht.

In der Regel werden uns vier oder zehn Himmelsrichtungen vorgestellt. Dabei geht es dann um Osten, Süden, Westen, Norden, um die Richtungen dazwischen, und um oben und unten.

Interessanter Weise finden wir bei den indianischen Traditionen, beispielsweise bei den Ojibwa eine weitere Himmelsrichtung: die Richtung nach *Innen!* Sie nennen das die 7. Himmelsrichtung.

Die Symbolik der formlosen Mitte, als Richtung nach innen, wird auch in der Darstellung des Zen-Kreises, in der zen-buddhistischen Tradition dargestellt. Diese Richtung nach Innen ist äußerst wichtig für unsere Entwicklung.

In meiner Wahrnehmung existiert neben der irdischen Welt eine unendliche Fülle von Welten in anderen Seins-Ebenen. Alle diese Ebenen wirken ineinander und sind Teil eines endlosen Netzes. Es fühlt sich großartig an, mich aktiv und bewusst in diesem Netz zu bewegen. Mittlerweile scheint es mir sogar so zu sein, dass es eine unheilsame Wirkung auf mein irdisches Leben hat, wenn ich nicht aktiv für den unsichtbaren Teil meiner Existenz sorge.

Und im Laufe der Jahre wurde mir klar: Um zu der ganzen Vielfalt der Existenz aufwachen zu können, ist es für mich unumgänglich, all die verschiedenen Geistesebenen und Traumwelten zu erfahren und diese ernst zu nehmen – ohne in diesen verloren zu gehen – und meine inneren Erfahrungen aktiv in mein tägliches Leben hineinzuweben.

Kirschblüten und Heilwasser

Kuan Yin, Mutter Natur

Wenn ich an meine Kindheit zurückdenke, erinnere ich die weiß blühenden Kirschbäume in unserem Garten. Wie Schneeflocken wirbelten die Blütenblätter im Frühling sanft durch die Luft. Bilder dunkler Tannenspitzen in der Abenddämmerung tauchen auf, Nebelschwaden, die sanft durch zerklüftete Felsen ziehen. Geboren bin ich in Goslar, im Harz. Die Stadt liegt in der Nähe eines Berges, der in alten Zeiten der Himmelsgöttin geweiht war. Bei den Wanderungen, die meine Eltern mit meiner Schwester und mir schon früh unternahmen, fühlte ich mich inmitten knorriger Wurzeln, Zwergen und Elfen in guter Gesellschaft.

Und auch heute noch erfahre ich alles in der Natur als belebt und beseelt. Ob Steine, Bäume, Pflanzen, Tiere und unsichtbare Wesen – alles scheint mir durch ein feines Kommunikationsnetz verbunden zu sein, und wenn wir genau hin spüren und lauschen, können wir das wahrnehmen und uns aktiv einbringen. Ignorierte ich diesen Teil der Realität, würde ich unglücklich und krank werden. Wenn ich draußen in der Natur bin geschieht es oft, dass ich plötzlich Kuan Yins Anwesenheit spüre - ihre liebevolle, wohlwollende Präsenz. Sanft streicht dann ein Windhauch über meine Wangen, oder eine starke Windböe weht durch mein Gesicht.

Es mag auch ein plötzlicher Gedanke aufsteigen und im selben Moment öffnet sich die Wolkendecke und gibt einen Sonnenstrahl frei, der meinen Gedanken bestärkt.

Eines Nachmittags saß ich mit meinen Großeltern am Diemel See und sie erzählten mir von einer Stadt, die am Boden des Sees existieren würde. Sie forderten mich auf ganz still zu sein und zu horchen, ob ich die Glocken hören konnte, deren Klang von dort unten zuweilen nach oben an die Seeoberfläche klingen würde. Ich horchte gespannt, aber nahm nichts wahr. Es lag jedoch eine geheimnisvolle Atmosphäre in der Luft, an die ich mich noch lange erinnerte. Später hörte ich ähnliche Geschichten von Tibetern und nordamerikanischen Ureinwohnern. Mir wurde erzählt, dass sich unter gewissen Seen andere Welten befinden würden. Man kann das als bloße Geschichten abtun, aber ich denke, dass sie einen wahren und tief spirituellen Kern tragen: Tatsächlich leben wir alle inmitten vieler Welten, die einander überlappen und zwischen denen wir mit ein wenig Übung bewusst wechseln können …

Über der Eingangstüre des Hauses, in dem ich meine ersten Lebensjahre verbrachte, hing eine Steinfigur der Heiligen Barbara. Ihr zu Ehren werden am 4. Dezember Kirschbaum-Zweige in die Wohnung gestellt – sogenannte „Barbarazweige". Wenn diese zur Winter-Sonnenwende erblühen, ist das ein glückbringendes Zeichen. Kirschblüten verströmen auch die Schönheit, Fülle und Freude von Kuan Yin. In Japan symbolisieren Kirschblüten die „vollkommene weibliche Schönheit", sodass zur Kirschblüte große Feste unter den blühenden Bäumen stattfinden. Die Menschen kommen zusammen, essen, trinken und feiern das Leben und die Schönheit.

Die Gegenwart und die Wirkkräfte weiblicher Wesen waren für mich als Kind im Harz deutlich spürbar. Als ich vier Jahre alt war, fing meine Mutter mich, ein Bündel in der Hand haltend, einmal an der Haustüre ab, weil ich Frau Holle besuchen wollte. Für mich war sie keine Märchenfigur, sondern ein tatsächliches Wesen, an welches ich mich wenden konnte.

So wichtig, wie Frau Holle mir in meiner Kindheit war, wurde Kuan Yin für mich, sobald ich ihr in meiner Jugend begegnete.

Frau Holle und Kuan Yin sind beide mit Licht, Wasser, Heilung und Leben verbunden. Zu Ostern wurde nach altem Brauch Wasser bei Sonnenaufgang aus Quellen geschöpft, in stillem Schweigen. Dieses Wasser diente als Heilwasser für das kommende Jahr. In ihrem Buch „Frau Holle, die gestürzte Göttin", beschreibt Sonja Rüttner-Cova viele Bräuche, die sich um diese wundervolle Göttin ranken. Ihre holde Art gleicht Kuan Yin, die alle fühlenden Wesen mit ihrem liebevollen Blick umfängt.

Auch im asiatischen Raum gibt es eine Zeremonie zu Ehren von Kuan Yin, bei der das Wasser in Behältern auf den Altar gestellt wird. Dieses Wasser lädt sich mit der Energie von Kuan Yin, den Schwingungen der gesungenen Mantras, und der liebevollen Hingabe der Menschen auf. Im Anschluss wird es als Heilwasser verteilt.

Der britische Autor John Blofeld, der viel im Bereich des Taoismus und frühem chinesischen Buddhismus gearbeitet hat, schreibt:

„Steine, Weiden, Lotusteiche oder fließendes Wasser sind meistens Anzeichen für ihre Anwesenheit. Im Schimmer von Bronze oder Jade, im Rauschen des Windes in den Pinien, im Plaudern und Plätschern der Ströme, ist ihre Stimme zu hören. Die Frische der mit Tau besprenkelten Lotusblätter oder der Duft eines einzelnen, feinen Räucherstäbchens ruft ihren Wohlgeruch in Erinnerung."[2]

---

2   John Blofeld: Bodhisatva of Compassion, Shambala Publications, Boston, 1977, Seite 66

Während einer Reise durch die bayrischen Alpen lernte ich als Kind das Binden eines Ostarabuschens kennen und war begeistert von diesen bunten Sträußen. Ostarabuschen werden traditionell mit Hasel-, Weidenkätzchen- und Birkenzweigen sowie immergrünen Zweigen gebunden. Anschließend können bunte Bänder eingebunden werden. In früheren Zeiten wurden derlei Buschen auch auf die Felder gesteckt. Sie sind der Göttin Ostara geweiht, die zuweilen als eine Frühlingsform der Frau Holle angesehen wird und einige Gemeinsamkeiten mit Kuan Yin aufweist. Die Ostarabuschen dienen dem Schutz der Ernte. Heute werden sie in Gärten oder in einer Zimmerecke aufgestellt und schützen und segnen das eigene Heim. Fruchtbarkeit, Schutz und Segen sind wichtig, um das fortlaufende Leben zu sichern. Und so wundert es mich nicht, dass diese Kräfte in Form von wohlwollenden, kraftvollen Göttinnen wie Ostara, Holle, Kuan Yin, herbeigerufen werden. Ebenso ist die Weide ein Baum, der mit Kuan Yin assoziiert wird. Die Weide strahlt Flexibilität aus, unbändige Lebenskraft, Fruchtbarkeit und wird seit alten Zeiten zum Vertreiben von Dämonen und für Heilzwecke verwendet. In der alten chinesisch-schamanischen Tradition spielte die Weide eine wichtige Rolle, um Kontakt mit der geistigen Welt aufnehmen zu können. Kuan Yin wird oft mit dem Weidenzweig in der Hand dargestellt. So spielte sie meiner Ansicht nach sowohl in der buddhistischen Tradition als auch in der schamanischen Tradition in Asien eine wichtige Rolle.

Holle wird zuweilen von einem Heer wilder Naturwesen und Geister begleitet. Ich springe jetzt einmal kurz in die Zeit voraus: als mein Sohn 4 Jahre alt war, ging ich mit ihm und einer Freundin an einem sonnigen Sommermorgen in den Wald. Als wir über eine Lichtung gingen, vernahmen wir plötzlich ein lautes Brummen, wie von einer Hummel, nur viel lauter. Plötzlich boxte mich etwas deutlich in meine Wade und tauchte vor uns auf: zuerst dachten wir es sei eine überdimensionale Libelle, doch dann war es deutlich sichtbar: es war ein winziges menschlich aussehendes Wesen, welches vor uns in der Luft schwebte. Es war ein Elf. Der Elf wollte uns necken, da wir einfach am frühen Morgen durch sein Revier gingen, ohne uns bekannt zu machen. Es lag eine humorvolle Stimmung zwischen uns in der Luft. Er hatte uns wirklich kurz erschreckt. Dann flog er davon. Wir drei staunten sehr über die Begegnung. Auch Kuan Yin begegnet mir zuweilen mit einer Schar von Geistwesen. Aber davon berichte ich später mehr.

Noch von einer weiteren, wundervollen Ähnlichkeit zwischen Frau Holle und Kuan Yin möchte ich erzählen. In meiner Kindheit hörte ich gern solche Geschichten von Frau Holle, in denen sie armen Menschen etwas Unscheinbares schenkt, was sich später in ein kostbares Stück Gold verwandelt. Es gibt dazu auch eine schöne Sage über Kuan Yin, die ich gern an dieser Stelle einfügen möchte: Ein Bauer ging regelmäßig an einem zerstörten Tempel der Kuan Yin entlang, und hätte ihn gern aufgebaut. Ihm fehlte es jedoch an den nötigen finanziellen Mitteln. So säuberte er den Tempel, brachte der Göttin der Barmherzigkeit täglich eine Schale Tee oder zündete Räucherstäbchen für sie an. Eines Nachts erschien sie dem Bauer im Traum und übermittelte ihm die Botschaft, dass er hinter dem Tempel einen Schatz finden würde. Diesen Schatz solle er mit anderen teilen. Als der Bauer am nächsten Morgen frohgemut zum Tempel ging, suchte er nach dem Schatz und fand lediglich einen kleinen Teestrauch hinter dem Tempelgebäude. Er war leicht enttäuscht, doch er vertraute Kuan Yin und nahm den Strauch dankbar mit nach Hause. Er pflanzte den Strauch in seinen Garten und pflegte ihn gut. Als die Zeit kam, dass er Tee aus dem Strauch zubereiten konnte, bemerkte er den besonderen Geschmack dieser Blätter. Auch andere Menschen tranken begeistert von dem Tee. Ein reisender Händler schmeckte den Wohlgenuss dieses besonderen Tees, kaufte ihn vom Farmer, und so wurde der Tee bekannt. Der Bauer verdiente mit dem Anbau und Handel dieser Teepflanze so viel Geld, dass er den Kuan Yin Tempel renovieren konnte. Auch verhalf er seinem ganzen Dorf mit dem Teehandel zu Wohlstand, denn die Dorfgemeinschaft wurde von ihm in den Anbau und Handel einbezogen. So hatte er durch seine aktive Hingabe an Kuan Yin – und durch ihren Segen – nicht nur seine eigene Lebenssituation verbessert, sondern auch die einer ganzen Dorfgemeinschaft. Dies ist übrigens ein typischer Aspekt der zen-buddhistischen Praxis; wir üben die Meditation nicht nur für unser eigenes Wohl, sondern auch für das Wohl aller anderen Wesen. Und Kuan Yin war der Legenden nach, das erste erwachte Wesen, welches sich dazu entschieden hat, solange auf der Erde zu wirken, bis alle Wesen aus dem Leidenskreislauf befreit sind.

Zu Ehren der Göttin wurde der Tee „Tie Kuan Yin" genannt, der noch heute wohl bekannt ist.

Als ich mit der zen-buddhistischen Praxis in Berührung kam, und mein Lehrer betonte, dass es im Alltag wichtig sei, das zu tun, was gerade vor mir liegt, und mich nicht darauf zu konzentrieren, ob mir das in dem Moment gefällt oder nicht, erinnerte ich mich an das Märchen von Frau Holle: Goldmarie geht über die Wiese und das Brot ruft „Zieh mich raus, sonst verbrenne ich!" Und sie macht das, ohne zu zögern, bevor sie ihren Weg weiter fortsetzt. Ihr stetiges Handeln in diesem Geiste führt am Ende dazu, dass sie mit Gold überschüttet wird. Es kommt darauf an, was wir tun; das, was wir tun, zieht eine Wirkung nach sich. Ich finde, dass dieses Märchen auch eine gute Zen-Geschichte ist.

Die Göttin Holle gehört zum Volk der Wanen, deren Ursprung bisher im Verborgenen liegt. Sie gelten als ein Volk unsterblicher Wesen. Auch Kuan Yin ist eine der berühmten „Acht Unsterblichen" aus dem alten China. Darauf werde ich später noch zurückkommen.

Ein wichtiges Symbol der buddhistischen Lehren ist das sogenannte Dharmarad. Es symbolisiert die Lehren der Buddhas und wird als ein Rad mit acht Speichen dargestellt. So ziert es Tempel, Gebetshallen und rituelle Gegenstände. Wenn jemand die Lehren weiterführt spricht man auch vom „Drehen des Dharmarades".

Das Spinnrad der Frau Holle hat ebenfalls 8 Speichen und es war in den alten Zeiten ein Symbol für die Ordnung der Natur, des Lebens, welches aus acht Räumen bestand. Diese Struktur setzte sich zusammen aus den

Zeitpunkten der Sommersonnenwende, Wintersonnenwende, Tag-und Nachtgleiche im Frühling – im Herbst – und den vier Zeitpunkten, die jeweils mittig dazwischen liegen.

Ich finde diese Parallele äußerst inspirierend!

Viele Jahre später würde ich noch eine weitere Entdeckung machen, die mich spüren ließ, wie sehr Frau Holle und Kuan Yin in ihren Qualitäten verwoben sind. Die bekannte Fähigkeit der Frau Holle, es auf der Erde schneien zu lassen, indem sie Betten schüttelt, enthält eine wichtige Botschaft. Diese Botschaft offenbarte sich mir während einer Reise in eine andere Ebenen: ich würde dort in einem „Weißen Land des Schnees" auf Kuan Yin treffen; von dort lässt sie weiß-goldenen Segen – Inspiration, Weisheit, Fruchtbarkeit, Schutz - auf die irdische Ebene herabströmen. Dieser Segen hat die Form von Kristall-Strukturen, die wie Schneeflocken aussehen! Beim genaueren Hinschauen erkannte ich in den Schneeflocken die sogenannte „Blume des Lebens" – den geometrischen Schlüssel zum Leben. Von diesen zauberhaften Realitätsebene, in denen wir die archetypischen Gestalten Kuan Yin oder Frau Holle treffen können, rieselt unablässig ein kreatives Potential des Lebens in tausenden von geometrischen Schlüsseln zu uns, in unsere irdische Realitätsebene, herüber. So können wir die Inspiration und Lebenskraft empfangen, und aktiv im Leben mitwirken. Ich werde an späterer Stelle mehr zu diesem wunderschönen Thema erzählen.

Bevor ich nun zum nächsten Kapitel übergehe, noch eine kleine Geschichte, die ich erst kürzlich erlebt habe: an einem nebelverhangenen Morgen im November stand ich auf dem Marktplatz und wartete auf eine Freundin. Da gesellte sich eine sehr alte und stämmige Frau zu mir. Sie war mir fremd. In beiden Händen hielt sie allerlei Plastiktüten. Sie sah mir tief in die Augen und sprach zu mir darüber, wie sehr sie es bedauern würde, dass die Menschen in der Winterzeit nicht mehr innehalten und pausieren, und dass immer alles schnell und hektisch weiterlaufen würde, ständig kaufen und verkaufen - ohne auf den Rhythmus der Natur zu achten. Sie sprach von sehr alten Zeiten, und am Ende sagte sie, dass es bald schneien würde. Und dass ja leider selbst dann niemand innere Einkehr üben würde. Wie sie mich dabei ansah, hatte ich plötzlich das Gefühl, dass sie kein Mensch ist. Von ihr ging eine wundersame Energie aus. Dann kam meine Freundin herbei – die alte Frau verabschiedete sich, und war plötzlich verschwunden. Wie aufgelöst. Dieses Phänomen habe ich bereits öfter in meinem Leben erlebt. Und ich dachte an die alten Geschichten, in denen Frau Holle als alte Frau durch die Lande zieht und mit Menschen spricht. Meine Freundin hatte ein Geschenk für mich dabei. Ich öffnete es, und in meinen Händen lag ein Kuan Yin Amulett.

Das Kosmische Ohr

Meine Großeltern lebten alle gemeinsam in Borgentreich, einem kleinen Ort in Hessen. Manchmal verbrachten meine Schwester Sylvia und ich dort einen Teil unserer Ferien. Unsere Großväter erzählten uns Märchen von Nixen und sprechenden Bäumen, denen wir gern lauschten. Eine meiner Omas lebte am Dorfrand. Wenn ich nicht schlafen konnte, ging sie mit mir spät abends im Nachthemd an den Feldern entlang. Dann erklärte sie mir die Sterne, die am weiten Himmel funkelten. Ich konnte mir aber nur den Großen Wagen und den Polarstern merken.

Meine andere Oma bewirtschaftete einen Garten, der oberhalb einer Marien-Grotte lag. Diese Grotte ist der *Maria* von Lourdes geweiht. Es ist ein stiller Ort am Rande des Dorfes. Viele Gläubige pilgern dorthin, um hoffnungsvoll ihre Kerzen anzuzünden und Maria um Hilfe zu bitten. Eine anmutige Marien-Statue steht dort im Fels-Gewölbe, eingerahmt von flackernden Kerzen, bunten Blumen und Gebetstafeln. Meine Schwester und ich gingen gern zum Spielen dorthin; wir versteckten uns hinter Engeln aus Stein und Efeu-umrankten Steinmauern und zündeten Kerzen für Maria an.

Maria, die Mutter Gottes und Himmelskönigin erhört diese Gebete. So wie Kuan Yin, ist sie eine kosmische Mutter. Während von Maria jedoch gesagt wird, dass sie die Bitten der Menschen an Gott heranträgt, hört Kuan Yin zu und wird sofort selbst aktiv.

Die Ähnlichkeiten in bildlicher Darstellung und in denen mit Maria bzw. Kuan Yin verbundenen Qualitäten, sind sicher auch darauf zurückzuführen, dass etwa 635 nach Christus die christliche Tradition nach China gelangte, und mit ihr auch die Bildnisse und Vorstellungen von Maria. Kulturen und auch spirituelle Traditionen beeinflussen sich immer gegenseitig, vor allem dann, wenn sie schon Übereinstimmungen feststellen können, die dann weiter ausgebaut werden.

Wir können Kuan Yin herbeirufen, indem wir einfach ihren Namen nennen. Sie ist mit der Fähigkeit des Zuhörens verbunden. So lautet eine Übersetzung ihres langen Namens „Kuan Shi Yin": diejenige, welche die Klänge der Welt / das Rufen der Wesen hört.

Du kannst es einfach mal ausprobieren: Setz dich für einen Moment hin und atme dreimal bewusst ein und aus. Denke an Kuan Yin und dann rufe ihren Namen „Kuan Yin" einige Male, entweder innerlich oder laut hörbar. Du kannst auch ihr Mantra (Anrufung) sprechen oder singen: „Namo Kuan Shi Yin Pusa". Fühle in dich hinein, wie es sich anfühlt. Lausche den Botschaften, die sich vielleicht zeigen. Es kann auch sein, dass sich in dir einfach ein wohliges geborgenes Gefühl ausbreitet, oder eine heitere Stimmung, die von innen kommt. Um mit Kuan Yin in Kontakt zu treten, bedarf es keiner offiziellen Einweihung – es reicht der tiefe Wunsch, ihr zu begegnen.

Es ist wichtig zu verstehen, dass sich in diesem Zusammenhang "Klang" auf alle Phänomene bezieht, die wir wahrnehmen können, auch auf Gedanken – und dass sich "Welt" nicht nur auf unseren Planeten bezieht, sondern auf alle existierenden Dimensionen und Realitäten.

Ihre Art des Zuhörens bezieht sich nicht nur auf das Phänomen, Klänge akustisch wahrzunehmen und hinzuhören. Es geht hier auch um Kuan Yins Fähigkeit, mit ihrem Herzen zu hören, mit ihrem ganzen Sein wahrzunehmen, was gesagt wird - und auch das, was ungesagt im Raum schwingt. Eine Fähigkeit, die auch wir Menschen entwickeln können. Wenn ich mich dazu entscheide, mich für mich selbst und andere zu öffnen – ohne das, was ich wahrnehme, zu bewerten – dann entsteht daraus mehr Nähe zu mir selbst und anderen. Diese Offenheit erfordert Mut. Mir fällt es leichter, diesen Mut zu entwickeln, wenn ich mich gleichzeitig für das Energiefeld der Kuan Yin in mir öffne.

Das Surangama Sutra beschreibt die Fähigkeit des sogenannten „Kosmischen Ohres". Wenn wir den Fokus von den äußeren Klängen hin zum Hör-Gewahrsein richten, wenn wir mit unserem ganzen Sein zuhören, können wir einen Zustand erreichen, in dem kein Unterschied mehr besteht zwischen dem Hör-Bewusstsein und dem Klang (Hör-Objekt). Dann können wir das Kommen und Gehen der Klänge wahrnehmen, während unser Hör-Bewusstsein unberührt vom Kommen und Gehen der Klänge weiter existiert. Durch das Erleben dieses stetigen Urgrunds entstehen Freude, Vertrauen und Gelassenheit. Klang und Stille sind beide untrennbar mit unserer Natur des Geistes verbunden, in der alles, wie Wellen, kommt und geht. Das, was wahrnimmt, bleibt.

Interessanterweise gibt es in diesem Sutra einen Text über Sitatapatra. Sitatapatra ist in den tibetisch buddhistischen Lehren eine tausend-armige Erscheinung, die uns ebenfalls in chinesischen alten Legenden als Kuan Yin begegnet. Diese weibliche Urkraft stellt eine bildliche Verkörperung unseres erwachten multidimensionalen Gewahrseins dar und ist mit der Fähigkeit des Hörens verbunden.

Im Jahr 2016 hielt mein Zen Lehrer Claude AnShin Thomas einen Vortrag zum Thema "Zuhören". Ich habe einige Sätze daraus transkribiert, die ich gern an dieser Stelle einfügen möchte:

"Unser Zuhören wird von unseren Konditionierungen, von unseren Ideen über die Dinge geformt. Wir sind so eingenommen von unseren Ideen davon, wie die Welt ist, dass es uns unmöglich wird, zuzuhören. Denn ständig beurteilen wir das Gesagte anhand unserer Konditionierungen. Diese Konditionierungen formen unsere Sichtweisen über die Welt und unsere Identität. Und wir haben Angst, diese loszulassen. Denn sollten wir unsere Gedanken darüber, wer wir sind, loslassen, was bleibt dann?

Wir sind es gewohnt, die Welt von einer intellektuellen Perspektive zu betrachten. Wir sind es gewohnt, den Intellekt als Meister zu sehen. Der Intellekt ist jedoch nicht der Meister.

Es ist unmöglich, die Wahrheit der Dinge einzig mit dem Intellekt zu verstehen. Der Intellekt ist Teil des Prozesses, aber er ist auch leicht zu beeinflussen.

Wenn wir wirklich der Wahrheit zuhören möchten, müssen wir unsere Ideen über die Dinge loslassen. Solange wir an unseren Sichtweisen über die Welt anhaften, können wir nicht wirklich zuhören.

Wenn wir wirklich den Klängen des Universums lauschen möchten, wenn wir wirklich hören möchten, was gesagt wird – und was ungesagt bleibt, müssen wir uns unserer Konditionierungen bewusst werden. Das Zuhören ist nicht nur der Austausch zwischen Ohr und Klang. Der Großteil unserer Kommunikation findet non-verbal statt.

Um das Zuhören zu kultivieren, müssen wir bewusst mit unserem ganzen Sein zuhören. Das Zuhören mit unserem ganzen Wesen, bedarf einer disziplinierten Praxis, die in der Selbstreflexion verwurzelt ist, die uns dabei hilft, unsere Konditionierungen zu erkennen.

Wir müssen willens sein, aufzuwachen." [3]

Wirkliches Zuhören ist ein Akt des Mitgefühls. Wenn wir jemandem aufmerksam und unvoreingenommen zuhören, kann das Leid der Person sich verringern. Von Kuan Yin wird erzählt, dass sich die Höllen in paradiesische Gefilde verwandelt haben, die quälenden Feuer in wundersame Lotosteiche, als sie die Höllen besuchte und dem Rufen der Wesen mit ihrem ganzen Sein lauschte.

Auch in den Schamanischen Traditionen Nordeuropas war und ist das Lauschen wichtig. Das Lauschen ermöglicht es uns, nach innen zu schauen – wohingegen das Sehen und Denken unsere Aufmerksamkeit auf das Außen richtet. Um Transformation zu erleben, ist es unumgänglich, dass wir uns sowohl nach innen als auch nach außen wenden Dafür brauchen wir das Lauschen, das „in uns Hineinhören". Wenn wir genau hinsehen und hinhören kann sich uns das erschließen, was tief in uns verborgen ist und sich entfalten möchte; etwas das durch uns in der Welt wirken möchte.

Im Klang finden wir Informationen. So war es auch inspirierend für mich, als ich entdeckte, dass ihre langen Namen „Kuan-Zghi-Zai, Kuan zi zai, Kuan-Shi-Yin oder Kan-Ji-Zai" dem Ausdruck „Kun-gzhi-sems" ähneln, der in der alten buddhistischen Tradition Zentralasiens unsere sogenannte „Natur des Geistes " bezeichnete. Der Ausdruck umfasst sowohl das Bewusstsein, die Matrix, aus der alle Formen entstehen, als auch die selbsterleuchtete Qualität des Geistes!

Kunzhi war ein Begriff in den zentralasiatischen buddhistischen Belehrungen, welcher für die Matrix stand, aus der alle Formen entstehen. In seinen Abhandlungen „Die Geschichte und Linien des Zhang-Zhung Nyan-Gyud" und den „Bonpo Dzogchen Lehren" schreibt John Myrdhin Reynolds ausführlich darüber.

---

3 Persönliche Notizen eines Vortrags meines Lehrers Claude AnShin Thomas, „Zuhören", in Bielefeld 2015

Kunzhi ist eine Bezeichnung für unser Grundbewusstsein und enthält die Spuren all unserer Erlebnisse und Handlungen. Alles ist in Kunzhi enthalten, jede Existenz. Kunzhi umfasst sowohl Samsara (unser leidvoller Geisteszustand) als auch Nirvana (das klare, zeitlose Licht unseres Geistes). Es ist unvergänglich und die Basis unserer Existenz!

Aus meiner Sicht umfasst Kunzhi sowohl die relative Wirklichkeit (unsere dualistisch geprägte Sicht auf das Leben) als auch die absolute Wirklichkeit, die wir mit unserem Intellekt nicht fassen können.

Das wunderbare an dem Begriff Kunzhi ist, dass es kein „entweder oder" gibt. Es existiert darin kein „entweder bin ich verblendet oder erleuchtet", kein „Samsara oder Nirvana", sondern Kunzhi ist immer „sowohl als auch"!

Alles ist miteinander verwoben. Wir können noch so viel Meditation üben, wir werden immer in allem, was ist, existieren und dabei sowohl Freude als auch Leid, tiefe Erkenntnisse und ebenso Verwirrung erfahren. Es gibt also keinen Grund, durch spirituelle Erlebnisse überheblich zu werden! Dies ist der Geist der Großen Mutter aller Buddhas, der mich so sehr inspiriert. Wohin auch immer ich gehe, in welcher Situation auch immer ich stecke, alles ist mit ihrem Herzgeist verbunden und ich werde Lösungen für schwierige Situationen finden – und Zugang zu neunen Einsichten. Alles ist bereits da.

„Wenn du dich in ihre Welle hineinbegibst, trägt sie dich überall hin, du triffst sie überall – denn sie ist alles – in der Form, und im Formlosen...", zitiert Sarah E. Trumann eine chinesische Frau in ihrem Buch „Searching For Guan Yin".[4]

---

[4] Sarah E. Truman: Searching for Guan Yin, White Pine Press, New York, 2011, Seite 163, aus dem Englischen von mir übersetzt

Kuan Yin entlang der Seidenstraße

Als ich sechs Jahre alt war, verbrachte ich mit meiner Familie mehrere Monate im Iran – hauptsächlich in Teheran. Wir fuhren mit zwei Autos und gemeinsam mit einem iranischen Freund, in sechs Tagen dorthin. Meine Schwester Sylvia und ich hatten im großen Kofferraum ein kuscheliges Schlaflager und ich beobachtete beim Einschlafen die Sterne und den Mond. Mir gefiel diese Art des Reisens, und ich fühlte mich mit meinen Eltern und meiner Schwester geborgen, während wir durch fremde Länder reisten.

Je näher wir dem Iran kamen, umso wohler und vertrauter fühlte ich mich mit der Umgebung und Atmosphäre. Dieser endlose, blaue, kristall-klare Himmel über der Steppe, der dunkle Nachthimmel, übervoll mit glitzernden Sternen und einem goldenen Mond, die Gerüche, Gesänge, die Musik erweckten in mir ein uraltes Bauchgefühl der Sehnsucht und Vertrautheit. Ich fühlte mich wundersam geborgen in einem Netzwerk spiritueller Wesen. Das Licht in der Natur hatte auf mich eine besondere Wirkung. Mein Geist konnte sich darin endlos ausdehnen und doch fühlte ich mich gleichzeitig darin aufgehoben und getragen. Es gab Orte, die mir vertraut waren, in denen ich mich sogar etwas auskannte, und für mich war klar, dass ich schon mal dort gelebt habe. Als Kind war mir der Gedanke selbstverständlich.

Darstellung von Anahita, einer Göttin der Fruchtbarkeit, begegneten mir. Sie wird anmutig dargestellt, begleitet von einer Taube. Aus ihren Händen fließt das Wasser des Lebens. Später sollten mir ähnliche

Darstellungen von Kuan Yin begegnen, auf denen sie das Wasser des Lebens aus einem Krug ausgießt. Weiße Tauben können ebenso Boten oder Begleiter der Kuan Yin sein, die neben dem Erwachen auch Fruchtbarkeit und Fülle, absolute Lebenskraft, Anmut und höchste Freude verkörpert. Erst später verstand ich, dass die Bilder von Anahita in mir uralte Erinnerungen an Darstellungen der Kuan Yin wachgerufen hatten, und in mir diese spirituelle Sehnsucht und Geborgenheit ausgelöst hatten.

Kuan Yins Legenden sind von Zentralasien aus über die Seidenstraße weitergetragen worden und haben die Menschen berührt und inspiriert. Der Theologe und Sinologe Martin Palmer schreibt: „Kuan Yins Wurzeln liegen nicht im historischen Herzen Chinas sondern an der nordwestlichen Grenze der Seiden Straße. Dies ist der Ort an dem einige der frühesten Bilder dieser Göttin gefunden wurden und an diesem Ort wurden die Texte gefunden, die in der Tun Huang Höhle geschrieben worden waren, Texte mit Lobgesängen an Kuan Yin."[5]

Der tibetische Lama Choedak Rinpoche, der heute in Australien lebt, berichtet dass es Funde von Schnitzereien und Statuen der Tara auf Sri Lanka gibt, die sich auf bereits 200 nach Christus datieren lassen.[6] Ferner führt er aus, dass wir davon ausgehen können, dass die mündliche überlieferte Tradition der Tara noch viel weiter zurückgeht. Auch ist er – so wie ich es ebenfalls erlebe – der Auffassung, dass Tara und Kuan Yin dieselbe Energie sind. In manchen Traditionen wird gesagt, dass Tara eine Manifestation von Kuan Yin - in anderen Traditionen, dass Kuan Yin eine Manifestation von Tara ist. Wie dem auch sei, sie ist die Große Mutter der Buddhas!

---

[5] Martin Palmer and Jay Ramsay: Kuan Yin, Myths And Prophecies Of The Chinese Goddess Of Compassion, Thorsons, 1995, Seite 9, aus dem Englischen von mir übersetzt

[6] vgl. Choedak Rinpoche, Meditation on White Tara, Gorum Publications, Australia, 2014, Seite 31, aus dem Englischen von mir übersetzt

Interessanterweise lebte Claude AnShin Thomas zur selben Zeit wie ich, also im Jahr 1974, in Teheran. Er würde viele Jahre später mein wichtigster buddhistischer Lehrer werden.

Stephen Karcher erzählt uns ebenfalls in seinem Buch „The Kuan Yin Oracle", dass die Verehrung der Kuan Yin in diesen Höhlen etwa 650 - 850 nach Christus lebendig war. Und in seinem Buch „Zhang-Zhung Nyan-Gyud" beschreibt John Myrdhin Reynolds, dass es neben der alten schamanischen Tradition mit dem Namen Bön, eine weitere religiöse Kultur unter diesem Namen gibt, die nicht zu verwechseln ist. Letztere wird Yungdrung-Bön genannt und ist eine spirituelle Tradition aus der vorhistorischen Zeit Zentralasiens. Ein Teil dieser Tradition soll sowohl aus dem alten Königreich Zhang-Zhung (eine vor-buddhistische Zivilisation im alten Tibet) als auch aus dem iranisch sprechenden Zentralasien im Nordwesten stammen.

Daher möchte ich an dieser Stelle gern die wunderbaren Verse über Kuan Yin einfügen, die Martin Palmer in seinem Buch "Kuan Yin, Myths And Prophecies Of The Chinese Goddess Of Compassion" teilt. Die Vier Tugenden, die in der ersten Zeile dieses schönen Gedichtes erwähnt werden, beziehen sich auf ihre sogenannten vier Unermesslichen Qualitäten: Liebe, Mitgefühl, Mitfreude und Gleichmut. Wenn wir uns um diese Tugenden bemühen, kann uns das sehr wirkungsvoll darin unterstützen, aus unseren Leidens-Kreisläufen auszusteigen.

> Ihr Wissen füllt die vier Tugenden aus,
> Ihre Weisheit durchströmt ihren goldenen Körper
> Ihre Kette aus Perlen und wertvoller Jade,
> Ihr Armreif kreiert aus Juwelen.
> Ihr Haar ist wie wundersame dunkle Wolken
> und wie sich windende Drachen frisiert;
> Ihr bestickter Hüftgürtel schwingt wie
> Phönixflügel im Flug.
> Meergrüne Jade-Knöpfe,

Ein Mantel aus purer Seide,
Überflutet von Himmlischem Licht;
Augenbrauen wie Mondsicheln,
Augen wie Sterne.
Ein strahlendes Jadegesicht voll göttlicher Freude,
Scharlachrote Lippen, ein Hauch von Farbe.
Ihr Gefäß mit himmlischem Nektar fließt über,
Ihr Weidenzweig erscheint daraus in voller Blüte.
Sie befreit von allen acht Schrecken,
Rettet alle Lebewesen,
Denn grenzenlos ist ihr Mitgefühl.
Sie residiert auf dem T'ai Shan,
Sie wohnt im Südlichen Ozean.
Sie rettet alle Wesen sobald deren Rufe sie erreichen,
Niemals verfehlt sie es, ein Gebet zu erwidern,
Zeitlos, göttlich und wundervoll. [7]

Als sich während unseres Aufenthaltes im Iran der Sturz des Schahs immer deutlicher abzuzeichnen schien, beendeten meine Eltern nach vier Monaten unsere Zeit dort. Wir fuhren zurück nach Deutschland und zogen nach Herford, eine Stadt in Nordrhein-Westfalen. Die Umstellung fiel mir schwer. Ich vermisste die Gesänge, die Gerüche, den Tanz, den strahlend blauen Himmel, die kargen und erdigen Landschaften mit den Karawanen und die bunte Fülle um mich herum. Ich verstand nichts von der politischen Situation im Iran.

Inspiriert von der Buntheit und Vielfalt, die ich erleben durfte, beschäftigte ich mich in der Grundschulzeit mit verschiedenen

---

[7] Martin Palmer and Jay Ramsay: Kuan Yin, Myths And Prophecies Of The Chinese Goddess Of Compassion, Thorsons, 1995, Seite 91, aus dem Englischen von mir übersetzt

Religionen. Begeistert las ich in abgegriffenen Büchern der Stadtbücherei über Hinduismus, Islam und Buddhismus. In der vierten Klasse hielt ich im Religionsunterricht ein Referat über verschiedenen Religionen und fühlte mich besonders zum Buddhismus hingezogen. Ich wurde im Judo-Verein angemeldet, um diese japanische Kampfkunst zu erlernen. Meine Eltern hatten den Wunsch, meine Schwester und mich darin zu unterstützen, dass wir uns als Mädchen selbst schützen können. Mich interessierte das Judo zwar nicht, aber vor dem Judo-Training übten wir die stille Sitzmeditation aus dem japanischen Buddhismus. Diese Übung, die unser Judo-Trainer „ZaZen" nannte, war meine liebste Übung vom ganzen Training. Ich wollte mehr darüber wissen, aber mir fehlte der Kontakt zu einem praktizierenden Buddhisten.

Im Grundschulalter verlor ich zwei Menschen, die mir am Herzen lagen: einen meiner Großväter, und einen Religionslehrer. Mit diesem Lehrer konnte ich über meine Erlebnisse in anderen Welten sprechen, und wir tauschten uns über (von anderen gehörte) Nahtod-Erlebnisse und jenseitige Welten aus. Es waren tolle Gespräche, die ich in den Pausen auf dem Schulhof mit ihm führte. Die beiden Verluste trafen mich schwer. Gleichzeitig spürte ich, dass ihre Seelen immer noch lebendig waren. Ich konnte vor allem meinen Großvater manchmal im Alltag an meiner Seite wahrnehmen, oder die beiden erschienen mir in Träumen.

Als ich 15 Jahre alt war, stellte mein Ballettlehrer unserer Klasse einen Tänzer vor, der uns in den nächsten Monaten trainieren sollte. Durch diesen neuen Ballett-Lehrer bekam ich unerwartet endlich im Kontakt zu einer buddhistischen Gemeinschaft, die eine Übungsgruppe in Bielefeld hatte. Ich nahm an den wöchentlichen Treffen teil und sog die Übungen und Belehrungen freudig in mich auf. Auf gewisse Weise schienen sie mir vertraut. Am frühen Morgen vor der Schule, mittags nach der Schule und vor dem Schlafen rezitierte ich jeweils das *Lotus Sutra* und bemerkte eine wohltuende Wirkung auf mein Leben. Vor jeder Klausur und vor jeder Ballettaufführung nahm ich bewusst Kontakt zu Kuan Yin und ihrem Energiefeld auf – und es gab mir immer Energie, Zuversicht und Mut. Mir half es einfach, mich in aktivem Kontakt zu einem höherern Wesen zu wissen. Besonders inspirierte mich das 25. Kapitel, welches die Aktivitäten der Kuan Yin beschreibt, die in Japan Kannon und in Indien Avalokiteshvara oder auch Avalokita genannt wird.

Als ich mit der buddhistischen Lehre der sogenannten sechs Daseinsbereiche in Kontakt kam, war ich hocherfreut! Es deckte sich mit meinen Erfahrungen, plus ich bekam neues Verständnis und neue Einsichten über die verschiedenen Existenzbereiche. Dass Kuan Yin eines der Wesen ist, die in all diese Bereiche hineingehen kann, und mich in allen Daseinsbereichen unterstützen kann, war eine tolle Entdeckung für mich, die meine Verbindung zu ihr vertiefte. Die archetypische Kraft der Kuan Yin verkörpert unsere eigenen Fähigkeiten, in diese Bereiche unseres Geistes hineinzugehen, und dort zu wirken. Manchmal empfinde ich es als emotional überwältigend, meine Aufmerksamkeit auf diese Bereiche in mir zu lenken. Manchmal gerade ich tagsüber auch plötzlich hinein, wenn ich mich zum Beispiel über etwas ärgere oder an eine Erwartung hefte. Die Kraft von Kuan Yin durchströmt mich dann wie eine sanfte und zugleich kraftvolle Welle und das Gefühl der Schwere lässt nach. Da mich die Lehre der sechs Daseinsbereiche inspiriert, möchte ich an dieser Stelle gern einen kleinen Einblick in die Fähigkeiten der Kuan Yin gewähren, die traditionell in den alten buddhistischen Schriften überliefert werden.

Kuan Yin und die sechs Daseinsbereiche

In Japan wird Kuan Yin mit Kannon oder Kanzeon übersetzt. Das Buch "*Kannon, Göttliches Mitgefühl – Frühe Buddhistische Kunst in Japan*" vom Museum Rietberg Zürich. gibt interessante Hinweise zu Kuan Yin. Dort werden auf den Seiten 54 ff die Aussagen von zwei bekannten Meistern, Zhiyi (538-597) und Zixuan (965-1038) beschrieben. Wir können dort lesen, dass der Gründer der Tiantai-Schule des Buddhismus, Zhiyi (538-

597) in seinem Traktat „Mohe zhiguan" geschrieben hat, *dass Kuan Yin (Guanyin) in sich selbst der erwachte Zustand sei.*

Besonders inspirieren mich die Hinweise in den Schriften, dass Kuan Yin sich in alle sechs Zonen der Wiedergeburten begibt, um dort mit jeweils besonderen Eigenschaften leibhaftig zu erscheinen und den Wesen zu helfen. Dabei nimmt sie den verschiedenen Daseinsbereichen entsprechend bestimmte Formen an. Sie begibt sich also in die Bereiche der Hölle, der hungrigen Geister, der Tiere, der Menschen, der Asuras (kämpfende Geister, Halbgötter, Dämonen) und der himmlischen Wesen (Götter). Diese Bereiche befinden sich sowohl in der Welt um uns herum als *auch in unserem Geist.* Hier verkörpert Kuan Yin unsere Fähigkeit, alle Bereiche unseres Bewusstseins-Stromes in sinnvoller und geschickter Weise zu betreten. Wir haben also in uns selbst die Kraft und die Fähigkeiten, unsere verschiedenen Geistes-Ebenen zu entdecken, kennenzulernen und zu verwandeln.

Manche Belehrung schildern, dass wir nach dem körperlichen Tod in einem der „sechs Daseinsbereiche" landen werden, je nachdem in welchem Zustand sich unser Geist während des Sterbens befindet. Aber auch bereits zu Lebzeiten landen wir immer wieder in diesen sechs Bereichen, zum Beispiel in emotionalen Höllen, oder in Zuständen von starkem Verlangen; dem Zwang, alles so haben zu wollen, wie wir es uns wünschen. Wenden wir uns in solchen leidvollen Geisteszuständen an Kuan Yin, unserem innewohnenden Potential der Liebe und Weisheit, können wir viel Leid für uns selbst und andere abwenden.

Kuan Yins Erscheinungen sind in diesem Zusammenhang:

1) Dabei (großes Mitgefühl)
2) Daci (große Gnade)
3) Shizi wuwei (furchtloser Löwe)
4) Daguan putzao (universelles Licht)

5) Thianren zhangfu (göttliche Heldin)
6) Dafan chenyuan (allmächtige Brahma)

Ihre Fähigkeiten:
1) rettet Höllenwesen
2) rettet hungrige Geister
3) rettet Tiere
4) rettet Asuras (Halbgötter und Dämonen)
5) rettet Menschen
6) rettet himmlische Wesen

In Japan hat Kannon noch weitere Beinamen, die jeweils mit besonderen Attributen verbunden sind:
1) Shō Kannon:
sie halt eine Lotusblume oder eine Vase

2) Jūichimen Kannon:
sie hat 11 Gesichter

3) Nyoirin Kannon:
sie hält eine wunscherfüllende Perle

4) Senju Kannon:
sie hat tausend Arme, und jede Hand ist mit einem mitfühlenden Auge ausgestattet

5) Suigetsu Kannon:
sie trägt weiße Roben

6) Batō Kannon:
sie beschützt Tiere

Wasser-Mond Kuan Yin

In diesem Zusammenhang wird eine Form von Kuan Yin in der zen-buddhistischen Tradition besonders verehrt: die **Wasser-Mond Kuan Yin**. Mond und Wasser werden oft in Belehrungen des Buddhismus als malerische Begriffe genutzt, um auf die Leerheit und die reine Natur des Geistes, die alles durchdringt, hinzuweisen. Auch sind Wasser und Mond Symbole für Fülle und Fruchtbarkeit, welche die Existenz als Mensch ermöglichen – eine Form der Existenz, in der das Erwachen möglich ist. So wurde sie in China angerufen, um eine Wiedergeburt in einer glückverheißenden Form zu erlangen, die das Erwachen ermöglicht; um Kinderwünsche zu erfüllen und eine leichte Geburt zu ermöglichen. Hierfür gibt es Funde von Statuen und Gebete von Frauen, die Petra Rösch in ihrem Buch „Chinese Wood Skulptures of the 11th to 13th centuries, Images of Water-moon Kuan Yin in Northern Chinese Temples and Western Collections" zeigt.

Dargestellt wird die Wasser-Mond Kuan Yin in einer entspannten, eleganten Haltung: die sogenannte Haltung der königlichen Gelassenheit. Sie sitzt auf einem Felsen, schaut entspannt und präsent in die Natur. Ihr rechtes Bein ist aufgestellt, und ihr rechter Arm ruht entspannt auf dem Knie.

Diese Form der Kuan Yin spiegelt eine sehr entscheidende Belehrung, die sich bis heute als Sprichwort in China erhalten hat: „**Ein Mond spiegelt sich in tausend Flüssen, und alle tausend Flüsse reflektieren den einen Mon**d".

Vielleicht möchtest du an dieser Stelle kurz innehalten, und diesen Satz in dir nachwirken lassen.

Mein Herz ging auf, als ich diesen wundervollen Satz zum ersten Mal las. Auf poetische Art beschreibt er, dass das göttliche Licht in uns allen als die eine Quelle, als dasselbe göttliche Licht strahlt.

Wer wir auch sind, wo wir auch sind, auf welchem Pfad wir uns auch befinden mögen, in diesem Licht sind wir verbunden. Gleichzeitig sind wir alle auf einzigartige Weise unterschiedlich. Wir sind mannigfaltige Erscheinungen der einen Quelle.

Diese Sicht ermutigt mich darin – besonders wenn ich mit Menschen zu tun haben, die ich schwierig finde und ablehne – auch dorthin zu schauen, wo wir verbunden sind, und mich nicht darauf zu fokussieren, wo wir voneinander getrennt sind.

Wann immer ich es schaffe, diese innere Haltung in einer schwierigen Situation einzunehmen, erlebe ich das als einen aktiven Beitrag zum friedlichen Miteinander.

Om Mani Padme Hum

Es gibt auch eine Gebetsformel (Mantra), welche Kuan Yin zugeordnet wird, Diesem Mantra „Om Mani Padme Hum" wird die Kraft nachgesagt, Licht in die besagten sechs Daseinsbereiche senden zu können, und somit Leiden zu transformieren. Die einzelnen Silben des Mantras haben dabei jeweils eine eigene, heilsame Bedeutung und eine Zuordnung zu einem Daseinsbereich:

Om – weißes Licht - reinigt Stolz – Götter-Bereich
Ma – grünes Licht - reinigt Neid und Eifersucht – Halbgötter und Dämonen-Bereich
Ni – gelbes Licht - reinigt Unwissenheit – Menschen-Bereich
Pe / Pad – blaues Licht - reinigt Dummheit - Tier-Bereich
Me – rotes Licht - reinigt Begierde – Hungrige Geister-Bereich
Hum / Hung – blau schwarzes Licht - reinigt Zorn und Hass Höllen-Bereich

Om - schließt das Tor der Wiedergeburt in Welt der Götter
Ma - schließt Tor der Wiedergeburt in die Welt der Halbgötter
Ni - schließt Tor der Wiedergeburt in die Welt der Menschen
Pad - schließt Tor der Wiedergeburt in den Tierbereich
Me - schließt Tor der Wiedergeburt in die Welt der Hungrige Geister
Hum - schließt Tor der Wiedergeburt in den Höllenbereich

Om - reinigt Körper
Ma - reinigt die Rede / den Energiekörper
Ni - reinigt den Geist
Pad - reinigt konfliktbringende Emotionen
Me - reinigt latente Bedingungen
Hum - reinigt Störungen, die Wissen verhindern

Verbindung des Mantras zu den Lehren der 6 Paramitas (die zur Befreiung führen):

Om - Dana, selbstloses Geben
Ma - Ethik
Ni - Geduld
Pad - Bemühen
Me - Konzentration
Hum - Weisheit

Wir können also unschwer erkennen, dass in einem solchen Mantra viele Bedeutungsebenen angesprochen werden und in ihm sozusagen eine komplette buddhistische Lehre aufscheint.

Obwohl in manchen Traditionen das Mantra einem männlichen Bodhisattva (Avalokiteshvara) zugeordnet wird, gibt es Hinweise darauf, dass es ursprünglich an ein weibliches Wesen (Avalokitashvara / Kuan Yin) gerichtet wurde. Dies würde bedeuten, dass die gängige Meinung, dass Kuan Yin aus einem männlichen Wesen hervorkam und ursprünglich männlich gewesen sein soll, nicht zutrifft. So schreibt beispielsweise A.H. Francke, dass das Mantra Om Mani Padme Hum ursprünglich einem weiblichen Wesen verbunden war. Sie erklärt, dass früher folgende Struktur üblich war, um eine Gottheit anzurufen: dem Namen wurde ein Om vorangesetzt - und ein Hum kam an das Ende der Anrufung. Schauen wir uns das Mantra „Om Mani Padme Hum" an, stellen wir fest, dass die Göttin Mani Padma (Vokativ Mani Padme) hier herbeigerufen / in uns aktiviert wird. Padma ist ein Beiname der Kuan Yin, und bedeutet Lotos.

In manchen Traditionen gilt Kuan Yin auch als ein Bodhisattva. Ein Bodhisattva ist ein Wesen, welches aus tiefem Mitgefühl und Weisheit heraus gelobt hat, nicht ins Nirvana (Zustand höchster Befreiung) einzugehen, sondern stattdessen in dieser Welt die Wesen darin zu unterstützen, sich selbst aus den Leidenskreisläufen zu befreien. Es gibt aber auch Überlieferungen, die uns von alten Meistern und Meisterinnen erhalten geblieben sind, wie zum Beispiel die Schriften von Zixuan oder Zhiyi, die Kuan Yin als Quelle der Bodhisattvas wahrnehmen.

Das ist mir wichtig zu erwähnen, denn es ist ein weiterer Hinweis darauf, dass Kuan Yin ursprünglich als die Mutter der Buddhas und Bodhisattvas wahrgenommen und verehrt wurde. Und es widerlegt die Behauptung, die generell unterrichtet wird, dass Kuan Yin aus einem ursprünglich männlichen Bodhisattva entstanden sei.

Drachenmädchen

(diese Wolkenerscheinung begrüßte mich plötzlich auf meinem Weg zur Arbeit)

Kuan Yin ist auch eng mit Drachen und ihren Energien verbunden – faszinierende Wesen, über die mir viel Gegensätzliches in Geschichten und Legenden begegnete. In manchen Kulturen gelten sie als Glückssymbol oder Hüter von Schätzen und Geheimnissen; mal verkörpern sie die Kräfte des Wassers oder des Feuers, oder sie werden als üble Wesen bekämpft. Es gibt auch Sagen, in denen sie als Erscheinungen der uralten, weisen Erdmutter verehrt werden.

Besonders faszinierte mich das sogenannte Drachenmädchen, welches im Kapitel 12 des Lotus Sutras auftaucht.

Sie ist weise und voll Mitgefühl für alle Wesen. Ihre Tugenden gelten als vollkommen, sie ist barmherzig und schließt alle Wesen in ihr Herz, als wären sie ihre eigenen Kinder. Es wird betont, dass sie durch das Zuhören erwacht ist. Eine fröhliche und selbstbewusste, junge Frau, die sich nicht durch die Skepsis der weisen Männer um sie herum einschüchtern lässt.

Da in den Schriften erklärt wird, dass Frauen nicht erwachen könnten, sondern nur Männer, bietet das Drachenmädchen dem Buddha eine Perle an, und der Buddha nimmt diese ohne zu zögern von ihr an. Noch bevor der Buddha die Perle in den Händen hält, erwacht das Drachenmädchen vor den Augen der männlichen Schüler, welche die erwachten Qualitäten des Drachenmädchens zuvor bezweifelt hatten.

Die Kapitel 12 und 25 fielen mir auf. Das Drachenmädchen gleicht der Erscheinung der Kuan Yin, die mit bedingungslosem Mitgefühl, ihren Tugenden und ihrer Weisheit der Kuan Yin. Beide tragen das wunscherfüllende Juwel, die sogenannte „Perle der Staublosigkeit".

Dieses erwachte Drachenmädchen muss im Volk von hoher Bedeutung gewesen sein, sodass sie in einer männlich-dominierende Schrift auftaucht. An dieser Stelle mag ich gern eine Version des Lotus-Sutra (Saddharmapundarika Sutra) einfügen:

Avalokita, das Universelle Tor – Saddharmapundarika Sutra, Kapitel 25

Das Lotus Sutra nachts rezitierend
Erschütterte der Klang die Galaxien.
Als der Planet Erde am nächsten Morgen erwachte,
war ihr Schoß voller Blumen.

„Buddha der Zehntausend schönen Aspekte,
kann ich dir bitte diese Frage stellen:
„Warum gaben sie diesem Bodhisattva
den Namen Avalokita?"

Der Weltverehrte, wunderschön geschmückte,
bot dem Akshayamati folgende Erwiderung an:
„Weil die Handlungen, die in Ihrem tiefen Bestreben gegründet sind,
auf die Bedürfnisse aller Wesen in allen Umständen antworten können.

Bestrebungen, so weit wie die Ozeane
Wurden seit anfanglosen Zeiten gemacht.
Sie hat Billionen von Buddhas beigewohnt,
Ihre großartige Bestrebung durch Aufmerksamkeit gereinigt.

Wer auch immer Ihren Namen ruft oder Ihr Bild sieht
Wenn deren Geist perfekt gesammelt und rein ist,
werden sie dann fähig sein,
das Leiden in allen Welten hinter sich zu lassen.

Wenn solche mit grausamen Absichten
Uns in eine feurige Fallgrube stoßen,
Die Kraft von Avalokita anrufend
Verwandelt sich das Feuer in einen erfrischenden See.

Hilflos auf den Wassern des großen Ozeans treibend,
von Monstern der Tiefe bedroht,
Die Kraft von Avalokita anrufend
Sind wir vor den Sturmwellen sicher.

Auf dem Gipfel von Berg Meru stehend,
sollte jemand sich wünschen uns dort hinunter zu stoßen,
Die Kraft von Avalokita anrufend
Ruhen wir unversehrt wie die Sonne im Raum hängt.

Von einer grausamen Person gejagt,
Den Diamantberg hinunter,
Die Kraft von Avalokita anrufend
Wird nicht einmal ein Haar unseres Körpers in Gefahr sein.

Eingekreist und umringt von Banditen, die
Schwerter zum Verwunden und *Töten halten*
Die Kraft von Avalokita anrufend,
Zerfallen die Schwertklingen in tausend Stücke.

Gefangen oder gefesselt von eisernen Ketten,
mit Händen und Füßen festgekettet,
Die Kraft von Avalokita anrufend,
werden wir in die Freiheit entlassen.

Wenn Gifte, Flüche und Verwünschungen,
uns in Gefahr bringen,
Die Kraft von Avalokita anrufend,
kehren schädigende Dinge an ihre Quelle zurück.
Von grimmigen und grausamen Yakshas angegriffen,
einem giftigen Naga, oder unfreundlichen Geist,
Die Kraft von Avalokita anrufend,

werden sie uns nichts antun.
Mit wilden Tieren, überall
Die ihre Zähne, Fangzähne und Klauen entblößen,
Die Kraft von Avalokita anrufend
Werden sie weit weg laufen.

Mit Skorpionen und giftigen Schlangen konfrontiert,
die Feuer, Rauch und giftige Gase ausatmen,
Die Kraft von Avalokita anrufend,
laufen sie weg, die Luft klärt sich.

Gefangen unter Blitzen, Donner und Wolken,
mit Hagel, der sich in Sturzbächen ergießt,
Die Kraft von Avalokita anrufend,
endet der Sturm, das Sonnenlicht erscheint.

Alle Lebewesen, die in Not geraten sind,
von unermesslichem Leiden niedergedrückt,
werden auf Zehntausend Arten gerettet
von der wunderbaren Kraft Ihres Verstehens.

Wundersame Kraft ohne Mangel,
Weisheit und geschickte Mittel so weit –
In den Zehn Richtungen aller Welten,
gibt es keinen Ort an dem sie nicht erscheint.

Die Wege zu den Bereichen des Leidens,
der Schmerz von Geburt, Alter, Krankheit, und Tod,
Höllen, Hungrige Geister, oder Tiere
Werden alle gereinigt, beendet.
Blick der Wahrheit, Blick der Reinheit,
Blick des grenzenlosen Verstehens,

Blick der Liebe, Blick des Mitgefühls –
ist der Blick, der immer geehrt und praktiziert werden sollte.

Blick des unbefleckten Lichtes und der Reinheit,
Sonne der Weisheit, welche die Dunkelheit vertreibt,
Meisterin über Feuer, Winde, Katastrophen
Die ganze Welt erleuchtend.

Herz des Mitgefühls wie der rollende Donner,
Herz der Liebe wie sanfte Wolken,
Wasser des Dharma-Nektars regnet auf uns nieder,
Löscht das Feuer der Bedrängnis aus.

Im Gerichtssaal, dem Ort der Anklage,
auf den Feldern inmitten des Krieges,
Die Kraft von Avalokita anrufend,
werden unsere Feinde zu unseren Freunden.

Klang des Wunders, nobler Klang,
Klang von jemandem, der zutiefst in die Welt schaut,
außergewöhnlicher Klang, Klang der ansteigenden Gezeiten,
Klang, dem wir immer zuhören werden.

Mit Achtsamkeit, frei von Zweifeln,
in Momenten der Gefahr und Bedrängnis,
unser Glaube in die Reinheit von Avalokita
ist das, worin wir Zuflucht nehmen.

In Dankbarkeit verneigen wir uns vor der Einen,
die alle Tugenden besitzt,

mit mitfühlenden Augen auf die Welt schaut,
ein Ozean des Wohlseins jenseits des Ermesslichen."[8]

Die Qualitäten, die hier von Avalokita (Kuan Yin) beschrieben werden, existieren in uns selbst. Wenn wir uns in einer disziplinierten, spirituellen Praxis schulen, wird es uns mehr und mehr möglich sein, Unheilsames abzuwenden und in weiser und kreativer Art mit Problemen umzugehen. Wir haben dann geschickte Mittel an der Hand, unsere Feindseligkeit und negative Gedanken loszulassen und schädigende Handlungen zu vermeiden. Eine klare Wahrnehmung stärkt übrigens auch unser Energiesystem. Dadurch haben wir mehr Raum, um Mitgefühl und Liebe zu spüren und auszudrücken.

Ich möchte auch erwähnen, dass wann immer in diesen Versen „Feinde" erwähnt werden, damit übrigens keine äußeren Feinde gemeint sind, sondern unsere eigenen zerstörerischen Muster, die wir alle in uns tragen.

In Verbindung mit Kuan Yin existiert noch eine weitere Überlieferung vom Drachenmädchen. Eines Tages verwandelte sich einer der Söhne der vier Drachenkönige in einen Fisch, er schwamm durch den Ozean und geriet in das Netz eines Fischers. Als der Fischer diesen Fisch auf dem Markt verkaufen wollte, erschien Kuan Yin, befreite diesen und brachte ihn zum Drachenkönig zurück. Zum Dank erhielt sie vom Drachenkönig eine leuchtende Perle. Eine seiner Töchter, das Drachenmädchen Lung Nü, überreichte ihr persönlich die Perle und entschied sich, eine Schülerin von Kuan Yin zu werden.

Das Drachenmädchen scheint mir eine alte Form der Kuan Yin zu sein, und neben der Qualität des Mitgefühls auch eine sehr selbstbewusste Kraft zu symbolisieren. Eine Kraft, die Frauen in buddhistischen Kreisen vielleicht noch zu wenig zeigen.

---

[8] Avalokita das Universelle Tor - Saddharmapundarika Sutra, Kapitel 25, Internet, 2015

∞

Die Vorstellung erwachter weiblicher Wesen begeisterte mich. So nahm ich im Alter von 17 Jahren in Frankfurt in einer Zeremonie mit etwa 200 Menschen „Zuflucht" in die buddhistische Tradition. In einer buddhistischen Zeremonie, die von einem japanischen Mönch durchgeführt wurde, ging ich nun offiziell eine innere Verpflichtung mit dem buddhistischen Übungsweg und den Belehrungen ein.

In den buddhistischen und taoistischen Überlieferungen fiel mir im Laufe der Jahre eine spannende Thematik auf: ein Mann steht kurz vor dem Erwachen - oder kurz vor der Unsterblichkeit – jedoch steckt er fest. Da taucht ein weibliches Wesen auf, entweder alt und fordernd - oder jung und verführerisch – und fordert den Mann heraus bzw. leitet ihn auf sehr unaufdringliche Weise und nicht im negativen Sinne belehrende Weise an. Diejenigen, die sich einlassen, die diesem Momentum gegenüber eine gewisse Hingabe entwickeln können, erwachen oder werden unsterblich! Hier sind ein paar spannende Beispiele:

Shakyamuni Buddha wäre ohne zu erwachen verhungert, hätte er nicht die Speise des Milchmädchens angenommen. Er hatte sich der völligen Entsagung hingegeben und sich damit vom Leben abgetrennt.

Das Milchmädchen lehrte ihn den sogenannten „Mittleren Pfad", welcher Extreme meidet und die Vollkommenheit in allen Wesen betont. Obwohl aus dem Mittleren Pfad, dem sogenannten „Mahayana Buddhismus", viele Traditionen entstanden sind, wird das Milchmädchen jedoch nur beiläufig erwähnt.

Diese Vorgehensweise, die weiblichen Wesen entweder nicht zu erwähnen, oder sie als Nebenfigur zu degradieren, und den männlichen Wesen den Vorrang zu geben, ist die typische Folge einer grundsätzlich patriarchal strukturierten Kultur.

Eine weitere wunderbare Legende wurde von Jack Kornfield auf einem Vortrag erzählt:

Als Shakyamuni Buddha mit der Entschlossenheit zu erwachen unter dem Bodhi-Baum saß und immer wieder von den Kräften Maras angegriffen wurde, überkam ihn schließlich Mutlosigkeit. Mit letzter Entschlossenheit rief er die Göttin der Erde an, und berührte mit einer Hand die Erde. Er rief sie an, damit sie all seine Inkarnationen und spirituellen Praktiken, die er je gelebt hatte, bezeugte. Sie erschien und ließ aus ihren Haaren Wellen von Wasser strömen, welche die Heere von Mara fortspülten. In Thailand steht noch heute eine Statue von ihr an einem Brunnen vor den großen buddhistischen Tempelkomplexen.

Um zu erwachen, ist es nötig, dass wir am Ende mit dem Kämpfen aufhören und uns der weiblichen erwachten Kraft zuwenden.

In Edwin Bernbaums Buch „Der Weg nach Shambhala" berichtet ein tibetischer Lama davon, wie er im Jahr 1948 an einem heiligen Berg von einer Erscheinung der siebenäugigen Tara, mit dem Namen „Phagma Chendünma", in das sagenumwobene Reich Shambhala geführt wird.

Zhen Wu wurde unsterblich, nachdem er sich auf die Begegnung mit einem jungen Mädchen eingelassen hatte. Er war in seine Übung vertieft, als plötzlich ein junges Mädchen auftauchte und sich bemühte, ihn zu verführen. Er fühlte sich von ihrer Anwesenheit gestört und ging auf sie los, um sie zu verjagen. Dabei stürzte sie jedoch einen Felsen hinab. Ohne zu zögern sprang er ihr nach, in dem Versuch sie zu retten. In dem Moment erschienen Drachen am Himmel, mächtig tauchten sie aus dem Nebel auf und fingen Zhen Wu auf. In diesem Moment der Hingabe wurde Zhen Wu unsterblich.

An den Externsteinen, einem alten Sonnen-Heiligtum in Nordrhein-Westfalen, existiert eine Abbildung, auf der Maria Magdalena offensichtlich Jesu Scheitel-Chakra küsst, während er in die himmlische Sphäre aufsteigt. Dies war ein alter Brauch, um die Seele über die Schwelle des Todes zu bringen und das erleuchtete Bewusstsein, das Einheitsbewusstsein, im Wachzustand aufrecht zu halten. Dr. Renate Otto-Walter hat dazu einige interessante Informationen zusammengestellt:[9]

Die ägyptische Göttin Isis holte den Gott Osiris ins Leben zurück; sie setzte seinen zerstückelten Körper wieder zusammen und hauchte ihm ihren Lebens-Atem ein.

Tara unterstützte Chenrezig, als dieser aus Verzweiflung über das Leid der Wesen in tausend Teile zersprang. Ihre Weisheit und Liebe ermutigte ihn, seine Hilfe für die leidenden Wesen nicht aufzugeben.

Die Göttin Ishtar stieg mutig in die tiefste Unterwelt hinab, um ihren Geliebten Tammuz zurückzuholen. Bei ihrem Aufstieg konnten alle anderen Wesen, die dort gefangen waren, ebenfalls in die höheren Sphären zurückgelangen.

Diese Mysterien-Geschichten zeigen uns Dynamiken, die in unserem Geist stattfinden können – und es fällt mir auf, dass die weibliche spirituelle Energie für die Erlösung und Entwicklung notwendig ist!

Dabei bilden die buddhistischen Traditionen offensichtlich keine Ausnahme. Ohne weibliche Kraft gibt es kein Erwachen – wenn wir sowohl die männlichen als auch die weiblichen Qualitäten umarmen, dann können wir in das Energiefeld jenseits der dualistischen Welt gelangen.

---

[9] Renate Otto-Walter in Tattva Viveka, Ausgabe 78 / März 2019

Herzsonne in Nepal

Während meiner Jugendzeit verspürte ich immer stärker den Wunsch, entweder zurück in den Iran zu reisen, oder Indien und Nepal zu erkunden. Ich sparte Geld und entschloss mich mit 21 Jahren dazu, mehrere Monate durch Indien und Nepal zu reisen. Die Reise verlief allerdings ganz anders, als ich es mir zunächst ausgemalt hatte.

Mit nur einer Handtasche als Gepäck reiste ich los. Meine Haare waren zu langen, einzelnen Zöpfen verfilzt. Ich trug lange Röcke und kam mit diesem Erscheinungsbild leicht mit Einheimischen in Kontakt, da sie bemerkten, dass ich mich der spirituellen Welt widmete. Die Menschen begegneten mir aufgeschlossen und nett.

Manche Tage verbrachte ich in Tempel-Nischen - mit duftenden Jasminblüten-Kränzen um meinen Hals, den Gesängen lauschend. Ich sog die Atmosphäre in mich auf und fühlte mich wohl damit, dass Religiosität und Spiritualität hier so selbstverständlich und mit Hingabe gelebt wurden. Ich badete im Dschungel in Wasserfällen – freute mich an den Gesängen, die über den Dächern der Städte bei Sonnenaufgang die Luft erfüllten; ich paddelte mit einem Boot einen Teil des Ganges entlang, wanderte durch Haine in denen viele bunt-gefiederte Pfauen meine Wege kreuzten. Ich empfand es als märchenhaft schön und gleichzeitig verrückt. Nach zwei Monaten des Reisens durch Indien, fühlte ich mich jedoch zunehmend unwohl mit dem ständigen Trubel um mich herum. Ich machte mich auf nach Nepal und hoffte, dort etwas Ruhe zu finden.

Nach einer langen, holprigen Busfahrt kam ich nachts in Kathmandu an. Der Bus stoppte allerdings unerwartet am dunklen Stadtrand. Plötzlich erschien jemand mit einer Taschenlampe und sagte uns, wir sollen schnell aussteigen und ihm folgen. Er würde uns an einen sicheren Ort bringen. – Ich befand mich im Bürgerkrieg.

Ausgerechnet an diesem Morgen hatten Studenten und Bauern den Palast des Königs gestürmt, um Demokratie zu fordern. Sie hatten Mistgabeln und Banner dabei – und wurden von Soldaten mit Maschinengewehren empfangen. Mein Weltbild und mein Vertrauen in die buddhistische Tradition brachen zusammen. Zwar wurde ich mehrmals auf unerklärliche Weise vor dem Tod bewahrt – wofür ich äußerst dankbar war, und auch keine natürliche Erklärung fand – aber das Leiden und die Gewalt um mich herum waren mir unerträglich und absurd.

Nach zwei Wochen Bürgerkrieg nutze ich den Waffenstillstand, um Kathmandu zu verlassen und an den Rand des Himalaya Gebirges zu reisen. Ich war verwirrt und fühlte keinen inneren Halt mehr.

Eines frühen Morgens weilte ich am Ufer eines kleinen Sees. Es war ein heiliger See, in dessen Mitte sich eine Insel mit einem kleinen Tempel befand. Als ich dort am Ufer stand, änderte sich plötzlich meine Wahrnehmung.

Der See und die Berge vor mir lösen sich in ein helles Licht auf. Es ist so friedlich, kraftvoll und grenzenlos, dass ich mich darin auflöse, wie von selbst geschieht all das – es existiert nur noch dieses Licht.

Als ich wieder zu mir kam, war es – zu meinem Erstaunen – später Nachmittag. Ich hatte also stundenlang dagestanden, doch für mich hatte es sich nur wie ein kurzer, friedlicher Moment angefühlt. So hatte ich einen ersten kleinen Geschmack von Kuan Yins klarem, grenzenlosen Herz-Licht bekommen.

Von da an spürte ich einen lebendigen, aktiven Kontakt mit Kuan Yin von Herz zu Herz – von Herzsonne zu Herzsonne; und mit Herz meine ich eine Art golden-weißes Energiefeld, welches mir die Kommunikation mit Kuan Yin erleichtert. Sobald ich das aufbaue, kann ich bestimmte Energiewellen aufnehmen, die von ihr kommen, um mich zu unterstützen; oder ich vernehme Worte, die mir weiterhelfen oder mich auch aufrütteln. Es ist nicht so, dass ich so auf alle Fragen einfach Antworten bekommen würde. Sicher nicht. Sie nimmt mir nicht meine Entwicklungsarbeit ab! Aber es ist ein Kommunikationsfeld, welches mir von unschätzbarem Wert ist, mich unterstützt und von jedem Wesen aktiviert werden kann!

Ein tibetischer Mönch erklärte mir, dass das Erwachen einfach ein Vorgang sei, bei dem sich unser „Kind-Licht" wieder mit dem „Mutter-Licht" vereint. „Das ist alles " sagte er schmunzelnd.

Viele Jahre später würde ich eine alte Tradition aus dem Altai lernen, in der die Herzsonne von großer Wichtigkeit ist. Energetisch befindet sie sich in unserer Brustmitte und wird auch das zweite Gesicht / oder Herzgesicht genannt. Es wird durch die sogenannte Hirn-Herz Verbindung aktiviert. Aus diesem energetischen Zentrum auf der Brustmitte strahlt Licht, und dieses Licht wird Herz-Sonne genannt. Diese Herzsonne entspringt dem Energiefeld der Großen Mutter und ist in dieser Art der Energie-Arbeit sehr wichtig. Es ist auch das Licht, welches aus dem Zentrum der Milchstraßen-Galaxie strahlt, Leben ermöglicht und die Qualitäten von Liebe und Weisheit in sich trägt und aktiviert. Im Licht unserer Herz-Sonne können wir Schmerzenergien berühren und wandeln. Wir haben hier auch Zugang zu unserer innersten Liebe und Weisheit. Ich nehme meine Herz-Sonne als Kuan Yins Licht war, als ihr Liebes- und Weisheitsfeld.

Auch der chinesische buddhistische Meister Zixuan, der von 965 bis 1038 lebte, sprach im Zusammenhang mit Kuan Yin von der „Erkenntnis des Lichtglanzes". In seinen Belehrungen befasste er sich mit den sogenannten „25 Weisheiten" und lehrte, dass diese Weisheiten sich gemeinsam in dem einen einzigen Tor der Guanyin (Kuan Yin) vereinen.

Im alten China war für Kuan Yin auch der lange Name „Kuang-shih-yin" gebräuchlich. Kuang bedeutet „Licht" oder „selbsterleuchtete Qualität des Geistes". Der buddhistische Gelehrte Alexander Studholme schreibt dazu: „Zusätzlich gibt es eine Übersetzung des Saddharmapundarika Sutra die im Jahr 286 von Dharmaraksa geschrieben wurde, und dort wird die leicht andere Variante Kuang-shih-yin benutzt, wobei kuang „Licht" oder „Glanz" bedeutet."[10]

---

10   Alexander Studholme: The origins of Om Manipadme Hum, State University of New York Press, New York 2022, S. 55

In Indonesien wurde Kuan Yin mit dem Namen „Kanin" angerufen – in der alten hawaiianischen Kultur war das Wort, welches unser höchstes göttliches Selbst benennt „Kane", die Urquelle allen Seins, welche sich in der Allverbundenheit – dem Licht – und der Liebe zeigt, wurde Aumakua oder Akua genannt. Als ich das Wort Akua zum ersten Mal hörte, dachte ich unwillkürlich an Kuan Yin. Kuan Yin – universelle Urquelle.

Viele Jahre später arbeitete ich als Masseurin. Eine neue Klientin betrat den Raum. Sie nahm ihre goldene Kette ab, an der ein Sonnensymbol hing – sie sah mir tief in die Augen und sagte unvermittelt: „Die Herzsonne ist wichtig!"

Dann legte sie sich zur Massage hin. Im Raum breitete sich ein angenehmes, goldenes Energiefeld aus. Ich habe sie danach nie wiedergesehen. Aber es war eine eindringliche Begegnung und eine Erinnerung daran, meine Einsichten über die Wichtigkeit der Herz Sonne ernst zu nehmen.

Es war Zeit, weiter in Richtung der indischen Grenze zu reisen, was erst einmal problemlos schien. An der Grenze wurde ich jedoch verhaftet. Da ich eine ausländische Studentin war, stand ich unter dem Verdacht, zu den aufständischen Studenten zu gehören, die den Sturz des Königs mit den Bauern organisiert hatten. Es gab den Verdacht, dass westliche Studenten den Wunsch nach Demokratie geschürt hätten. Mein Reisepass wurde mir weggenommen. Er wäre gefälscht, da alle europäischen Bürger US-Reisepässe hätten, und es somit keine deutschen Pässe geben würde. Ich war machtlos und meine Machtlosigkeit steigerte sich in eine Wut hinein. Mein Wutausbruch gegenüber den drei Grenzsoldaten war natürlich alles andere als hilfreich und führte dazu, dass ich den Rest des Tages bis in die Nacht hinein mit einem Maschinengewehr im Rücken - und einem

Maschinengewehr vor der Brust - stillstehen musste. Eine Bewegung, und sie würden abdrücken.

Als der letzte Bus des Tages vorbei gefahren war, bekam ich meinen Pass zurück und wurde frei gelassen. Gegenüber war eine Kneipe, aus der mich die betrunkenen Männer schon beäugten. Ich begann zu Fuß loszugehen. Einfach die Hauptstraße entlang. Hauptsache weg von dort. Einige Männer folgten mir mit Taschenlampen. Doch Kuan Yin hielt weiter ihre schützenden Hände über mich – sowie es in den Versen aus dem Lotus Sutra überliefert ist. Ich war erst ein paar Minuten unterwegs in der Dunkelheit, als ich hinter mir die Motorengeräusche eines Busses vernahm, der näher kam. Meine Rettung. Ich rannte mitten auf die Straße, um nicht übersehen zu werden. Der Bus hielt quietschend und ich wurde noch in den überfüllten Bus hineingelassen. Der Busfahrer sah mich wissend an und wollte kein Geld. Schnell fuhr er wieder los. Der Bus hatte viele Stunden Verspätung, wurde mir erklärt – was für ein großer Segen!. Ich fuhr bis zur Endstation mit – in die Morgendämmerung hinein. Von dort reiste ich mit einem Zug nach Lucknow.

Mir war die Reisefreude restlos vergangen. Nur wenige Wochen später flog ich zurück nach Deutschland.

Im Stern-Gebirge von Portugal

Durch die Erlebnisse in Nepal, durch die Erfahrungen der Unbeständigkeit und der Machtlosigkeit, sah ich keinen Sinn mehr darin, in ein geregeltes Alltagsleben zurückzukehren. Ich wollte mich von der Zivilisation möglichst abwenden. Zurück in Deutschland, verschenkte ich alles, was ich besaß – bis auf meine Papiere – und machte mich nach Portugal auf. In einem Emigranten-Bus voller portugiesischer Arbeiter fuhr ich in 38 Stunden nach Porto, und erreichte diese schöne Hafenstadt um 3 Uhr morgens. Den Rest der Nacht wollte ich draußen verbringen, und am nächsten Tag ins nördliche Gebirge weiterfahren. Das war mein Plan. Aber einer der Arbeiter wollte das nicht zulassen, und bot mir an, mit zu seiner Familie zu kommen. Ich spürte, dass ich ihm vertrauen konnte, und folgte ihm in ein kleines, armes Viertel am Stadtrand. Seine Familie empfing mich herzlich, ich bekam einen wunderbaren Platz zum Schlafen, etwas zu essen, und am nächsten Tag nahm mich jemand aus der Familie mit ins Gebirge.

Mein erstes Ziel war eine Gegend, die damals als eine der ärmsten Regionen Europas galt. Tras-os-Montes, auf Deutsch „hinter den Bergen" wurde sie genannt. Genau da wollte ich hin. Mehr als ein Jahr verbrachte ich dort und half auf verschiedenen Höfen mit. Aus materieller Sicht was es wirklich mehr als bescheiden. Es gab Menschen, die im Winter keine Schuhe hatten und in dicken Socken durch den Schnee liefen; es gab Familien, die in einem Raum lebten, mit offenem Feuer, ohne Glasfenster (so konnte der Rauch abziehen); es gab viele Einheimische dort, die Hunger litten, da der Boden karg war und wenig Ertrag brachte. Viele Menschen waren herzlich und dankbar für meine Hilfe, für die ich kein Geld wollte. Ich half, bekam einen Schlafplatz, und wir teilten das Essen. An einem der Höfe kam ich mit einem Kunsthandwerk aus der Mongolei in Berührung. Der Hof hatte Besuch von einer Reisenden aus der Mongolei bekommen, und da es dort Pferde und Wolle gab, hatte sie ihnen das Filzen beigebracht. Nun machten wir eine Filzaktion, so, wie es noch in der Mongolei traditionell gemacht wird. Mit Stöcken schlugen wir die Wolle weich und befreiten sie von Dreck, Steinchen und sonstigem. Dann färbten wir Teile davon mit Pflanzenfarben und legten auf einer Decke Muster aus. Das Ganze wurde dann mit einem Baumstamm aufgerollt, und mit viel Wasser und Seife rollten wir den Stamm mit den Unterarmen hin und her. Es war viel Arbeit, machte sehr viel Freude und war auf eine ganz wunderbare Art gesellig. Man konnte den Baumstamm auch von einem Pferd ziehen lassen. Hinterher hatten wir Decken, Teppiche und Sitzmatten für die Holzstühle. Diese kunstvolle Arbeit unter freiem Himmel war mir vertraut und ich spürte wieder einmal – wie im Iran – einen Hauch von Erinnerung an eine sehr alte Zeit in Zentralasien.

Es gab in der Gegend aber auch feindlich gesinnte Menschen, denen ich suspekt war. Verwurzelt in einer Mischung aus katholischem Glauben und Aberglauben war ich ihnen nicht geheuer, da ich als Frau allein lebte, unverheiratet war, nicht in die Dorfkirche ging und zuweilen bei Vollmondschein im Wald beim Spazierengehen gesehen worden war. Um dieser offensichtlichen Abneigung zu entkommen, wanderte ich irgendwann weiter.

Vom nördlichen Gebirgszug zog ich in ein Gebirge in der Mitte von Portugal, ins sogenannte „Estrella-Gebirge", ein Gebirgszug der auf Deutsch übersetzt „Stern-Gebirge" heißt. Dort half ich einer dänischen Familie, die hierher ausgewandert war.

Meine Wahrnehmung für die Ebenen hinter der sichtbaren Welt, die mir als Kind ganz selbstverständlich gewesen war, wurde an diesem Ort weiter geschärft. Während einer Wanderung sah ich plötzlich in der Ferne ein altes Dolmen-Gebilde mitten im Wald aufragen. Riesige Steine waren zu einer Art Tor mit einer hinteren Wand zusammengefügt worden.

Dolmen sind uralte, sagenumwobene Kultstätten der sogenannten Megalith-Kulturen. Große Dolmen stehen in zauberhafter Landschaft bzw verzaubern die Landschaft ihrerseits, und es gibt viele Vermutungen über ihre Bedeutung. Jedoch liegt ihr Entstehen soweit in der Menschheitsgeschichte zurück, dass niemand wirklich um ihre Bedeutung weiß. Wir finden diese Dolmen oder Megalith-Kulturen tatsächlich auf der ganzen Erde – wie ein Netzwerk, das alle Gegenden und Kulturen kraftvoll miteinander verbindet. Ich spiele ja gern mit Worten: das Wort Dolmen ist für mich mit Dolma oder Daoma verbunden. Daoma ist ein anderer Name für Kuan Yin. Kuan Yin wurde in Korea auch Kwan Um genannt, und Um steckt in dem Wort Uma (ein Name der Großen Mutter in Indien – und in Umay, ein Name der Großen Mutter im Altai). So spürte ich an diesem Ort die Kraft der uralten kosmischen Mutter. Mir war, als könnte ich an diesem Ort sehr schnell und leicht mit dem Bewusstseinsfeld der kosmischen Mutter in Kontakt kommen. So sehr spürte ich an diesem Dolmen die Kraft der Kuan Yin. Mit ihrer uralten Stimme erzählte sie mir Geschichten der alten Zeiten. Die Schwingung an diesen Orten empfand ich so, als würde Kuan Yin meinen Körper verankern und erdend halten, sodass mein Geist gleichzeitig in andere Ebenen aufsteigen konnte, um uralten Geschichten der Steine zu lauschen.

Außerdem nahm ich mich zuweilen als ungetrennt von dem Felsen wahr, auf dem ich saß. In diesem Bewusstseinszustand war ich ganz klar und wach, die Grenzen der Formen verschwanden jedoch zeitweilig in einem Gefühl der Verbundenheit. Dieser Zustand war ähnlich dem Erlebnis, welches ich an dem See in Nepal gehabt hatte. Die Formen lösten sich auf, aber da war klares Bewußtsein, Gewahrsein. Der Mutterraum der Leerheit: Kuan Yin.

In der Nähe war eine Quelle mit einem Wasserbecken, welches heilendes Wasser enthalten sollte. Zu Ostern nahmen die Menschen dort ein Bad, um sich zu reinigen und zu stärken – so wurde es mir berichtet. Es war zwar nicht Ostern, als ich diesen Ort fand, aber natürlich nahm ich die Chance wahr und badete in dem erfrischenden klaren Wasser. Als ich in das Wasser eintauchte, fühlte ich mich von einer uralten Lichtkraft getragen und geborgen. Mir war, als fielen diejenigen Belastungen von mir ab, die ich nicht mehr weiter mit mir herumzutragen brauchte. Ich fühlte mich auf ganz besondere Weise erfrischt. Wasser reinigt, belebt und wird auch mit der weiblichen Fruchtbarkeit assoziiert, die uns nährt und unsere Lebenskraft auffüllt. Wasser bringt Leben hervor, es ist wie das Ur-Plasma, das alles nährt.

Gleichzeitig fühlte sich das Wasser paradoxerweise elektrisch geladen an, als sei ein gewisses Feuer oder eine bestimmte Form von Elektrizität darin aktiv. Das Gefühl war subtil, aber es war da. Mir war, als würde ich von feuriger Kraft durchströmt. Das fühlte sich ungewohnt an. Einige Zeit Jahre erzählte mir eine Heilpraktikerin zum ersten Mal davon, dass Wasser Informationen trägt. Wasser kann mit bestimmten Informationen bzw. Frequenzen aufgeladen werden, und diese nehme ich zu mir, wenn ich das Wasser dann trinke oder darin bade.

Auch spürte ich die Gegenwart verschiedener Naturwesen an diesem Ort. Ich befürchtete, sie zu stören. Aber stattdessen ermutigten sie mich dazu, mich weiter auf den Fluss des Lebens einzulassen. Dieses Einlassen auf den Fluss des Lebens fiel mir schwer, seit ich den Bürgerkrieg in Nepal erlebt hatte, denn mein Urvertrauen war seitdem deutlich schwächer geworden. In diesem Wasser fühlte ich mich jedoch geborgen, belebt und erneuert. Und ich begann den Wert der alten Wasser-Rituale zu Ostern zu erahnen. Ich konnte die liebende Güte und die unbändige Kraft der Großen Göttin darin spüren, und das tat mir gut.

Solche heilenden Wasserbräuche sind in Deutschland übrigens mit Frau Holle, Ostara oder Maria verbunden – in China dementsprechend mit Kuan Yin.

Eines Nachmittags bekam ich Post und öffnete den Brief oben auf der Dachterrasse, auf der ich gerade arbeitete. Ein Bild von Kuan Yin auf einem fliegenden Schwan kam zum Vorschein. In dem Moment begann es zu regnen, obwohl sich der Himmel wolkenlos in einem strahlenden Blau zeigte, und ein Regenbogen erschien. Ich spürte, dass Kuan Yin mir zulächelte.

Die Bäuerin erzählte mir, dass sie, bevor sie nach Portugal ausgewandert war, eine Schülerin in der tibetisch-buddhistischen Tradition des 16. Karmapa gewesen war. Der Karmapa gilt, so wie auch der Dalai Lama, als eine menschliche Verkörperung von Kuan Yin. Ich war erstaunt und erfreut über diese unerwartete Begegnung inmitten der portugiesischen Berge.

Viele Jahre später würde ich der Wiedergeburt des 16. Karmapa – also dem 17. Karmapa – begegnen und gemeinsam mit meinem Sohn Ole von ihm das Bodhisattva-Gelübde ablegen und eine Einweihung in die tausend-armige Kuan Yin erhalten.

Doch zunächst war ich noch in Portugal. Nach zwei Jahren reiste ich von Portugal aus auf die kanarische Insel La Gomera. Dort lebte ich zwei Monate lang in verschiedenen Höhlen am Strand. Ich fühlte mich zunehmend planlos. Ich hörte von einer Aussteiger-Familie, die von Berlin in die Toskana ausgewandert war und Hilfe suchte. So reiste ich in die Toskana und half dieser Familie beim Ackerbau, Schafehüten und Melken. In diesen Dingen war ich mittlerweile erfahren. Nach etwa vier Jahren des Umherziehens verspürte ich nun immer stärker den Wunsch, zu meiner Familie und meinen Freunden nach Deutschland zurückzukehren. Auch wollte ich mich gern wieder der buddhistischen Praxis unter professioneller Anleitung widmen. Mir dämmerte langsam, dass ich im Außen keine Lösung meiner inneren Probleme finden würde. So reiste ich eines Tages zurück nach Deutschland. Es war ein schwieriger Übergang für mich ... zurück in der Zivilisation, nicht mehr völlig ungebunden als moderne Nomadin – aber es fühlte sich richtig an.

Träume und Begegnungen

Erstes Aufleuchten meines Herz-Mandalas

Ich zog nach Bielefeld, an den Rand des Teutoburger Waldes, wo ich der ersten buddhistischen Gemeinschaft in meiner Jugend begegnet war. In ein sesshaftes Leben zurückgekehrt, übte ich wieder regelmäßiger die Meditation.

Es gibt die Annahme, dass unsere spirituellen Lehrer dann in unser Leben treten, wenn wir dazu bereit sind. Wir müssen sie nicht in der Welt suchen. Genau das würde mir in den folgenden Jahren geschehen. Tatsächlich sind mir all meine bisher wichtigen Lehrerinnen und Lehrer zunächst in Bielefeld begegnet.

Dort gibt es auch eine sagenumwobene Gestalt namens „*Sybille Silberstein*", die viele Züge der alten Göttin trägt und in den Geschichten erhalten geblieben ist. Sie war mit Wasser und Mond verbunden und als ihre Attribute galten ein Spiegel, eine Bernsteinschale, eine rote Seerose mit Diamant-Tropfen, und ein Lorbeerkranz. Mond, Spiegel, See und Lorbeer sind Symbole der Göttin.

Noch heute sitzt eine Figur von Sybille Silberstein auf dem Dach eines Hauses in Bielefeld, dort wo einst ihr See lag. Sie hält einen Lorbeerkranz in der Hand. Im alten Griechenland galt der Lorbeer als eine Pflanze der Unsterblichkeit, der Weisheit, und der Mutter Erde. Für mich ist sie eine Bielefelder Kuan Yin.

Eines Nachts hatte ich ein weiteres Licht-Erlebnis: ich übernachtete bei Freunden in einem Zimmer mit Fenstern, die zum Wald hinauswiesen. Vom Bett aus sah ich direkt in den Wald. Es war Winter, aber wir hatten warme Temperaturen und Regen. Früh morgens wachte ich auf und setzte mich im Bett auf – zu meinem Erstaunen war alles draußen tief verschneit. Und dann ging durch die Bäume hindurch eine strahlende goldene Sonne auf. Sie schien direkt in mein Gesicht. Ein Lichtstrahl fiel auf eine weiße Feder, die über mir an der Zimmerdecke hing. Das helle, warme Licht erinnerte mich an das Licht, welches ich in Nepal an dem See erlebt hatte. Eingehüllt in goldenes Licht schlief ich wieder ein. Als ich aufwachte, begann es seltsamerweise gerade erst zu dämmern, und es regnete. Die Sonne war noch nicht aufgegangen. Ich verstand nicht, was hier los war. Meine Intuition sagte mir jedoch, dass ich zwischendurch offensichtlich für eine kurze Zeit in einer anderen Realitätsebene aufgewacht war. Diese Schneelandschaft hatte in mir ein tief vertrautes Gefühl der Sehnsucht berührt, und ihre Bedeutung sollte sich mir noch erschließen. Mein Erlebnis wurde ein Gedicht:

Spiegel – Welten

Weiß
Glitzert Schnee
Auf dunkelgrünen Tannenspitzen
Golden
Ergießt sich
Sanft
Das aufgehende Licht
Und erleuchtet
Die morgendliche Welt.
Ich setze mich auf –
Lichtstrahl
Berührt sanft
Die weiße Feder
An der Zimmerdecke
Über meinem Gesicht.
Leuchtende Weite
Erfüllt mein Sein.
Ich schließe meine Augen
Und öffne sie wieder:
Dunkel
Wiegen sich die Tannen
In der grauen Morgendämmerung
Eines beginnenden Regentages.
Welche Welt ist wirklich?

Wenige Wochen später begegnete ich auf einer Geburtstagsfeier einem Mann aus einem kanadischen Indianer-Reservat. Ich war eigentlich nur halbherzig auf die Feier gegangen, und nun hatte ich diese unerwartete, bereichernde Begegnung. Er war nur auf Besuch in Deutschland und wir hatten sofort einen Draht zueinander. Wir unterhielten uns beinah den ganzen Abend über das Leben und Spiritualität. Ich erzählte ihm allerdings nichts von meinem Lichterlebnis. Zum Abschied überreichte er mir einen Medizinbeutel mit einer weißen Schwanenfeder. In dem

Medizinbeutel waren ebenso ein Zitrin und ein Stück Bärenfell. Der Mann gab mir den Beutel mit den Worten, dass dieser für mich angefertigt worden sei und dass alle Details mit Heilung zu tun hätten. Ich war zunächst sprachlos und spürte deutlich, dass hier zwei Ebenen der Wirklichkeit ineinanderwirkten. Denn diese weiße Feder und der Beutel hatten offenbar mit meinem Licht-Erlebnis und der weißen Feder über dem Bett zu tun.

Viele Jahre später würde ich begreifen, dass mir in dieser Vision des Schneewaldes, ein kurzer Einblick in meinen inneren Kraft-Ort gewährt worden war.

Auch las ich Jahre später mit Begeisterung davon, dass Kuan Yin im alten China mit dem Bären verbunden da. Dies rührt daher, dass das Sternbild Bär den Polarstern enthält, welcher mit Kuan Yin verbunden ist. Der goldene Zitrin strahlt für mich ohne Zweifel Kuan Yins heilsames Herzlicht aus. Wieder einmal hatte ich Geschenke und Zeichen erhalten, die sich mir erst später erschließen würden. Und wieder einmal strahlte Kuan Yins Lächeln hindurch, um mich zu leiten und zu bestärken. Sie lehrt mich unermüdlich, meinem Instinkt zu trauen, und schult meine Wahrnehmung der unsichtbaren Welten.

Nach all den Jahren des Reisens zog es mich wieder in alte Jugendzentren und Konzerthallen. Auf einem Konzert, an dem drei damals unbekanntere Bands aus Russland auftraten, kam ich mit einem Mann ins Gespräch, zu dem ich mich schnell hingezogen fühlte – und das Interesse beruhte auf Gegenseitigkeit. Wir unterhielten uns bis die Sonne aufging und das Jugendzentrum seine Türen schloss. Wir verabredeten uns, gaben uns der gegenseitigen Anziehung hin … und drei Wochen später war ich schwanger. Das war ziemlich schnell und unerwartet, aber es hatte auch etwas Schicksalhaftes. Und so brachte ich im folgenden Jahr unseren wunderbaren Sohn Ole zur Welt.

Am Abend von Oles Geburt begann es so heftig zu schneien, dass meine Familienmitglieder ihre Autos unter der Schneedecke fast nicht mehr wiederfinden konnten. Ich spürte, dass Schnee für mich eine Bedeutung hat.

In meinem Muttersein fühlte ich mich seitdem stets von Kuan Yin unterstützt. Als mein Sohn zur Welt kam war ich unsicher und unerfahren. Natürlich wollte ich alles richtig machen und meinen Sohn bestmöglich hegen und pflegen. All die unterschiedlichen Meinungen, ungefragten Ratschläge und Tipps, die von allen Seiten auf mich einprasselten, verunsicherten mich noch mehr. Und dann las ich auch noch zusätzlich Bücher über die Kindererziehung der indigenen Völker. Kuan Yin erinnerte mich daran, am besten nach innen zu lauschen. Schnell bekam ich dadurch Zugang zu meinem Mutterinstinkt, den ich eigentlich bereits während meiner Schwangerschaft wahrgenommen hatte. Durch das viele Getöse im Außen, war mir der Zugang jedoch leicht abhandengekommen. Mein Mutterinstinkt war mir dann immer wieder so eine wichtige Anleitung – und ist es tatsächlich auch heute noch. Für mich zählt dieser Instinkt, der direkt aus der Herzverbindung zwischen meinem Sohn Ole und mir entspringt, weit mehr, als die Studien, die einem vorzuschreiben versuchen, wie man mit seinen Kindern in welchem Alter umgehen sollte. Und ich spüre darin auch Kuan Yins liebende Güte und Weisheit. Ich bin sicher: Kuan Yin fühlt für mich eine ähnliche Zuneigung und freudvolle Hingabe, wie ich sie für meinen Sohn empfinde. Aus einer bestimmten Perspektive betrachtet, bin ich wie ihr Kind und kann mich auf ihre Zuwendung stets verlassen. Denn Kuan Yin fühlt für alle Menschen und Wesen Zuneigung und freudvolle Hingabe!

Muttersein bedeutet aber auch, unsere Kinder manchmal herauszufordern, und ihren beim Wachsen zu helfen. Auch diese Erfahrung mache ich immer wieder mit Kuan Yin: Sie fordert mich zuweilen sehr heraus. Wenn ich die Herausforderung annehme, trotz meiner Ängste und Unzulänglichkeiten, entwickle ich mich jedes Mal weiter und wachse über mich hinaus.

Und noch etwas sehr Wichtiges kann ich in der Tatsache erkennen, dass Kuan Yin eine Mutter ist, die Mutter aller Buddhas.

Denn ich erlebe es leider immer wieder, dass das Muttersein in unserer Gesellschaft und ebenso in buddhistischen Lehren abgewertet wird. Das Muttersein ist jedoch unglaublich wertvoll – denn Kuan Yin weist uns subtil auf einen entscheidenden Faktor hin: ohne Mütter keine Buddhas!

Wenn die buddhistischen Belehrungen stimmen, dass es als Mensch besonders gute Möglichkeiten gebe, zu erwachen (Erleuchtung zu erlangen) – und wenn es stimmt, dass die Chance, als Mensch wiedergeboren zu werden so selten ist, wie die Wahrscheinlichkeit, dass eine Wasserschildkröte beim Auftauchen in einem Ozean ihren Kopf genau durch einen Schwimmring streckt – der einzige Schwimmring im Ozean – dann können wir den Wert des Muttersein erahnen.

Ich möchte hier selbstverständlich nicht das Muttersein romantisieren. Mir begegnen auch Menschen, die von ihren Müttern missbraucht und geschlagen wurden. Ich habe zeitweise in einem Bereich gearbeitet, wo ich Mütter unterstützt habe, die keinerlei Beziehung zu ihren Säuglingen aufbauen konnten, wodurch diese dann in Gefahr waren. Ich möchte hier lediglich die Perspektive beleuchten, dass Muttersein an sich eine wertvolle Quelle des Lebens ist; und die Quelle der Buddhas.

Blumen für Kuan Yin

Während mein Sohn aufwuchs, lernte ich ein Ehepaar kennen, die als Priester und Priesterin in einer internationalen Gemeinschaft zur Erhaltung der alten Göttinnen-Traditionen weltweit aktiv waren. Angeleitet wurden sie von einer alten, ehrwürdigen irischen Priesterin. Diese stammt von einer druidisch geprägten Familie ab und hatte sich nach einer Vision der Göttin dazu entschlossen, die alten Traditionen zu bewahren und weiterzugeben. Ich war hocherfreut, die Möglichkeit zu bekommen, aus erster Hand diese Überlieferungen kennenzulernen.

Ich widmete mich weiterhin meinen buddhistischen Übungen und so geschah es immer wieder, dass ich während der Rituale Visionen buddhistischer Archetypen erlebte. Während der Rituale erschien mir in klaren Visionen immer wieder eine uralte, wilde Frau, die mir lachend Botschaften gab oder Symbole zeigte, die ich nicht kannte.

In einer Vision befand ich mich in einem dunklen endlosen Energiefeld, Mein Geist dehnte sich darin aus als plötzlich eine Hand erschien, die ein Symbol drehte. Ich verstand es nicht. Aber die Botschaft fühlte sich sehr kraftvoll und eindringlich an. Als ich meinen Lehrern hinterher davon erzähle sagten sie erfreut, dass ich ein Vajra (Diamantzepter, Donnerkeil) gesehen hätte, ein Symbol welches in vielen Traditionen die schöpferische Urkraft und den unzerstörbaren diamantgleichen Geist darstellt. Es gibt eine Legende in Tibet, nach der das Leben entstanden ist, weil im dunklen, endlosen Mutterraum der Leerheit plötzlich ein Vajra auftauchte, welches sich zu drehen begann. Aber wer hatte das in meiner Vision gedreht? Zu welchem Wesen gehörte die Hand?

Viele Jahre später würde ich einer Form von Kuan Yin begegnen, die „Kuan Yin mit dem Vajra" genannt wird. Sie ist eine der 33 Kuan Yin Formen. Das Bild zeigte sie mit dem Vajra in der Hand, würdevoll und gelassen zugleich auf einem Felsen sitzend, der vom Meer umspült wurde.

Wieder einmal hatte sich gezeigt, dass meine Visionen Sinn in sich tragen, auch wenn ich sie zunächst nicht verstand.

Diese Form der Kuan Yin mit dem Vajra / Doppelzepter verkörpert die Kraft, unsere Schmerzenergien / Dämonen transformieren zu können. Mit dem Energiefeld der Vajra-haltenden Kuan Yin können wir Störungen und hartnäckige Fixierungen unseres Geistes lösen. Äußere belastende Umstände können befriedet werden. Wir bekommen Zugang zu unserer tieferen Weisheit und finden die Kraft innezuhalten, anstatt sofort reaktiv zu handeln.

Drei Jahre lang studierte ich intensiv diese alten Lehren, führte Rituale aus, in denen ich mich mit den Göttinnen (weibliche Archetypen) und Göttern (männliche Archetypen) verschiedener Länder und Kulturen aktiv verband. Ich lauschte Mythen und Sagen, die mir auch die tiefe Weisheit und Fülle meiner alten einheimischen Traditionen offenbarten. Nach und nach verstand ich den Zusammenhang zwischen den sichtbaren und unsichtbaren Welten und wie diese ineinanderwirken. Ich lernte und erlebte Situationen, die mir zeigten, dass es tatsächlich möglich ist, mit dem Wind und dem Regen zu kommunizieren. Ich wanderte durch die Natur und begegnete überall den Zeichen der Göttinnen, Götter und Naturwesen. Sei es, dass sie mit mir plötzlich in Form eines Lichtstrahles sprachen, mir als Wolkenbild erschienen, oder der Ruf eines Greifvogels als Zustimmung auf meine Gedanken erklang, was in meinem Herzen als tiefe Resonanz widerhallte.

Durch die verschiedenen Rituale wurde mir auch klar, wie sehr alle alten Kulturen miteinander verbunden sind; oft scheinen wir einfach andere Bilder und Namen für dieselben Kräfte und Archetypen zu haben. So fühlte ich mich immer mehr darin bestärkt, dass es durchaus funktionieren kann, mich als westliche Frau mit heidnischen Wurzeln auf einem buddhistischen Weg zu bewegen, in tiefer Verbundenheit mit Kuan Yin, einer asiatischen Urmutter, deren Wurzeln bisher noch im Verborgenen liegen.

Nach drei Jahren intensiven Studierens der alten Rituale und Mysterienspiele, wurde ich zur Priesterin ordiniert. Für die Priesterinnenweihe wurde ich spontan gebeten, Blumen für Kuan Yin mitzubringen. Ich spürte eine ganz tiefe Resonanz und war freudig berührt. Wieder war mir Kuan Yin unerwartet und konkret nahgekommen. So wurde ich zur heidnische Priesterin von Kuan Yin geweiht.

Kuan Yins Violettes Licht

Eines Nachts erschien mir Kuan Yin in einem Traum: *Sie ist ganz in violette Roben gekleidet, links neben ihr, beschützt von ihrem Arm und ihrer Robe, steht ein kleiner Junge – rechts neben ihr, beschützt von ihrem Arm und ihrer Robe, ein Mädchen. Ihre violetten Roben wehten sanft im Wind. Es geht eine kraftvolle und zugleich friedvolle Energie von Kuan Yin und den beiden Kindern aus.*

Ich fühlte mich ganz beseelt als ich aufwachte. Ich fragte mich, was es mit den beiden Kindern auf sich hatte, und ob das violette Licht in Verbindung mit Kuan Yin eine besondere Bedeutung hatte. Also unternahm ich Nachforschungen. Es dauerte eine Weile, bis ich schließlich herausfand, dass es tatsächlich Darstellungen von Kuan Yin mit einem Mädchen und einem Jungen gibt. Das Mädchen ist Lung Nü, das Drachenmädchen (ich habe von ihr bereits in meinem Kapitel „Drachenmädchen" erzählt). Der Junge wird Drachenjunge genannt. Es gibt eine Legende, in der berichtet wird, dass er dem Buddha und den fühlenden Wesen so sehr zugeneigt war, dass er ein Schüler von Kuan Yin wurde.

Ich war fasziniert davon, dass Kuan Yin mir wieder einmal in einer Vision in einer Form erschienen war, die mir unbekannt war, die jedoch am Ende in einer alten Überlieferung existierte. Diese Dynamik half mir dabei, meinen Visionen von Kuan Yin mehr und mehr zu vertrauen, sie ernst zu nehmen, Es waren keine Hirngespinste, und ich bin tatsächlich mit Kuan Yin verbunden und in aktivem Kontakt.

Dem violetten Licht werden starke Heilkräfte zugeschrieben. Es gibt spirituelle Traditionen, die Kuan Yin als Meisterin vom violetten Strahl bezeichnen, oder als Hüterin des orange-pinken Strahls und der Regenbogenbrücke, die ins Goldene Zeitalter führt. Dies sind interessante Anspielungen auf bestimmte energetische Muster von Kuan Yin. Der Regenbogen verbindet verschiedene Welten oder Frequenzen miteinander. Das goldene Zeitalter würde ich als einen energetischen Zustand interpretieren, der die Qualitäten von Liebender Güte und Weisheit, von Harmonie zwischen allen Wesen und Welten, darstellt. Diese energetischen Muster, diese Frequenz, können wir in uns selbst finden. Und zwar in unserem innersten Herzraum. Am Ende des Buches werde ich genauer davon berichten.

Über die Regenbogenbrücke (unsere aktive Verbindung zu den verschiedenen Realitätsebenen der sichtbaren und unsichtbaren Welten) können wir das goldene Zeitalter manifestieren, den Zustand der Harmonie mit Allem. Das goldene Zeitalter kann als ein innerer Geisteszustand wahrgenommen werden, als eine Art innere höhere Harmonie. Wenn wir uns aktiv und bewusst mit verschiedenen Realitäten und ihren Frequenzen verbinden, erhöht sich dadurch auch die Frequenz unseres Geistes und unser Horizont erweitert sich. Automatisch mit der weiteren Sicht geht auch ein friedvolleres Gemüt einher, was ich als einen Ausdruck des goldenen Zeitalters verstehe.

Wann immer ich einen Regenbogen am Himmel sehe, nehme ich das als ein liebevolles, frohes Lächeln der himmlischen Wesen wahr und kann mich oft in dem Moment für eine Einsicht, einen inspirierenden Gedanken öffnen.

Den pink-goldenen Strahl nehme ich als eine Energie-Form der Kuan Yin wahr. Dieser Strahl kann mir Wege in neue, unbekannte Ebenen öffnen.

Einmal wurde ich ganz plötzlich in einem Traum von einem starken violetten Lichtstrom erfasst und komplett davon durchströmt. Mir war, als würde mein ganzes Energiesystem gereinigt und aufgeladen. Ich wurde wach und spürte immer noch dieses Strömen in mir und um mich herum. Der Traum motivierte mich dazu, etwas mehr über das violette Licht von Kuan Yin herauszufinden und war sehr berührt davon, was mir begegnete:

Violettes Licht hat eine Wirkung auf die Molekular-Struktur, es kann harmonisieren, reinigen, transformieren, erneuern, das Bewusstsein erweitern – es wird sogar behauptet, dass es eine regenerierende Wirkung auf unsere Gene haben soll. Ultraviolettes Licht wird auch zum Reinigen von Wasser genutzt. Gedanken und Gefühle können klarer und friedlicher werden, wenn wir violettes Licht in und um uns herum visualisieren, wir Heilsteine tragen, die diese Frequenzen ausstrahlen (Amethyst, Rosenquarz, Sugilit, lila Chalzedon), oder wenn wir das Mantra der Kuan Yin rezitieren / laut oder innerlich: Namo Kuan Shi Yin Pusa.

Das violette Licht wird auch „Flamme der Gnade" genannt, eine deutliche Anspielung auf den Charakter der Hingabe, den die spirituelle Reise mit Kuan Yin gewinnt. Wenn wir loslassen, uns einlassen, uns wirklich mit dem Wesen der Welt verbinden, entzündet die „Flamme der Gnade" in uns ein Feuer, das uns selbst und andere wärmt.

In einer anderen Nacht träumte ich davon, dass mein Sohn und ich in einem Park spazieren gingen: *Im Park blühen überall Blumen und Heilpflanzen. Große Bäume spenden Schatten. Die Sonne scheint am blauen Himmel. Der Park befindet sich in einer chinesischen Stadt auf einer Anhöhe, dem Himmel nahe. Es duftet nach Kräutern und Blumen, und ich höre Klänge, die allmählich zu einem Gesang werden. Dann erklingt das Mantra: „Namo Kuan Shi Yin Pusa". Der Klang kommt immer näher bis er schließlich in meinem Herzen vibriert.*

Ich wachte ich von diesem Klang auf, dem Klang des Mantras der Kuan Yin.

Von diesem Zeitpunkt an ist mir Kuan Yin mir immer wieder in Träumen begegnet, hat mir Zeichen gegeben, mir Botschaften übermittelt, mich ganz einfach innerlich berührt und bewegt. Sie hat die Eigenart, uns sowohl im Alltag als auch nachts in Träumen zu erscheinen, und uns auf diese Weise Einsichten zu übermitteln.

Spannend finde ich dabei, dass sie mir sowohl in bildhafter Form als Entität erscheinen kann, die mit mir kommuniziert – als auch in Form eines Klangs oder Gefühls. Immer holt sie dabei etwas aus meinem Unterbewusstsein ins Licht meines Gewahrseins.

Träume sind aber nicht nur die kleinen Episoden, die während des Schlafens in unserem Geist ablaufen können; Träume sind viel mehr. Und so möchte ich an dieser Stelle gern mehr über das Thema Traum einfließen lassen, und folgende Geschichte „Traumzeit Geschwister" aus meinem Leben erzählen.

Traumzeit-Geschwister

Im Jahr 2000 erfüllte ich mir einen Wunsch; ich lernte, das Didgeridoo zu spielen. In einem kleinen Lädchen kaufte ich mir ein kleines Didgeridoo aus Eukalyptusholz, und nahm Einzelstunden. Das Didgeridoo ist eines der ältesten Musikinstrumente der Erde. Es ist ein ausgehöhlter Baumstamm, und die Töne werden mit verschiedenen Techniken des Mundraumes und des Zwerchfells erzeugt. Bekannt ist es dafür, dass ein durchgehender Klangteppich erzeugt wird, indem man eine zirkuläre Atemtechnik übt, die es einem erlaubt, sowohl beim Einatmen als auch beim Ausatmen den Ton aufrechtzuerhalten. Es wird bei den australischen Ureinwohnern in der Regel für Zeremonien verwendet, hat mittlerweile aber auch einen Platz in sämtlichen Musikrichtungen gefunden. Ich übte und übte, und fühlte mich beim Spielen geerdet und gleichzeitig auch für andere Welten geöffnet. Das fühlte sich wunderbar an. Außerdem fühlte sich mein Körper nach dem Üben immer entspannt an.

Eines Nachts begegnete mir im Traum eine alte Australische Frau. Es war ein luzider Traum, in dem mein Bewusstsein wach war, aber ich gleichzeitig auch schlief. Ihr Körper war mit Mustern aus weiß-gelber Farbe bemalt. Es standen weitere Frauen im Kreis um uns herum. Wir schauten uns sehr lange in die Augen, und ich nahm einen wertvollen Energieaustausch zwischen uns wahr. Ich fühlte mich voller kreativer Energie und mir war, als würde ihre uralte Traumzeit sich mit meiner westlichen modernen Zeit verbinden und mein Leben durchweben. Dann umarmten wir uns herzlich. Beim Abschied gab sie mir eine schwarze Rose und ich überreichte ihr eine weiße Rose. Wir hielten die Rosen beide an unser Herz. Dann wurde ich wach.

Kurz darauf rief mich mein Didgeridoo-Lehrer an: er erzählte mir, dass eine Gruppe von Abgesandten des Yolngu-Stammes aus dem Northern Territory in Australien, zu ihm nach Bielefeld kommen würde. Sie waren im Rahmen der Expo 2000-Ausstellung auf Tournee, um ihre Kultur vorzustellen. Ihr Stammes-Ältester war mit dabei. Er baute Didgeridoos und lehrte das Spielen. Mein Didgeridoo-Lehrer sagte mir, er habe den deutlichen Impuls, mich für die Veranstaltung einzuladen. Ich hatte aber kein Geld übrig, um mir den Workshop leisten zu können. Einen Tag vor der Veranstaltung rief mein Lehrer mich erneut an und teilte mir mit, es gäbe noch freie Plätze, und er hätte so stark das Gefühl, dass ich kommen müsse, dass er mich umsonst teilnehmen lassen würde. Ich nahm die Einladung an, obwohl ich auch gehemmt war; ich war gerade mal im Stande, ein paar Töne auf dem Didgeridoo und die Zirkulär-Atmung hinzubekommen.

Als ich den Raum betrat, hatten sich etwa 120 Männer aus ganz Deutschland eingefunden. Sie spielten alle ziemlich virtuos auf ihren Didgeridoos, und viele waren Musiker, die in Bands spielten. Ich fühlte mich unwohl, ich war die einzige Frau, ich war Anfängerin auf dem Didgeridoo. Während ich etwas verloren mit meiner Ringelstrumpfhose und meinem kurzen Kleid in der Menge stand, kam zu allem Unbehagen auch noch ein Teilnehmer auf mich zu und fragte mich, was ich denn hier suchen würde, und ob ich nicht wüsste, dass es in diesem Stamm für Frauen Tabu sei, Didgeridoo zu spielen. Ich wurde innerlich noch kleiner aber nahm mir trotzdem vor, mich nicht noch mehr einschüchtern zu lassen und diese wertvolle Veranstaltung nur zu verlassen, wenn mich die Stammesleute des Raumes verweisen würden.

Die Abgesandten des Yolngu-Stammes betraten den Raum. Wir Gäste standen im Kreis um sie herum. Als der letzte australische Ureinwohner den Raum betrat, stockte mir der Atem: er hatte eine weiße Rose aus Holz über der Herzgegend an seinem Shirt festgesteckt und strahlte mich an. Der Stammes-Älteste musterte mich kritisch und prüfend, und starrte mich eindringlich an, wie ich da in meiner Ringelstrumpfhose mit meinem kleinen Didgeridoo stand. Aber er sagte nichts. Ich blieb also.

Dann begann ein Stammesmitglied etwas über ihre Riten und die Mythologie zu erzählen. Er betonte mehrmals, dass in seinem Stamm die Frauen kein Didgeridoo spielen und schaute mich dabei ernst an. Aber ich blieb dabei, nur dann den Raum zu verlassen, wenn ich wortwörtlich dazu aufgefordert werden würde. Da das nicht geschah, blieb ich.

Dann bat der Stammes-Älteste alle Gäste, kurz etwas vorzuspielen, damit er die Übungsgruppen bezüglich des Schwierigkeitsgrads einteilen konnte. Ich entspannte mich, denn ich ging davon aus, dass ich als Frau nichts vorzuspielen bräuchte. Als der Mann vor mir jedoch sein Didgeridoo-Spiel beendet hatte, forderte mich der Stammesälteste auf, etwas vorzuspielen. Ich fragte nach, ob ich das korrekt verstanden hätte und alle Stammesmitglieder nickten. Also spielte ich ein paar Töne vor, die ich gerade so mit der Zirkulär-Atmung zustande bekam. Und es war mir unangenehm. Doch die Stammesmitglieder freuten sich wie kleine Kinder, lachten und klatschten und bedeuteten mir, unbedingt dazubleiben. Ich war sehr berührt davon, dass ich akzeptiert wurde, obwohl das bezüglich der Stammesregeln unpassend war.

In der ersten Pause kam der Yolngu mit der Rose am Herz auf mich zu. Ich erwähnte kurz, dass ich einen Traum gehabt hatte, in dem ich einer Stammes-Ältesten eine weiße Rose geschenkt hatte und fragte ihn, ob es sein könnte, dass mein Traum mit seinem Stamm zu tun hat, und ebenso seiner Rose am Shirt. Er nickte und sagte, dass er deshalb die Rose tragen würde. Er betonte, dass es für mich wichtig sei, solche Zusammenhänge nicht mehr als etwas Außergewöhnliches oder Besonderes zu betrachten. Es wäre gut, mich für solche Zusammenhänge ganz selbstverständlich zu öffnen und mit den Botschaften zu arbeiten, sie in mein Leben zu integrieren, anstatt mich zu wundern. Er sagte mir, es sei auch wichtig, die verschiedenen Arten von Träumen unterscheiden zu lernen. In seiner Kultur bedeute Traum weit mehr als das, was wir in unserer Kultur heutzutage darunter verstehen. Träume können beispielsweise schöpferische Kraft haben oder uns Botschaften vermitteln. Das Traumgewebe liegt hinter der Welt, die wir mit unseren physischen Augen wahrnehmen können. Es ist ein Netzwerk aus Klängen, Schwingungen und Frequenzen, aus dem sich die sichtbare Welt entfalten kann. Ich fühlte mich zuhause in seinen Worten!

Am Ende schenkte mir der Stammes-Älteste ein Didgeridoo, das er selbst aus einem Baum aus dem australischen Busch hergestellt hatte. Außerdem wurde ich dazu eingeladen, noch nach Berlin zu kommen, wo sie vor ihrem Heimflug nach Australien noch einen abschließenden Auftritt hatten. Am Ende der Veranstaltung kam der Teilnehmer, der mich am Anfang kritisiert hatte, auf mich zu und entschuldigte sich bei mir. Das war sehr nett.

Ich wollte die Stammesmitglieder gern noch einmal treffen. Ich fand eine Mitfahrgelegenheit und fuhr nach Berlin. Als ich an der Open-Air-Bühne ankam, hatten sie gerade mit ihrer Darbietung begonnen. Der Stammes-Älteste erblickte mich plötzlich und hörte sofort mit dem Didgeridoo-Spiel auf, gab den anderen Bescheid, und sie liefen gemeinsam an den Bühnenrand um mich zu begrüßen. Ich zwängte mich durch die Zuschauer und es war so ein schönes Wiedersehen. Die ganze

Nacht verbrachte ich dann mit der Gruppe und wir tauschten uns aus. Unsere Beziehungen zu Familie, Natur, Träumen und überhaupt dem Leben war so extrem unterschiedlich, eine ganz andere Welt – und dennoch verstanden wir uns auf einer zutiefst menschlichen und universalen Ebene.

Nur wenige Wochen später erreichte mich die Nachricht, dass der Stammes-Älteste in den Busch gegangen sei, und danach nicht mehr gesehen worden war. Niemand vom Stamm hat ihn je wiedergesehen, so hieß es.

Eines Nachts begegnete er mir im Traum. Er zeigte mir die Milchstraße und lud mich ein mitzukommen. Ich gelangte so in die Ebene der Traumwelt der australischen Einwohner, die mir nach wie vor am Herzen liegt und in der ich – trotz aller vermeintlichen Fremdheit – etwas entdecken konnte, das schon immer in mir lebendig gewesen war und zu mir gehörte.

Wenige Wochen später las ich in einem Artikel, dass nach dem Glauben der australischen Ureinwohner die Seelen der Verstorbenen über die Milchstraße in die Welt der Ahnen und Ahninnen gelangen.

Kuan Yin vom Dach der Welt

John Myrdhin Reynolds (Lama Vajranatha) kam im November 2004 zum ersten Mal nach Bielefeld. Ich fand seine Ankündigung durch Zufall und nahm an dem Kurs teil. Lama Vajranatha wurde 1942 in den USA geboren und ist ein Lama der Nyingmapa Schule der tibetisch-buddhistischen Tradition. Er studierte Dzogchen und buddhistisches Tantra, sowie die Bonpo-Tradition.

Während dieses ersten Kurses, den ich besuchte, erneuerte ich meine bisherigen Gelübde und er gab mir lachend den Namen Padma Phuntzok . Das bedeutet *Glückverheißender Lotus und ist e*in Beiname von Kuan Yin im Karandavyuha Sutra.

In diesem Kurs erhielten wir die kostbaren Lehren und die Ermächtigung einer alten Meditationsform, bei der es um das Befrieden von sogenannten Dämonen (unsere eigenen unheilsamen Geistesstrukturen) ging. Dieses Thema faszinierte mich unglaublich stark, und es war der Anfang von einer Reihe von Praktiken, die ich zu diesem Thema noch in verschiedenen Traditionen lernen würde. Das wusste ich natürlich zu dem Zeitpunkt nicht. Ich war einfach fasziniert und widmete mich den Übungen von ganzem Herzen.

Mein Sohn hatte mich nicht ohne Grund in Kuan Yins Traum begleitet. Im Alter von 8 Jahren entwickelte er den Wunsch, mich auf buddhistischen Retreats zu begleiten. Zunächst war ich skeptisch, ob das wirklich interessant für ihn sein könnte, und nahm ihn für eine Woche probehalber mit in ein Kloster. Dort sollte er mich eines Besseren belehren. Zu meinem Erstaunen, und dem Erstaunen der anderen Teilnehmer, machte er von morgens bis abends alle Übungen mit, hörte aufmerksam den Belehrungen zu und wenn ich ihm eine Pause anbot, antwortete er energisch, dass er nichts verpassen wolle. Dem Lama fiel auf, dass Ole sich teilweise so verhielt, wie es in Klöstern üblich war. Und er konnte problemlos die tibetischen Texte und Melodien direkt mitsingen und korrekt aussprechen. So nahm ich ihn von da an immer mit. Ich wollte ihm gern die Teilnahme ermöglichen.

Von Lama Vajranatha bekamen mein Sohn und ich im Laufe der nächsten Jahre viele Belehrungen, manchmal ohne Worte, nur in Form einer deutlichen Geste, die jeweils tiefe Eindrücke hinterließ. Er vermittelte uns auch Informationen über die Bon-Tradition, welche auf den Buddha Tonpa Shenrab zurückgeht. Diese alte Tradition wurde mittlerweile vom Dalai Lama als 5. tibetisch-buddhistische Linie anerkannt.

Abhandlungen der Bön-Tradition beschreiben die „Mutter aller Buddhas", die dort „Sherab Chamma, liebende Mutter des Mitgefühls, vollkommene Weisheit" genannt wurde. Sie verkörpert die Perfektion der Weisheit und wurde in Indien „Prajna Paramita" genannt. In der zentralasiatischen Tazik-Sprache verehrte man sie als „Ardvishura Anahita". In der Sprache von Zhang Zhung war sie als Satrig Ersang, als Weisheit bekannt. In einem Abhidharma Text wurde sie „Königin des Wassers" genannt.

In folgender Weise wurde die wunderschöne Mutter der Buddhas beschrieben: Sie ist von goldener Körperfarbe, ihr „nach rechts geneigter" Haarknoten ist mit einem weißen Lotus zusammengebunden. Ihr Körper ist geschmückt mit blauen Utpala-Blüten, die im Wasser gewachsen sind. In ihrer rechten Hand hält sie eine goldene Vase und in der linken Hand einen goldenen Rosenkranz. Sie ist vollkommen in Tugend und Weisheit.

Einen weiteren, inspirierenden Text fand ich dazu auf der Seite des Dharmapala Thanka Center: „Zahlreich ist die Literatur zu Chamma in den Bon Quellen. Im dritten Band des bKa'gyur rgyud sde'i skar findet sich ausreichendes Sadhana Material zur Großen Mutter Cyum chen mo. Darin wird ihr grundlegendes Mandala beschrieben. Denn sie erscheint entweder in fünf-facher Form oder – wie die buddhistische Tara – in achtfacher Form, wobei jede einzelne eine bestimmte Gefahr abzuwenden vermag. Sie steht in Tanzpose auf einer Mondscheibe, die aufrecht auf einem Sonnenmandala erscheint. Darunter befindet sich ein blauer Lotus auf einem von Löwen gestützten Thron. Ihr Körper strahlt in rot-goldenem Licht und ist mit kostbaren Juwelen geschmückt…. In der linken Hand hält sie einen Lotusstengel, in dessen Blüte ein Zauberspiegel ruht. In der rechten Hand führt sie eine goldene Vase zum Herzen." [11]

In diesen malerischen Beschreibungen begegnen wir auch Kuan Yin, so wie sie mir oft in Träumen oder anderen Ebenen erscheint.

Zu jener Zeit wurde ich ebenfalls von einer Nonne aus der tibetisch-buddhistischen Tradition unterrichtet. Sie übertrug meinem Sohn und mir

---

11   Dharmapala Thanka Center, Internet, 2007

das Lung für das Mantra „Om Mani Padme Hum", also dem Mantra, das Kuan Yin zugeordnet wird. Lung bedeutet, dass wir von einer Person die Energie eines Mantras übertragen bekommen, die das Mantra ihrerseits von einem Lehrer erhalten hat. So steht hinter jeder Mantra-Übertragung eine Reihe von Meisterinnen und Meistern.

Nach einem Wochenendkurs forderte die Nonne mich dazu auf, mich nun den „Übungen der Bodhisattvas" zu widmen und das Bodhisattva-Gelübde vor dem 17. Karmapa Thaye Dorje abzulegen.

Eine der Übungen war: „Wenn dich eine Person aus Eifersucht schlecht behandelt und missbraucht, dann gib nach und überlasse dieser Person den Sieg." In einigen Situationen fiel es mir wirklich schwer, damit zu arbeiten. Allerdings bemerkte ich die kraftvolle Wirkung dieser Übungen auf meinen Alltag und meine Kontakte zu anderen Menschen, wenn ich mal darauf verzichtete, das letzte Wort in einer Diskussion zu haben oder mehr Verständnis für das Verhalten anderer Menschen zu entwickeln. Auf keinen Fall möchte ich an dieser Stelle dazu ermutigen, sich missbrauchen oder ausbeuten zu lassen – oder sich fatalistisch einer Situation zu beugen, obwohl alles in einem aufschreit! Und nebenbei bemerkt, auch in spirituellen Kreisen und Beziehungen ist aus meiner Sicht ein wacher und gesunder Menschenverstand äußerst wichtig. Mir scheint es dennoch wichtig, in manchen Situationen zu üben, mal von der Selbstgerechtigkeit abzulassen und mit einer wirklich gesunden Demut beiseite zu treten – es geht nicht darum, Ausbeutung oder Missbrauch hinzunehmen. Wenn ich in einem Streit für einen Moment von der Selbstgerechtigkeit ablasse, fühle ich mich sofort erleichtert. Warum auch immer. Und meist nimmt dann die Spannung ab und das Gespräch schlägt eine neue Richtung ein.

Die Tugenden, die im Bodhisattva-Gelübde vermittelt werden, schienen mir ein geeigneter Schlüssel zu sein, ein geschicktes Mittel, um meine unheilsamen Muster zu durchbrechen und das innere Licht durch die Bruchstellen wieder durchscheinen zu lassen. Die drei grundlegenden unheilsamen Geist-Zustände von Gier, Hass und

Verblendung sind tatsächlich Formen der Gewalt gegen uns selbst und andere Wesen.

Drei Übungen möchte ich an dieser Stelle nennen, da ich so herausfordernd wie wirkungsvoll finde:

Vermeide es, andere zu beschimpfen, wenn sie dich beschimpfen, vermeide es, ärgerlich zu werden, wenn anderer auf dich ärgerlich sind, vermeide es, die Fehler anderer zu beachten, wenn sie deine beachten.

Ich übte mich darin und dann war die Zeit gekommen. Mein Sohn Ole und ich fuhren gemeinsam mit einer Freundin und ihrer kranken Mutter am 29. Juli 2005 zum 17. Karmapa in die Nähe von Kassel. Mein Sohn wollte gern Zuflucht nehmen und ich wollte das Bodhisattva-Gelübde ablegen. ZU meiner Überraschung erfuhr ich dort, das es auch noch die Übertragung in eine bestimmte Buddha-Form geben sollte, aber ich wusste nicht, in welche. Ich war gespannt.

Während dieser Zeremonien in Kassel bekamen wir die Übertragung der Praxis von Sitatapatra, die auch „Weißer Schirm, unbesiegbare Dämonenbezwingerin und Mutter aller Buddhas" genannt wird. In der tibetischen Tradition gilt die tausend-armige Sitatapatra als die weibliche Erscheinungsform von Mitgefühl und Weisheit. Sie ist die tausend-armige Kuan Yin! Ich war freudig überrascht. Auch war ich hocherfreut darüber, dass ich erneut die Ermächtigung und die Lehren einer Kraft übertragen bekam, die uns beim Befrieden der Dämonen unterstützt!

Der 17. Karmapa spielte eine kleine Trommel, begleitet von einer kleinen Glocke und rezitierte. Die Trommel wurde plötzlich sehr laut in mir, ich spürte einen starken Schmerz in meiner Herzgegend und mir war, als würde eine Mauer in meinem Herzen weggesprengt. Ich hörte einen lauten Knall – und dann existierte nur noch helles Licht, so wie ich es unter anderem bereits in Nepal erlebt hatte.

Kuan Yin wird manchmal mit „Klang und Licht" übersetzt. Hier erlebte ich wieder einmal dieses Phänomen, dass es in mir laut aufblitzt, ich einen lauten Knall hörte, und sich daraufhin mein Bewusstsein öffnete. Kuan Yin führt uns in dieses helle Gewahrsein und zugleich ist sie dieser Zustand selbst. Dies kann uns für einen Moment lang erschüttern.

Auch Galsan Tschinag, das Stammesoberhaupt der Nomaden in der Mongolei, der auch Schamane ist, erzählte auf einem Vortrag, dass in seinem Glauben am Anfang der Schall war, umgeben von einem Wind, welcher vom Himmel kam. Ebenso gibt es bei den australischen Ureinwohnern Legenden, in denen die Welt aus Klang entstanden ist. Der indische Gott Brahma soll die Welt aus dem Urklang Om erschaffen haben. Und in der Bibel finden wir die Aussage, dass am Anfang das Wort war. Kuan Yin ist daher in ihrer Licht- und Klang-Erscheinung für mich definitiv eine schöpferische Urkraft.

Mein Bodhisattva-Gelübde und die Einweihung in die Praxis der tausend-armigen Kuan Yin fanden unerwartet zugleich statt.

Sitatapatras traditionell lang dargestellte Ohren stellen übrigens ihre Fähigkeit dar, jeden zu hören, der sie um Hilfe bittet. Das erinnert ebenfalls an Kuan Yin und das Drachenmädchen aus dem Lotus-Sutra, deren Gesicht wild ausschaut. Kuan Yin hat nicht nur liebliche Züge, sie verkörpert auch die wilde und energische Urkraft des Seins. Frauen sind auch nicht nur sanftmütig, sondern im richtigen Moment äußerst stark, wenn es darum geht, sich für etwas einzusetzen, was ihnen wichtig ist.

Sitatapatra trägt einen wundersamen Schirm bei sich, der besondere Eigenschaften hat. So ist die Schirmspitze mit einem Lotus oder Wunschjuwel geschmückt; Glöckchen, deren Klang uns hilft, aufzuwachen, hängen an diesem kostbaren Schirm, und von seiner Stange fließt Nektar zu uns herab – der Nektar des langen Lebens und des Mitgefühls. Ist das nicht wundervoll!

Viele Jahre später bestätigte sich meine Intuition, dass es sich bei Sitatapatra um Kuan Yin handelt: ich lernte, dass das Surangama Sutra, welches das sogenannte „kosmische Ohr" der Kuan Yin und die Thematik des Hörbewusstseins erörtert, zusätzlich ein Dharani enthält. (Ein Dharani ist die Essenz eines Gebetes oder einer Belehrung.) Dieses Dharani wird in vielen Buddhistischen Traditionen rezitiert, auch in der zen-buddhistischen Tradition. Im Chinesischen heißt es zum Beispiel „Léngyán Zhòu", in Sanskrit „Sitātapatra Uṣṇīṣa Dhāraṇī". Sitatapatra ist demnach eine Variante der Kuan Yin.

Natürlich war ich wieder einmal begeistert davon, dass sich meine Wahrnehmung im Außen bestätigte. Auch wenn ich in Momenten der tiefen Einsicht keine Zweifel habe, stellen sich die Zweifel ein, sobald mein Verstand wieder stärker agiert. Darum ermutigen mich Bestätigungen im Außen.

Zur Zeit des Frühbuddhismus, als menschliche Darstellungen des Buddha unüblich waren, entstanden Bildnisse von einem Schirm neben dem Bodhi-Baum, über einem leeren Thron. Dies weist darauf hin, wie lange sie uns schon auf dieser Erde zur Seite steht!

Kuan Yin ist unser Schutzschirm – unsere innewohnende Kraft der Weisheit und des Mitgefühls ist unser Schutzschirm.

Kuan Yin und Tara

Der weibliche Buddha Tara begegnet uns heute überwiegend in der tibetisch-buddhistischen Tradition, ist jedoch weit älter.

In der tibetisch-buddhistischen Tradition wird Tara (oder Dolma) als Mutter der Buddhas gepriesen. Allerdings gelangte sie erst im 7. Jahrhundert nach Tibet. Weit vorher wurde sie bereits in Indien, Europa und Russland verehrt. Im alten Indien galt Tara als eine Sterngöttin. In Sibirien waren Tara und Thora ein göttliches Ur-Paar.

Die Sami, ein indigener europäischer Volksstamm, der heute überwiegend in Finnland und Nordschweden beheimatet ist, nennen diese weibliche Kraft Tar.

In ihrer Gestalt als Daoma wird sie in China mit dem Nordstern in Verbindung gebracht. Auch als Tara und Kuan Yin ist der Nordstern eines ihrer Symbole; der Leitstern der uns den Weg aus dem Leiden weist.

Tara bedeutet unter anderem „Stern, Retterin" oder „diejenige, die uns in das Erwachen hinüberträgt". Ihr japanischer Name ist Tarani, Tarason.

Es gibt so viele Gemeinsamkeiten zwischen Kuan Yin und Tara, dass sie in meinem Erleben ein und dasselbe archetypische Wesen sind. Sie tragen manchmal drei Augen im Gesicht und auch Augen an den Händen und Füßen. Ihre Haarknoten sind verziert mit einem Abbild des Buddhas des grenzenlosen Lichtes: Amithaba. Da auch der Name Kuan Yin unter anderem Licht bedeutet, verwundert dies nicht.

Es hat den Anschein, dass Kuan Yin von China nach Tibet gelangte, und in Tibet aufgeteilt wurde in den männlichen Chenrezig und die weibliche Tara. Es gibt Legenden, nach denen die Weiße Tara aus China nach Tibet / Lhasa gekommen sei, und die erste Buddha-Statue - und somit die buddhistische Tradition - dort eingeführt habe.

Die Grüne Tara und die Weiße Tara sollen auch einer alten Legende nach aus den mitfühlenden Tränen der Kuan Yin geboren worden sein.

Eines Tages lud mich eine Freundin zu einem Vortrag von Sylvia Wetzel ein, die nach Bielefeld kam. Sylvia Wetzel ist eine buddhistische -Lehrerin, sie leitet Seminare, hält Vorträge vorwiegend in Deutschland und Spanien und ist Autorin. Sie ist 1949 in Deutschland, im Schwarzwald geboren. Sylvia Wetzel studierte bei Lama Thubten Yeshe aus der Gelugpa-Tradition und unter anderem bei Lama Zopa Rinpoche, Prabhasa Dharma Roshi und Ayya Khema. Sie war auch an der Gründung der internationalen, buddhistischen Organisation „Sakyadhita" beteiligt, die sich weltweit für die Belange der Nonnen und weiblichen Praktizierenden in der buddhistischen Tradition einsetzt.

Von Sylvia Wetzel und ihren Schülerinnen lernte ich verschiedene Übungen der Grünen Tara und auch die Anrufungen der weisen Frauen. Dies ist ungewöhnlich, denn bis heute finden wir in den buddhistischen Traditionen meistens nur die Anrufungen der männlichen Patriarchen.

Während meines ersten Tara-Kurses spürte ich immer wieder eine goldene Energie, und sah innerlich eine alte Frau mit einer Gebetsmühle, die schelmisch lachte – Kuan Yin. In der Pause schaute ich mir Bücher und Informationsmaterial von Sylvia Wetzel an, als mein Blick auf einem Buchcover hängen blieb: da war eine Statue abgebildet, in der Haltung der königlichen Gelassenheit auf einem Felsen sitzen. Kuan Yin. Unsere Blicke verschmolzen miteinander und ich nahm keine Zeit mehr war, und keine Trennung zwischen ihr und mir. Es war eine alte Skulptur aus einem Museum, die dort auf dem Buchcover abgebildet war. Aber sie wurde für mich lebendig. Und ich hörte diese sanfte aber klare Stimme in mir: „dein Gewahrsein ist Kuan Yins Dharmakaya!" Dann löste ich mich langsam wieder aus diesem Zustand und war ganz und gar präsent im Kursraum.

Was bedeutete der Satz?

Nach und nach erschloss sich mir der Sinn: Dharmakaya ist der grenzenlose Raum, der alles durchzeiht und alles durchwebt. Eine Art formlose Quelle und Welle zugleich. Darin existiert aber ein Bewußtsein!

Dieses Bewußtsein nehme ich als Kuan Yins Geistwesen wahr. Demnach bedeutet für mich der Satz, den ich gehört hatte:

Dein Gewahrsein ist Kuan Yins Geist.

Mit diesem Satz, den ich immer wieder in mir wiederholte spürte ich Kuan Yins Präsenz – so als würden ihre Augen durch meine schauen. Vereint und gleichzeitig aber auch zwei einzelne Wesen. Mit dem Verstand kann ich es kaum beschreiben. Es ist nicht der Zustand einer Fremdbesetzung, sondern ein sanftes ineinander verwoben Sein. Mein Gewahrsein, mein Bewusstsein ist Kuan Yins Geist. Sie ist mein spiritueller Muttergeist.

Wir lernten viele Formen von Tara kennen. Bestimmte meditative Bilder von Tara werden auch als Yidam bezeichnet. Ein Yidam fungiert als ein Geistesband zwischen der relativen und absoluten Wirklichkeit. Viele Jahre später würde mir unerwartet Kuan Yin als Yidam-Form während einer inneren Reise begegnen, und mein spirituelles altes Geistesband zwischen ihr und mir, welches schon viele Leben währt, würde sich erneuern und stärken. In diesem Sinne sind Kuan Yin und Tara eine hervorragende Zuflucht sowohl in der irdischen Welt, als auch in allen Welten, die darüber hinausgehen.

Durch diese archetypische Kraft können wir auch konkrete Hilfe im Alltag erfahren und anders mit unseren Ängsten umgehen. Diesen Punkt finde ich äußerst interessant. Die Lehre über die verschiedenen Arten der Angst - die gleichzeitig als Gefahr angesehen werden – möchte ich daher erwähnen:

        Angst, die durch Stolz entsteht
        Angst, die durch Begehren entsteht
        Angst, die durch Wut entsteht
        Angst, die durch Neid entsteht
        Angst, vor einem Schicksalsschlag
        Angst vor schneidender Wahrheit
        Angst vor Feinden

Angst vor Tyrannen
Angst vor Geistern
Angst vor Zorn
Angst vor Krankheiten
Angst vor vorzeitigem Tod
Angst vor Armut
Angst vor dem Verschwinden der Sinnesfreuden

Als ich Jahre später mit der spirituellen Methode zur Trauma-Verarbeitung aus dem Altai in Berührung kam, lernte ich, dass Ängste die stärksten Dynamiken sind, mit denen wir unser Leiden erzeugen können. Wenn unsere Gedanken und Emotionen sich verbinden, beeinflusst und erschafft dies unsere Realität.

Erneutes Aufleuchten meines Herz-Mandalas

Am 03. Januar 2006 bekam ich von Sylvia Wetzel die Ermächtigung der Praxis der Grünen Tara. Ich war ihr sehr dankbar dafür, dass sie es mir gestattet hatte, nur für den Tag der Zeremonie zu kommen, und mir die Initiation zu ermöglichen, obwohl ich nicht am Seminar teilnehmen konnte. So buchte ich einen Zug früh morgens von Bielefeld über München zum Seminar-Ort in Bayern – und einen Nachtzug, der mich nach der Zeremonie zurück nach Bielefeld bringen sollte.

An dem Tag meiner Anreise begann es zu schneien. Ich ahnte noch nicht, wie heftig sich der Schneefall entwickeln würde. Auch nachdem ich am Meditationshaus angekommen war, schneite es unentwegt.

Nach der Zeremonie hatte ich wegen des extremen Schneefalls Probleme zum Bahnhof zu kommen. Das Taxi sagte ab, da kein Durchkommen war. Ich fühlte mich aber so stark mit meiner Intuition verbunden, dass ich meiner inneren Stimme folgte und losging. Um mich herum erstreckten sich tief verschneite Felder, wie Bettlaken, eine unendliche weiße Weite, über der sich der klare Sternenhimmel ausbreitete. Diese endlose, glitzernde weiße Landschaft war mir tief vertraut und plötzlich erinnerte ich mich an mein Lichterlebnis in der verschneiten Waldlandschaft, welches ein paar Jahre zurück lag. Mir war, als würde ich mich in zwei Realitäten zur gleichen Zeit bewegen.

Diese parallele Wahrnehmung begegnete mir immer wieder, und so mag ich an dieser Stelle gern den Begriff Hagezussa einbringen, von welchen das kurze Wort „Hexe" abgeleitet wurde: Hagezussa, die Zaunreiterin – sie sitzt auf dem Zaun, mit einem Bein in dieser Welt, mit dem anderen in der Anderswelt. Sie hat Zugang zu verschiedenen Realitätsebenen und agiert in beiden. Dies macht sie zu einer Frau, die mit weisem Rat und heilenden Fähigkeiten den Menschen zur Seite stehen kann. Ihr Blick und ihr Handlungsspielraum sind sehr umfassend und weitläufig.

Die Fähigkeit, in verschiedene Welten bewusst hineinzusehen und dort agieren zu können, ist in uns allen angelegt.

Während ich einerseits in diese magisch schöne Schneelandschaft eintauchte, in der alle Grenzen sich aufzulösen schienen, bekam ich gleichzeitig auch Angst, dass ich den Zug nicht mehr erwischen würde, und in dieser Nacht nicht nach Hause reisen könnte. Ich schickte Gebete an Kuan Yin und erreichte eine verschneite

Straße; sie war gerade noch als Straße erkennbar. Da fuhr von weitem plötzlich ein Auto auf mich zu. Es war jemand vom Seminarhaus, der gerade einen Weg durch den Schnee zum Haus suchte. Er hielt an, fragte mich, was ich hier im Schnee allein machen würde – und brachte mich dann kurz entschlossen zum Bahnhof ins Dorf. Dort stellte sich heraus, dass alle Züge abgesagt waren. Allerdings gab es einen letzten Zug, der in 10 Minuten mit 4 Std. Verspätung ankommen würde, und noch bis München weiterfahren sollte. Ich bekam also einen Zug nach München – und von dort einen Nachtzug nach Hannover.

Im Zug öffnete ich eine kleine Pralinenschachtel, die ich mir für die Rückfahrt mitgenommen hatte. In der Schachtel lag ein Zettel mit folgendem Satz: „You become what you meditate on – du wirst zu dem, worauf du meditierst."

Die Botschaft ging mir durch und durch – jedoch konnte ich mir das nicht vorstellen. Ich sollte später auf eine alte chinesische Legende stoßen, die genau das beschreibt, und uns klar und deutlich aufzeigt, dass wir alle zu unserem vollen Potential erwachen können, in dieser menschlichen Gestalt, hier und jetzt.

Am frühen Morgen konnte ich von Hannover aus dann nach Bielefeld, nach Hause, reisen.

Auf dem Bahnhof in Hannover fiel mein übermüdeter Blick auf eine Karte mit einem goldenen Schlüssel in einer grünen Türe. Noch eine tolle Botschaft erwartete mich. Auf der Karte stand geschrieben:

> Geschafft!
> Du hast ihn,
> den Schlüssel,
> der die nächste
> Tür öffnet.
> Geh' deinen Weg
> und suche noch
> tausend andere.
> Ich weiß, du wirst
> sie finden.

Auf der Karte stand „tausend andere" und ich spürte sofort Kuan Yins Gegenwart, und erkannte die Anspielung auf ihre tausend Hände – die Karte war ein aufmunternder Gruß von ihr. In meinem erschöpften Zustand war sie bei mir und munterte mich auf. Von Herzen dankte ich ihr für ihre tatkräftige Hilfe, dass wie ein Wunder noch ein Auto im Schnee aufgetaucht war, und ich die Züge nachhause bekommen hatte.

∞

In dieser Zeit begegnete mir eine weitere inspirierende Form der Kuan Yin. Ich traf Chagdud Khadro, die Frau von Chagdud Rinpoche, der die Praxis der Roten Tara in den Westen gebracht hat. Gemeinsam haben sie ein Tibetisches Zentrum in Brasilien aufgebaut. Chagdud Khandro hielt einen Vortrag über die Rote Tara und ich saß direkt in ihrer Nähe. Sie strahlte eine beeindruckende Klarheit und Stärke aus. Während sie referierte, geriet ich plötzlich wieder in den Zustand, den ich in Nepal an dem See erlebt hatte. Für eine Weile befand ich mich in einer leuchtenden Weite und nahm nichts anderes mehr wahr. Danach kam mein Bewusstsein schlagartig wieder in den Raum zurück.

Diese Lichterfahrungen, in denen sich meine Wahrnehmung der Sinnesorgane kurzzeitig aufzulösen scheint, und die mich mit Energie und Gelassenheit erfüllen, zeigen mir, dass die Realität weit über das hinausgeht, was mein Bewusstsein in dieser Welt wahrnimmt. Mein Geist ist unfassbar weit und ich habe noch so wenig davon erkundet. Es zeigt mir, dass sich meine Wahrnehmung in einem kurzen Moment plötzlich und unerwartet öffnen kann, dass sich mein Horizont in einem kurzen Moment erweitern kann.

Was mich diesmal an diesem Erlebnis erheiterte, war eine wichtige Erkenntnis: die Geschichte, die die buddhistische Lehrerin uns erzählt hatte (als ich in diesen Lichtzustand geraten war) handelte davon, dass ein hoher Meister, der ziemlich harsch und muffelig war, plötzlich in einen tiefen Meditationszustand (Samadhi) fiel und dort verweilte. Dieser Samadhi-Zustand wird hoch anerkannt. Als er nach langer Zeit wieder daraus erwachte, kritisierte er sofort seine Frau auf harsche Weise, wo denn der Tee bliebe, den sie doch für ihn machen sollte. Das Fazit der Belehrung war, dass uns hohe Meditationszustände wenig bei der inneren Befreiung nützen, wenn wir nicht auch an unserem Benehmen arbeiten bzw die Erfahrung des Samadhi mit in unseren Alltag nehmen und dort *tatsächlich leben.*

Während ich also dieses für mich seltene Lichterlebnis hatte, erkannte ich gleichzeitig, dass solche Bewusstseinszustände zwar meinen Horizont erweitern, aber ich diesen Zuständen dennoch nicht nachzulaufen brauche. Sie sind interessante Nebenerscheinungen, aber helfen mir nicht dabei, dauerhafte innere Befreiung zu erlangen. Mir wurde klar, wie wichtig es ist, den Alltag und den spirituellen Weg nicht voneinander zu trennen – mein Augenmerk unbedingt auch auf mein Benehmen und meine alltäglichen Verrichtungen zu lenken. Das Abwaschen des Geschirrs ist genauso wichtig, wie die Erfahrungen während der Sitzmeditation auf dem Kissen. Wir können auch beim Staubwedeln erwachen.

Die Rote Tara verkörpert das erwachte Gewahrsein und die höchste Freude, und wurde als „Mutter aller Buddhas" bereits in Uddiyana, Zentralasien, verehrt.

Ihre Praxis wird auch „wunscherfüllendes Juwel" genannt. Sie rettet und schützt alle Wesen, die lediglich ihren Namen rufen. Ihre Haltung wird die „Haltung der königlichen Gelassenheit" genannt. Ihre Qualitäten gleichen denen der Kuan Yin. Und beide halten auf Darstellungen eine Vase mit dem Nektar des Mitgefühls und der Unsterblichkeit in der Hand.

Die Regenbogen-Lichter der Roten Tara durchdringen alle sechs Daseinsbereiche und reinigen unsere fünf Geistesgifte: Ärger, selbstsüchtige Wünsche, Unwissenheit, Eifersucht, Stolz. Diese Eigenschaften der Reinigung werden auch vom Mantra „Om Mani Padme Hum" überliefert, welches Kuan Yin zugeordnet ist. Die Rote Tara scheint mir eine spätere Form der Kuan Yin zu sein.

Ich träume von einer goldenen Kuan Yin mit vier Armen. Ihre Arme stehen für Liebe, Mitgefühl, Mitfreude und Gleichmut. Sie erscheint vor mir in einer Nische. Plötzlich knallt es laut, mir wird bewusst, dass ich träume. Dann erlebe ich einen klaren Bewusstseinszustand, in dem ich alle Farben sehr intensiv wahrnehme. Ich befinde mich in einem weißen, endlosen Raum.

Plötzlich erscheint ein Tor in Form einer türkis-farbigen Raute vor mir. Ich wache auf.

Die vier Arme von Kuan Yin symbolisieren die sogenannten „Vier unermesslichen Qualitäten", auch „Brahmaviharas" genannt: Liebende Güte, Mitgefühl, Mitfreude und Gleichmut. Und es gibt einen kleinen wundervollen Vers, um diese Qualitäten zu kultivieren:

Mögen alle Wesen glücklich sein,
Mögen alle Wesen frei sein von Leid und von den Ursachen des Leids,
Mögen alle Wesen in der höchsten Glückseligkeit sein, ohne Leid
Mögen alle Wesen in Gleichmut ruhen, frei von Anhaften und Ablehnen.

Auch das türkis-farbige Tor in meinem Traum hatte eine Bedeutung; es war Kuan Yins Tor, durch welches ich einen weiteren Lebensabschnitt betreten würde.

Kuan Yin formlos

Mein zen-buddhistischer Lehrer

Im Juni 2006 traf ich den buddhistischen Wander-und Bettelmönch Claude AnShin Thomas in Bielefeld. All die Jahre war mir von denjenigen, die mich unterrichteten, immer wieder geraten worden, mit einem verbindlichen Schüler-Lehrer-Verhältnis zu warten, bis ich einem Lehrer/Lehrerin begegne, der/die mein Herz so berührt, dass ich mich einlassen möchte; während mein Verstand gleichzeitig Widerstände hat.

Claude AnShin Thomas wurde 1947 im US-Staat Pennsylvania geboren. Nachdem er schon in der Kindheit Gewalt erlebte, von der er geprägt wurde, meldete sich im Alter von 17 Jahren freiwillig für den Wehrdienst im Vietnam-Krieg. Er wurde Kommandeur einer Hubschraubermannschaft. Er sagt heute, dass er für den Tod von vielen Menschen und der Zerstörung ganzer Dörfer verantwortlich war. Wie so viele andere Kriegs-Veteranen, war er nach seiner Rückkehr außerstande, sich wieder in sein soziales Umfeld einzugliedern. Viele Jahre rang er mit traumatischen Spätfolgen, Sucht, Isolation, Obdachlosigkeit und zermürbender Hoffnungslosigkeit.

Heute ist Claude AnShin Thomas ein zen-buddhistischer Mönch, internationaler Friedensaktivist, Autor und Lehrer in den USA, Europa, Südamerika und Asien. Seine kraftvolle Geschichte kann anderen als Landkarte dienen, die sich möglicherweise in immer wiederkehrenden Kreisläufen von Reaktionen gefangen fühlen, welche ein Umstand der traumatischen Erfahrung sind, ungeachtet der Natur und des Ausmaßes dieses Traumas.

Ich fand den Flyer seines Vortrags in einem Bioladen und war mir nicht sicher, ob ich dort hingehen würde. In letzter Minute zog es mich dann doch dorthin. Schon wenige Minuten, nachdem Claude AnShin die Bühne betreten hatte, spürte ich, dass er der Lehrer war, mit dem ich eine verbindliche Schüler-Lehrer Verbindung eingehen sollte. Die buddhistische Nonne Lama Sherab, die mich unter anderem zu dieser Zeit unterrichtete, hatte mir die Kriterien genannt, wie ich meinen spirituellen Lehrer / Lehrerin erkennen würde. Ich war immer davon ausgegangen, dass ich dieses Erlebnis mit einer alten tibetischen Nonne haben würde, aber nun stand hier ein Lehrer aus der Zen-Tradition vor mir. Es war genauso, wie Lama Sherab es mir gesagt hatte. Mein Herz stimmte zu, mein Verstand hatte Widerstände, und er beantwortete mir drei wichtige Fragen, ohne dass ich sie offen gestellt hatte. Insbesondere einer seiner Sätze blieb bei mir hängen: „Wenn du willst, dass die Welt sich ändert, dann musst du selbst anders leben."

Für ein Jahr studierte und praktizierte ich in beiden Traditionen. Dann spürte ich deutlich, dass es Zeit war, eine Entscheidung zu treffen. Im Traum erschien mir Chagdud Khadro. Im Traum erkannte ich, dass es Tara war, die eine mir vertraute menschliche Gestalt angenommen hatte. Sie ging auf meine Haus-Altar (Zen-Tradition) zu, segnete diesen und legte Bücher und Gebetstücher dorthin. Sie sah zu mir und nickte lächelnd. Ich wachte auf und verstand, dass es Zeit war, und die richtige Entscheidung, mich auf den zen-buddhistischen Weg einzulassen.

Mit einem lachenden und einem weinenden Auge verabschiedete ich mich von der tibetischen Sangha und den verschiedenen Lehrerinnen und Lehrern, die mich dort so wunderbar angeleitet und unterstützt hatten. Es fiel mir schwer – ich wusste, wie wertvoll das war, was ich in der tibetischen Gemeinschaft hatte – aber ich wusste nicht, wie es in der zen-buddhistischen Gemeinschaft werden würde; besonders traurig war mein Herz beim Abschied von zwei Sangha-Schwestern, mit denen ich jede Woche die lange Puja der Grünen Tara gemeinsam praktiziert hatte. So machte ich den nächsten Schritt ins Unbekannte, in das Nichtwissen, wie es im Zen heißt.

Durch das Studieren mit Claude AnShin lerne ich, dass die Spirituelle Praxis und das tägliche Leben nicht voneinander getrennt sind. Er unterstützt mich darin, mehr und mehr in meiner eigenen Haut zu leben, mir meine unheilsamen Muster anzuschauen ohne mich dafür zu verurteilen, das Verhalten anderer Menschen als Spiegel von dem zu erkennen, was in mir los ist. Er hilft mir Verantwortung zu übernehmen und mich zu bemühen, mich selbst zu transformieren – anstatt andere zu beschuldigen. Ich werde ermutigt, mich weniger von meinem Leiden abzulenken und Frieden mit mir selbst und anderen Menschen und der Welt zu finden.

Wir Menschen sind durch vergangene Erlebnisse beeinträchtigt und daher neigen wir dazu, kompliziert zu denken oder zu handeln statt einfach. Dadurch verursachen wir unnötige Schwierigkeiten und Missverständnisse.

Ich erlebe es als Erleichterung, mir bewusst zu machen, dass meine Gedanken, lediglich Gedanken sind – und womöglich nicht die Realität. Und diese nicht abzulehnen oder zu bewerten, jedoch auch nicht als absolute Tatsache anzusehen, sondern eben zunächst mal als ein Gedanke, der wie von selbst aufkommt ... und auch von selbst wieder verschwindet. Wir können daher Gedanken vorbeiziehen lassen anstatt uns in Gedankenspiralen zu verstricken. Anstatt uns beispielsweise innerlich einen Streit bis ins Detail vorzustellen, der tatsächlich nie stattfinden wird, haben wir die Wahl, etwas Heilsames zu tun. Indem ich immer wieder zu meinem Atem zurückkomme und innehalte, verbinde ich mich mit mir selbst und dem, was gerade geschieht. Ob ich es mag oder nicht. Dadurch entsteht Raum, ein Handlungs-Spiel-Raum, der es mir ermöglicht, die Wahl zu treffen, wie ich agiere.

Im meditativen Sitzen vor der weißen Wand, nur verbunden mit meinem Atem, nahm ich zuweilen Kuan Yin in ihrem formlosen Sein wahr. Das war und ist mir so wertvoll. In ihrem formlosen Sein ist so viel Potential spürbar, ich fühle sie in Verbundenheit mit meinem Herzen – es ist wie eine Kontaktaufnahme von Herz zu Herz!

Im stillen Sitzen kam ich zur Ruhe und spürte, dass es Kuan Yin wirklich auf verschiedenen Daseinsebenen gibt – und ihre Qualitäten in meinem Geistesstrom wurden immer mehr zu meiner innersten Zuflucht. Mich mit Kuan Yin verbunden zu fühlen nimmt mir auch Furcht.

Wenn durch die spirituelle Praxis Teile meiner Persönlichkeit wegbrechen, die sich bei genauerem Hinschauen als nicht authentisch entpuppen, dann scheint mir der Boden unter den Füßen wegzubrechen. Eine gewohnte, vertraute Struktur ist plötzlich nicht mehr vorhanden. Dasselbe haltlose, unsichere Gefühl habe ich, wenn ich mit bestimmten Verhaltensweisen aufhöre, und mir meine neuen Handlungsweisen noch ungewohnt sind. In diesen Phasen gibt es eine Energie tief in mir, dieses gewisse Licht der Wärme und Kraft (ich nehme das als Energie von Kuan Yin wahr), was mir dann Mut und etwas Halt gibt, dabei zu bleiben, gewisse Aspekte meiner nicht authentischen Persönlichkeit fallen zu lassen und mich für Neues zu öffnen. In diesem inneren Lichtfeld fühle ich mich auf eine Art heil und ganz. Ich bekomme dann eine subtile Ahnung von dem, was mein zen-buddhistischer Lehrer gern betont: was auch immer wir erlebt haben, wir sind nicht daran zerbrochen.

Ich beschreibe mal ein konkretes Beispiel: Mir fiel es früher schwer, Nein zu sagen, wenn jemand mich um einen Gefallen bat. Ein Grund dafür war meine Angst, dadurch abgelehnt zu werden. Die ersten Male, bei denen ich es dann bewusst geübt habe, nein zu sagen, lösten in mir starke Angstgefühle aus. Die Angst abgelehnt, kritisiert, fallengelassen zu werden oder ungenügend zu sein. Es war für mich aber wichtig, und sehr gesund, dies dennoch weiter zu üben.

Oder mein Persönlichkeitsanteil, die starke Frau sein zu wollen, die niemanden um Hilfe bitten braucht und alles selbst hinbekommt. Mit diesem Anteil habe ich mich manchmal überfordert, ohne das zuzugeben. Die ersten Male, bei denen ich geübt habe, in einer Situation um Hilfe zu bitten, kam ich mir armselig und schwach vor. Aber auch hier war es wichtig, gemeinsam mit meinen unguten Gefühlen weiter zu üben und herauszufinden, welcher authentische Teil darunter verborgen ist. Am Ende komme ich dadurch mehr in meine wirkliche Kraft. Die Mühe lohnt sich.

Und egal, was ich gerade übe und ändere, es gibt immer diese wohlwollende Kraft, mit der gemeinsam ich zuweilen auch sehr über mich selbst lachen kann, und die ich als Kuan Yin-Qualität wahrnehme: fröhlich, leichten Fußes und ernsthaft entschlossen, meinen spirituellen Weg mitten im Alltag zu gehen. Kuan Yins Wesen wird oft als „froh – rein – zeitlos" beschrieben, und genau so nehme ich solche Momente wahr.

Auch in der zen-buddhistischen Tradition wurde ich an Kuan Yin erinnert, die all diese Qualitäten ebenfalls verkörpert: Ruhe, Sammlung, Geduld, Furchtlosigkeit, Weisheit, Geben, Großzügigkeit, kluges Handeln.

Wenn wir aus diesem Bewusstsein heraus agieren, ist es in Einklang mit allen Buddhas – in Einklang mit unserem wahren Wesen.

Schritt für Schritt ließ ich mich auf die Tradition ein und nahm die Herausforderungen, vor die mein zen-buddhistischer Lehrer mich stellte, an. Auch wenn es oft recht anstrengend war, spürte ich dennoch stets Vertrauen, und vor allem den tiefen Wunsch, mich noch tiefer auf mich selbst und das Leben einzulassen. Eine Aufgabe war beispielsweise, einen Autoführerschein zu machen. Bisher hatte ich geniale Argumente für mich parat, warum ich keinen Autoführerschein hatte: ich schützte die Natur, beteiligte mich nicht an den Ölkriegen (durch das Kaufen von Benzin) und so weiter. Alles gute Gründe, doch wenn ich ehrlich zu mir selbst war, spürte ich, dass diese Argumente zugleich auch Ausreden waren, um mich nicht auf etwas einzulassen, vor dem ich Angst empfand. Es war für mich ein riesiger Schritt, , mich bei einer Fahrschule anzumelden. Und was sich mir schnell während meiner ersten Fahrstunde zeigte, war, dass ich mir einfach überhaupt nicht zutraute, jemals lernen zu können, mit dieser Technik umzugehen. Meine Fahrlehrerin und ich waren in der ersten Fahrstunde schon nach zehn Minuten schweißgebadet. Ich ließ mich aber auf diesen persönlichen Weiterentwicklungsprozess ein und konnte bald auch meinen Sohn nachts von Partys abholen, sodass er nicht mit seinem Long-Board lange einsame Landstraßen entlangfahren musste – während ich nebenbei bemerkt so lange wach lag, bis er sicher zu Hause war. Und er war durch meine Fahraktivitäten motiviert, selbst das Autofahren zu lernen, um selbstständiger unterwegs sein zu können. Natürlich waren meine alten Argumente nicht ganz verkehrt, und ich fahre weiterhin überwiegend mit dem Fahrrad.

Aber der entscheidende Punkt ist: jetzt habe ich eine Wahl! Ich kann entscheiden, wie ich mich fortbewege. Das war mir eine wichtige Lektion: mein Geist kann perfekte Argumente finden, um darüber hinwegzutäuschen, dass ich mir eigentlich etwas nicht zutraue zu tun, oder einfach Angst vor etwas habe. Und dann bin ich gefangen in meinen eigenen Gedanken und habe keine wirkliche Wahl. Ich wachse immer dann, wenn ich verschiedene Blickwinkel zulassen kann; die

Angst, die Unzulänglichkeit, die Argumente meines Geistes, die neuen Möglichkeiten, und dann aus all dem meine eigene (nicht durch mein Konditioniertsein gesteuerte) Entscheidung zu treffen. Ich kann wirklich empfehlen, sich mal darauf einzulassen und zu prüfen: Wo entscheide ich wirklich selbst? Wo entscheiden meine unbewussten Konditionierungen für mich, und ich denke nur, dass ich selbst entscheide?

Solche Art Erlebnisse ermutigten mich dazu, mich immer weiter auf den zen-buddhistischen Weg und meinen Lehrer einzulassen. Und so lud Claude AnShin mich eines Tages dazu ein, den nächsten Schritt zu tun, und eine kleine Novizen-Robe zu nähen. Diese kleine Robe sieht aus wie ein viereckiges Lätzchen und wird „Rakusu" genannt. Wir erbetteln benutze Stoffe von Menschen, die uns nahestehen, und nähen dann nach einer alten Anleitung per Hand dieses Rakusu.

Das war schwierig für mich. Was das Nähen betrifft, habe ich zwei linke Hände und kaum Geduld; eine schlechte Kombination. Mittlerweile habe ich einige Rakusus und sogar zwei große Nonnenroben genäht. Aber ich habe immer noch zwei linke Hände beim Nähen. Und so war das erste Rakusu wirklich eine große Herausforderung für mich. Üblicherweise dauert es etwa 2-3 Monate, das zu nähen – ich hatte ein Zeitlimit von 3 Wochen bekommen und nähte meist nachts, weil ich tagsüber arbeitete und am Abend auch gern Zeit mit meinem Sohn verbringen wollte. Das machte das Ganze nicht einfacher und eines nachts erreichte ich den Punkt, wo meine Nerven mit dieser Näherei am Ende waren. Ich bekam den nächsten Näh-Schritt, wo etwas gefaltet werden musste, einfach nicht hin. Wütend legte ich den Stoff in die Ecke und beschloss aufzugeben und keine Novizin zu werden. Da fiel plötzlich Mondlicht in mein Zimmer, der Mond kam hinter den Wolken hervor. Und etwas sagte mir „Lass jetzt deinen Verstand los, nimm einfach den Stoff, und lass deine Hände machen, ohne zu denken". Ich spürte Kuan Yins Herzenswärme in diesem Mondlicht und in diesen Worten, und ich spürte auch, wie sie sich köstlich über meine Bockigkeit amüsierte und lachte – sie begegnete mir mit Mitgefühl, Weisheit aber auch mit Humor und Leichtigkeit. Das war eine sehr wichtige Lektion, die ich immer noch im Leben anwende! Ich folgte ihrer Anweisung: „Lass jetzt deinen Verstand los, nimm einfach den Stoff, und lass deine Hände machen, ohne zu denken", und im Nu war alles korrekt gefaltet und genäht. Eine Woche später übergab ich meinem Lehrer das fertige Rakusu, es war nicht schön aber selten. Und nach einer weiteren Herausforderung erhielt ich dann die Novizen-Ordination. Ich werde in einem weiteren Kapitel mehr über die Zeremonie erzählen. Zunächst mag ich noch eine andere Geschichte teilen.

Kuan Yin im vietnamesischen Tempel

Etwa ein Jahr nachdem ich Claude AnShin getroffen hatte, nahm ich an einem Meditations-Wochenende seiner Gemeinschaft in Deutschland, der Zaltho Sangha, teil. Wir verbrachten das Wochenende in der Pagode in Hannover, einem vietnamesisch-buddhistischen Tempel. Am ersten Tag entdeckte ich hinter der Haupthalle des Tempels einen Nebenraum, in dem ein wunderschöner Kuan Yin (Quan Âm in Vietnam) Altar aufgebaut war; die bunte Porzellan-Statue zog mich magisch an. Ehrwürdig stand sie da, mit wehendem Gewand, geschmückt mit einer weißen Perlenkette um den Hals, eine goldene Nektar-Vase haltend. Sie wirkte unglaublich lebendig. Ich verweilte an ihrem Schrein und fühlte mich verbunden. Ihr gegenüber thronte eine riesengroße, goldene Statue der tausend-armigen Kuan Yin, eingerahmt von einem Meer aus Blumen und Kerzen. An diesem Ort fühlte ich mich wohl.

Von dort führte ein Gang direkt in den Flur, und weiter zu den Toiletten.

Als ich kurze Zeit später in diesem Flur wartete, erschien plötzlich aus der Damen-Toilette eine Nonne, und sie kam direkt auf mich zu. Sie trug weiße Roben. Ihre strahlenden Augen trafen meinen Blick. Ihr Gesicht war auf eine zauberhafte Art weder weiblich noch männlich. Sie schaute mich ganz direkt an, lächelte und als ich dachte „das ist Kuan Yin" nickte sie mir grüßend zu. Ich grüßte zurück. Ihre Ausstrahlung zog mich so in den Bann, dass ich wie verwurzelt stehen blieb und ihr nachsah, wie sie die Treppe hinaufging. Nie zuvor hatte ich in solch friedliche und klare Augen geschaut. Ich sah ihr nach. Doch plötzlich war sie verschwunden. Aufgelöst in Nichts. Den ganzen Tag lang durchströmte mich noch ein Gefühl von Leichtigkeit und Freude. Während der folgenden Andachten suchte ich die Nonne in den Reihen der Mönche, Nonnen und Laien. Aber es war vergebens. Niemand trug weiße Roben; sie waren safranfarbig oder grau. Und niemand hatte dieses friedvolle Gesicht mit diesem klaren, durchdringenden Blick.

Eigentlich war mir klar, dass Kuan Yin mir begegnet war. Doch mein Verstand zweifelte das an, bis ich Monate später in einem Buch las, dass Kuan Yin sich zuweilen in der Gestalt einer Nonne in weißen Roben zeigt; und dass diese Erscheinung so verbreitet ist, dass sie in dieser Gestalt den Titel „Kuan Yin in weißen Roben" oder als männliche Erscheinung „Meister in weißen Roben" trägt.

Der Sanskritname der Kuan Yin in weißen Roben lautet „Pandaravasini". Funde ihrer Darstellungen finden sich im vielen Gebieten, wie z.B. in Korea, China aber auch Indien. Über Pandaravasini, eine erwachte indische Prinzessin, die auch Mandarava genannt wurde, gibt es viele Geschichten. Es wird von ihr überliefert, dass sie „den todlosen Zustand verwirklicht hat" und eine „unsterbliche Halterin des Gewahrseins" ist. In manchen Darstellungen erscheint sie mit der Vase des Nektars der Unsterblichkeit – so, wie Kuan Yin. Wieder einmal begegnete mir Kuan Yin im Zusammenhang mit Unsterblichkeit.

Sehr spannend finde ich die Entdeckung, dass sie noch heute in Himachal Pradesh im „Mata *Kuan Rani* Tempel", als „Prinzessin der Quelle" verehrt wird.

Mandarava ist eng mit dem Buddha Amithaba (der Buddha des grenzenlosen Lichtes) verbunden und sie trägt weiße Kleidung. Ich erkenne in ihrem Namen und ihren Darstellungen eine Verkörperung von Kuan Yin. Auch Kuan Yin trägt weiße Kleidung und ein Bild von Buddha Amithabha schmückt auf manchen Darstellungen ihren Haarknoten. Der genannte Tempel befindet sich an einer Quelle. Der Tempel, die Quelle und die Statue werden von Hindus und Buddhisten gleichermaßen verehrt.

Sie wurde für Heilung, Fruchtbarkeit, Schutz und Unsterblichkeit angerufen. Es gibt also eine ganz alte Tradition, die sich auf Kuan Yin als weibliches Wesen bezieht, und immer wieder finden wir Geschichten darüber, wie Kuan Yin in allen möglichen Formen Hilfe und Transformation gewährt.

In dieser Zeit sprach mich besonders die Legende der Prinzessin Miau Shan aus dem alten China an. Die Legende stammt aus der vor-buddhistischen Zeit. Manchmal wird sie auf das Jahr 700 vor Christus datiert, manchmal sogar auf das Jahr 2.590 vor Christus. Sie beschreibt die Geschichte einer jungen Frau, die sich ihrem spirituellen Weg – gegen den Willen ihres Vaters – hingibt.

Diese chinesischen Legende aus der Zeit der Zhou-Dynastie gibt uns einen Hinweis darauf, was wir als Menschen tun können – beispielhaft dargestellt durch die Gestalt der Prinzessin Miao Shan – um selbst

Kuan Yin zu werden, sprich: um Liebe und Weisheit zu verkörpern und Befreiung zu erlangen. Mitgefühl statt Selbstgerechtigkeit scheint mir ein wichtiges Thema für die persönliche Entwicklung zu sein.

Die Legende von Miao Shan

Es lebte einst ein König in China, der drei Töchter hatte. Die jüngste Tochter hieß Miao Shan, was „anmutige Tugend" bedeutet. Bei ihrer Geburt bebte die Erde, und unzählige bunte, duftende Blüten fielen sanft vom Himmel. Dieses galt als ein Zeichen dafür, dass eine heilige Inkarnation auf die Welt kam. Das Königspaar interessierte sich jedoch nicht dafür. Sie bemühten sich um Ruhm und Ansehen.

Als Miao Shan herangewachsen war und heiraten sollte, wehrte sie sich gegen den Willen ihres Vaters. Sie teilte ihm ihren Entschluss mit, nur dann zu heiraten, wenn dies das Leiden der Wesen lindern würde. Ansonsten wollte sie ihr Leben weiterhin der spirituellen Praxis widmen. Ihr Vater war darüber erzürnt und verzweifelt. Er wollte gern, dass seine Tochter sich seinem Willen fügte und ihre spirituelle Hingabe aufgab. Er ließ sie niedere Arbeiten verrichten, um sie damit umzustimmen. Aber ihre Hingabe wurde dadurch nicht erschüttert. Schließlich erlaubte er ihr in ein Kloster zu gehen. Zuvor suchte er jedoch das Kloster auf und drohte den Nonnen damit, ihr Kloster niederzubrennen, wenn sie Miao Shan nicht die schwierigsten Arbeiten geben und sie schlecht behandeln würden. Er hatte keineswegs seine Meinung geändert, sondern wollte den Willen seiner Tochter endgültig brechen. Miao Shan blieb auf ihrem Weg. Sie kümmerte sich um das anstrengende Holz- und Wasserholen. Sie bekam den Auftrag, einen Garten in einem unfruchtbaren Teil des Klostergrundstücks anzulegen, und durch ihre Hingabe entsprang eine Quelle im Garten. Die Pflanzen wuchsen auf wunderbare Weise in voller Pracht. Tiere halfen ihr bei der harten Arbeit.

Als ihr Vater, der König, dies erfuhr, war er sehr erzürnt und befahl seinen Soldaten, das Kloster anzuzünden und seine Tochter zu töten. Miao

Shan sah das Feuer und stach sich mit einer Haarnadel in die Zunge. Sofort tauchten Wolken auf und Regen löschte das Feuer, sodass alle Bewohnerinnen des Klosters unversehrt blieben.

Miao Shan jedoch wurde verhaftet und die Hinrichtung wurde für sie vorbereitet. Aber keine Waffe konnte sie verletzen. Alle Waffen zerbrachen sobald sie Miao Shan berührten, denn der Himmlische Jade-Kaiser beschütze sie. Dann tauchte ein weißer Tiger auf und trug Miao Shan mit sich fort.

Miao Shan gelangte in die Zwischenwelten und begegnete dem Herrn der Höllenwelten, Yama genannt. Sie lauschte den qualvollen Schreien der Wesen, als sie durch die Höllen-Räume geführt wurde, und schickte ihnen ihr bedingungsloses Mitgefühl. Dadurch wurden mehr und mehr Wesen vom Leiden erlöst. Licht und Musik erfüllte die Höllenbereiche. Die Höllenfeuer verwandelten sich in Lotusteiche. Der Herr der Höllenwelten entschloss sich, Miao Shan schnell fort zu schicken. Zum Abschied erhielt sie einen Pfirsich der Unsterblichkeit.

Daraufhin gelangte sie zur Insel Putuo Shan. Dort widmete sie sich der Meditation. Ihre Nahrung bestand einzig aus dem Tau der Gräser und dem Duft der Blumen. Eines Tages geschah es, dass sie im Geiste ein Bild ihres todkranken Vaters sah.

Zu dieser Zeit begab es sich, dass ein Mönch an den Hof des Königs kam, mit der Botschaft ihm helfen zu können. Er erklärte dem König, dass er für die Heilung die Medizin aus den Augen und Armen eines Menschen bräuchte, der frei von Wut und Hass sei. Er teilte dem König auch mit, dass ein solches Wesen tatsächlich existiere - und zwar auf der Insel Putuo Shan.

Ein Bote des Königs gelangte zu Miao Shan. Sie gab ihm ihre Augen und Arme für die Medizin. Und tatsächlich wurde der König dadurch geheilt.

Der König und seine Frau reisten daraufhin in tiefster Dankbarkeit zur Insel Putuo Shan, um diesen besonderen Menschen zu suchen, der den König so liebevoll behandelt hatte. Als sie die Höhle von Miao Shan erreichten, waren sie erschüttert, denn sie erkannten ihre Tochter wieder.

In diesem Augenblick regnete es Blumen vom Himmel, ein helles Licht erstrahlte, und ein himmlischer Duft erfüllte die Luft. Miao Shan verwandelte sich in ein Wesen mit tausend Augen und tausend Armen – sie wurde zu Kuan Yin, der Verkörperung des bedingungslosen Mitgefühls.

Ihre Eltern stellten an dem Ort einen Schrein auf und widmeten sich dem spirituellen Weg. Bis heute nennt man diesen Berg „Duftender Berg".

Die Furchtlosigkeit und Beharrlichkeit der Prinzessin, mit der sie ihren Weg allen Widrigkeiten zum Trotz weitergeht, und dabei ihre inneren Werte nicht aufgibt, fasziniert mich.

Wäre unsere Welt nicht ein viel besserer Ort, wenn wir unser Mitgefühl so furchtlos leben würden wie Miao Shan? Wenn wir unseren spirituellen Weg gehen würden, ohne uns von Hindernissen aufhalten zu lassen? Es braucht Mut und Weisheit, unsere inneren Werte zu leben und selbst die Verantwortung für unseren Lebensweg zu übernehmen – und nicht andere für unser Leiden verantwortlich zu machen oder gar Feindbilder zu erschaffen. Es braucht Furchtlosigkeit und Selbstliebe, einfach unbeirrt den eigenen Weg zu gehen. Kuan Yin verkörpert unsere Furchtlosigkeit, die uns befähigt, uns mit der Haltlosigkeit, Unsicherheit und dem Nicht-Wissen anzufreunden. Wenn wir all das umarmen – anstatt es zu vermeiden, können wir an diesen Ort jenseits der relativen Welt gelangen, ins innerste Herz des Seins. Von hier aus können wir uns Allem öffnen und die Allverbundenheit zur Grundlage unseres Handelns werden lassen.

Wir gelangen an diesen Ort, wenn wir damit aufhören uns einschüchtern oder manipulieren zu lassen – und damit aufhören, andere einzuschüchtern oder zu manipulieren – und stattdessen Weisheit und Mitgefühl zur Grundlage all unseres Handelns werden lassen.

Die Legende von Miao Shan enthält auch typische Merkmale der Unterwelt-Mysterien, die uns in vielen alten Kulturen, zum Beispiel in Babylon und Griechenland beggnen. Dem Abstieg in die Unterwelt oder die Höllen folgt immer ein Aufstieg in ein höheres Bewusstsein, symbolisiert durch mystische Geschenke oder indem etwas vielfach zurückerlangt wird, was zuvor selbstlos geopfert worden war.

Der weiße Tiger erinnerte mich an die Legenden von nordischen Feen-Ländern, in denen die Tiere weiß sind. Auch in Belavodje, einem sagenumwobenen Gebiet in Russland, sollen die Tiere weiß sein. Belavodje steht übrigens auch mit einer Tradition der Unsterblichen in Verbindung.

Deutet der weiße Tiger in dieser Legende darauf hin, dass es sich in dieser Geschichte nicht nur darum geht, dass Miao Shan zu einer Verkörperung des bedingungslosen Mitgefühls namens Kuan Yin wurde, sondern damit auch gleichzeitig unsterblich?

MyoZen

Im Jahr 2007 traf ich während eines Seminars die Entscheidung, mich auf den Zen-Weg einzulassen, und ich teilte Claude AnShin Thomas meinen Wunsch mit, seine Schülerin zu werden. In einer Zeremonie nahm ich die sogenannten zehn Richtlinien als Orientierung für mein Leben an. Das sind bestimmte Vorsätze, zu denen ich mich persönlich entschließe, wie zum Beispiel nicht zu töten. Nun begann Claude AnShin Thomas mit mir intensiver zu arbeiten.

Im Juni 2009 erhielt ich dann, wie bereits erzählt, die Aufgabe, gebrauchte Stoffe von Freunden oder Verwandten zu erbitten. Und ich bekam eine Anleitung, um aus den Stoffen ein sogenanntes Rakusu für meine Novizen-Ordination zu nähen. Ein Rakusu wird vor dem Oberkörper über der Kleidung getragen und symbolisiert die kostbaren Lehren des Buddha. Es ist eine kleine Variante des Kesa, welches dann von Nonnen und Mönchen genäht und in der Meditationshalle formal getragen wird. Ende Juli überreichte ich Claude AnShin mein genähtes Rakusu. Im August verbrachten wir in einer kleinen Gruppe 5 Tage und Nächte draußen auf der Straße, ohne Geld und ohne Gepäck. Wir praktizierten bei Wind und Wetter, und baten in Geschäften, Restaurants und Imbissbuden um Essen und Trinken. Diese Übungszeit wird „Straßen-Retreat" genannt. Im Anschluss daran, am 05.August 2009, erhielt ich an einem Vollmond-Abend die Laienordination (Jukai), und Claude AnShin gab mir den spirituellen Namen MyoZen. MyoZen bedeutet anmutige, klare Tugend. Ich freute mich über den Vollmond, denn Kwan Yin ist mit dem Vollmond verbunden.

Einige Wochen später wurde ich früh morgens vom Klang einer inneren Stimme wach: „MyoZen...Miao Shan...MyoZen...Miao Shan ..." erklang es. Ich lauschte dem eine Weile, und plötzlich ahnte ich, dass MyoZen und Miao Shan derselbe Name in verschiedenen Sprachen sein könnte: Japanisch und Chinesisch. Ich stand auf und stellte sofort Recherchen an. Tatsächlich fand ich die Information, dass beide Namen die gleiche Bedeutung haben. Ich war hoch erfreut über diesen Namen. Mein Lehrer hatte mir diesen Namen gegeben, ohne dass ich ihm davon erzählt hatte, wie sehr mich die Legende der Prinzessin Miao Shan inspirierte. Auch hatte ich bisher meine tiefe Hingabe an Kuan Yin ihm gegenüber nicht erwähnt.

Ich las mir noch einmal den Text durch, den mir mein Lehrer während der Jukai-Zeremonie gegeben hatte. Dieser poetische Text enthält den Hinweis darauf, dass wir nur durch die Verwirklichung von Mitgefühl und Weisheit gleichermaßen, Befreiung erlangen können.

Wir brauchen Mitgefühl für uns selbst und für andere, um aus unserer Kleingeistigkeit herauszutreten, und eine weiter gefächerte Sichtweise auf unser Verhalten und das Verhalten anderer Menschen zu bekommen. Wir brauchen aber auch Weisheit und tiefe Einsichten, und ebenso die Weisheit zu unterscheiden, wo es zum Beispiel wichtig ist, toleranter zu sein – oder besser Grenzen zu setzen. Ich habe einmal ein einprägsames Beispiel gehört: Wenn jemand nicht schwimmen kann, und aus Liebe ins Wasser springt, um jemand anderen zu retten, reichen allein die Liebe und das Mitgefühl nicht aus. Beide können so nur Schaden erleiden. Mit zusätzlicher Weisheit kann der Nichtschwimmer schnell Hilfe holen, was dann die geschicktere Hilfeleistung wäre. Ein anderes schönes Beispiel besagt, dass Weisheit und Liebe wie die zwei Flügel eines Vogels sind, und nur mit zwei Flügeln kann der Vogel fliegen.

Kuan Yin verkörpert sowohl Mitgefühl als auch Weisheit. Und in ihrer Haltung der sogenannten königlichen Gelassenheit – das rechte Bein ist gestreckt – das linke angewinkelt – signalisiert sie uns, dass sie mit einem Bein in tiefer Weisheit ruht – und mit dem anderen Bein voller Mitgefühl aktiv ist, und uns Wesen zur Hilfe eilt. Da sie in ihrer Weisheit ruht, gilt ihr mitfühlendes Handeln als geschickt und klug.

An dieser Stelle möchte ich gern daran erinnern, dass Kuan Yin einerseits als ein Wesen im Außen wahrgenommen werden kann – andererseits jedoch auch ein Ausdruck unserer wahren Natur ist. Wir alle tragen diese Fähigkeiten und Qualitäten, die durch sie verkörpert werden, in uns. Ihr Vorbild möchte uns dazu ermutigen, diese Qualitäten in der Welt zu verwirklichen.

Nach meiner Novizen-Ordination (im Jahre 2009) gab Claude AnShin mir nun die Aufgabe, jemanden zu finden, der mir als Spende die traditionelle Kleidung für die Meditationshalle nähen würde: ein Jubon (ein weißes langärmeliges Unterhemd), ein schwarzes Hemd, welches darüber getragen wird, eine weiße Pluderhose und ein schwarzer Rock. Nachdem ich mehrere Absagen bekommen hatte, erklärte sich unerwartet eine Schülerin der Naqschbandiyya-Mudschaddidiyya-Sufi-Linie dazu bereit.

Während der Wochen des Nähens tranken wir oft Tee und tauschten uns über unsere jeweiligen spirituellen Traditionen aus. Diese alte Sufi-Linie hat ihren Ursprung in Zentralasien. Viele Details erinnerten mich an die zen-buddhistische Tradition, in der ich praktiziere.

Beispielsweise spielen in dieser Tradition das Zuhören, die Herz-Meditation, die Dhyana Meditation (Sitzen in Stille), der Samadhi-Zustand (Innere Versenkung) und das sogenannte „Polieren des Spiegels im Herzen" eine wichtige Rolle. Zentrale Bedeutung hat die Schüler-

Lehrer-Beziehung sowie die Übertragung von „Herz zu Herz" vom Lehrer zum Schüler. Es gibt eine ununterbrochene Linie von Meistern bis zum heutigen Tage.

Die Frau erzählte mir, dass die Übungen eigene abgelehnte und unentdeckte Schatten zum Vorschein bringen können, und dass diese von uns gesehen und wieder angenommen werden müssen, wenn wir zu unserer wahren Natur Zugang bekommen möchten. Die frühen Belehrungen erfolgten für gewöhnlich in Form von kleinen Geschichten.

All diese Aspekte sind auch in der zen-buddhistischen Tradition von Bedeutung.

Weiterhin beschrieb sie mir, dass Sufi-Praktizierenden in alten Zeiten auch „Decken-Träger" genannt wurden, da sie sich mit einer Decke kleideten, die ihnen auch als Bett diente. Das fand ich ebenfalls spannend, da auch Shakyamuni Buddha eine Art Decke als Kleidung und Schlaflager trug, die in der buddhistischen Tradition „Kesa" genannt wird.

In dieser Sufi Tradition ist auch von einer Substanz „Sirr", die nicht von dieser Welt sei, die Rede. Sirr wird als mystische, göttliche Liebe beschrieben. Es ist die „bedingungslose Liebe", von der auch die buddhistischen Traditionen sprechen. Ohne Sirr gibt es keine Verwirklichung – ohne bedingungslose Liebe kein Erwachen. Sirr ist äquivalent zu Kuan Yins "Nektar des Mitgefühls", den sie bedingungslos über jeden von uns ausschüttet.

Auch mein Sohn Ole fühlte sich direkt zu Claude AnShin

Thomas hingezogen, und bat schon beim ersten Zusammentreffen um ein Einzelgespräch mit ihm, um zu fragen, wie er besser mit seiner inneren Wut umgehen könne. Zu dem Zeitpunkt war Ole 11 Jahre alt. Seitdem ist er auf jedem langen Retreat in den USA mit dabei gewesen. Sein Humor und seine Gelassenheit, auch in herausfordernden Situationen, sind mir stets ein Vorbild und bringen mich zurück in meine Freude und Zuversicht. Freude und Gelassenheit sind übrigens zwei Merkmale der Kuan Yin–Energie.

Kuan Yin im Zen

Aufgrund meines eigenen Weges und meiner inneren Entschlossenheit dem Zen und meinem Lehrer gegenüber, war es für mich natürlich besonders wichtig, die Verbindungen von Kuan Yin mit der zen-buddhistischen Tradition zu entdecken und zu erforschen. Auch wenn die Zen-Tradition auf den ersten Blick sehr männlich geprägt wirkt, gibt es auch hier wichtige Spuren des Weiblichen und ebenso Spuren von Kuan Yin.

Besonders spannend ist es für mich, dass ich Kuan Yin nicht der Tradition hinzufügen brauche. Wir brauchen nur genauer in die tieferen Schichten der Lehren und Rezitationen hineinschauen, dann strahlt sie deutlich hervor. Sie ist einfach nur vergessen oder in eine kleine staubige Ecke verdrängt worden, und ich möchte sie wieder hervorholen, entstauben, und ihr den Platz einräumen, den sie aus meiner Sicht verdient hat. Um zu erwachen, reicht es nicht aus, uns mit den männlichen archetypischen buddhistischen Kräften zu begnügen und diese in uns zu aktivieren – wir brauchen genauso auch eine aktive Beziehung zu den weiblichen archetypischen Energien.

Bodhidharma, der als Begründer der Zen Tradition angesehen wird, brachte die Lehren von Süd-Indien nach China, etwa im Jahr 475 nach Christus. Bodhidharma war der Schüler einer Buddhistischen Meisterin, deren Name Prajnatara lautete. Er hatte mehrere Schüler und auch eine Schülerin namens Zongchi. Von China aus soll die Zen-Tradition zunächst nach Korea gebracht worden sein, und von dort nach Japan. In ihrem Buch „ZenFrauen" berichtet Grace Schireson davon, dass die ersten Praktizierenden in Japan interessanterweise Nonnen waren. In all diesen Ländern wird Kuan Yin seit alten Zeiten verehrt.

Die folgenden Zeilen beschreiben lediglich mein persönliches Erleben mit einigen zen-buddhistischer Übungen – in Beziehung zu meiner tiefen Verbundenheit mit Kuan Yins Energie. Es sind keine allgemein-gültigen Belehrungen der Tradition, in der ich stehe.

Ich lade jeden Menschen dazu ein, eigene Erfahrungen zu machen und immer wieder neu zu schauen, wie sich bestimmte Übungen in uns selbst entfalten und welche Einsichten sie uns schenken.

Im Stillen Sitzen, die Wurzelform der zen-buddhistischen Meditationspraxis, öffne ich mich diesem grenzenlosen, alles durchdringenden Raum, der auch „Mutter-Raum der Leerheit" genannt wird. Dieser Raum ist kein Vakuum, sondern birgt das volle Potential der Existenz in sich, aus der alle Erscheinungen entstehen, und in den sie sich wieder auflösen. Ich nehme diesen grenzenlosen Raum als formlose Kuan Yin wahr – das endlose mütterliche Gewahrsein, denn in ihm reift unser Menschsein und wird auf neue Weise in die Welt geboren.

Wenn ich mich diesem Raum öffne, und ihn quasi bewusst betrete, fühle ich mich geborgen und dadurch fasse ich den Mut, mich seiner grenzenlosen Weite hinzugeben. Dieses Hingeben stärkt mein Vertrauen in das Leben, in diese kosmische Urkraft. Ich bin ein Mensch, der nicht leicht Vertrauen fasst. Ich brauche immer wieder Erfahrungen, die mein Vertrauen stärken. Wenn ich mich diesem Raum öffne, ist das ein wunderbares Gefühl von getragener Freiheit. Manchmal verweile ich einfach darin, wie in einer wohlig warmen Badewanne. Es kann auch geschehen, dass ich mich darin emotional sehr berührbar und verletzlich fühle, und von dort aus Menschen, die ich als schwierig empfinde, anders wahrnehmen kann; zuweilen steigen auch liebevolle Gefühle für mich selbst in mir auf. Mein Herzbereich fühlt sich dort zart, sanft und zugleich stabil an.

Diesen inneren Raum zu betreten erlebe ich als erholsam und aufbauend. Es kann auch geschehen, dass ich dort Zugang zu unangenehmen Mustern von mir bekomme, oder unangenehme Erinnerungen auftauchen. Das gehört auch dazu. In diesem Raum habe ich die Fähigkeit, das einfach anzuschauen und zu halten. Nach dem Sitzen bin ich meist noch eine ganze Weile im Alltag mit diesem Raum verbunden, habe dadurch Energie, Ruhe, Inspiration und Offenheit, und manchmal fallen mir Lösungen für Alltagsprobleme zu.

Ganz wichtig ist es mir zu betonen, dass wir in unserer Tradition sitzen um zu sitzen! Ich setze mich also nicht mit der Motivation hin, um in diesem inneren Ort zu sein, sondern ich sitze um zu sitzen – es gibt nichts zu erreichen – und ganz von selbst finde ich mich dann dort wieder, mühelos. Es geschieht einfach.

In der Arbeitsmeditation, die im Japanischen „Samu" genannt wird, widmen wir uns den alltäglichen Tätigkeiten mit der inneren Haltung der Dankbarkeit und Wertschätzung. Alles was existiert, ist in meinem Erleben durchdrungen von Kuan Yin, von Buddha. Spüle ich eine Tasse ab, dann wasche ich zugleich Buddha und die Mutter aller Buddhas.

Bevor ich diese Meditationsform der Arbeitsmeditation kennenlernte, waren mir die alltäglichen Verrichtungen oft lästig und schienen mir etwas zu sein, was mich von der Meditation abhält. Es war etwas von meinem spirituellen Weg Getrenntes. Schnell kümmerte ich mich um den Haushalt, um dann endlich meditieren zu können. Ich war so unendlich erleichtert, als ich durch diese Tradition lernte, dass das Arbeiten als Meditationsform genutzt werden kann, und daher Meditation und das alltägliche Leben nicht zwei voneinander getrennte Dinge sind. Mir hilft das, die Arbeiten mit mehr Hingabe zu tun und ich öffne mich dabei für Inspiration. Es hilft mir auch dabei, Buddha oder Kuan Yin in Allem zu erkennen. Natürlich habe ich nicht immer Lust darauf, abzuwaschen oder arbeiten zu gehen. Und genau da hilft mir diese Übung dabei, mich zu öffnen, wenn Aufgaben vor mir liegen, auf die ich keine Lust habe – anstatt mich von ihnen mit Abneigung abzutrennen. Schließlich ist es kostbare Lebenszeit, die nicht zurückkommt; und außerdem entgehen mir vielleicht wertvolle Kontakte oder Erlebnisse, wenn ich die Arbeiten abgetrennt von mir selbst und lieblos verrichte.

Auch halten wir im Zen gern alles sauber und ordentlich. Kuan Yin verkörpert Reinheit und eine heile Struktur, in der Wachstum und Entfaltung möglich werden.

Wenn ich im Außen immer wieder alles reinige und sortiere, dann reinigt und sortiert diese Tätigkeit auch automatisch meinen Geist. So erlebe ich das. Ich kann dann Erlebnisse, die sich bei mir eingehakt haben, besser loslassen, oder Ideen verabschieden, die einfach nicht mehr unterstützend sind. Und so widme ich mich dann mit viel mehr Aufmerksamkeit und Energie der Gegenwart, und bin dadurch produktiver, kreativer und freudvoller. Ich kann weiterwachsen und Projekte vorwärtsbringen, statt mich immer wieder in alten Grübeleien oder Stagnation zu verfangen. Je engagierter wir also im Außen aufräumen und Struktur bewahren, umso aufgeräumter und strukturierter wird unser Inneres, und so werden unser Leben und unser Geist klarer und aktiver. Ich erlebe diese Ordnung also als etwas sehr Unterstützendes. Chaos kann manchmal auch produktiv sein und unumgänglich. Wenn wir etwas Grundlegendes im Leben ändern möchten, bricht manchmal alles zusammen. Wenn dann alte Strukturen unseres bisherigen Lebens zusammenfallen, ist zunächst alles chaotisch – es ist aber lediglich ein Übergang in etwas Neues.

Wenn wir jedoch Dinge nicht angehen, die gemacht werden müssten, und im eigenen Leben immer stärker alles durcheinandergerät, weil es nicht erledigt wird, dann entsteht ein Chaos, das uns runterzieht, ängstigt, lähmt und überwältigen kann. Es kann in die Stagnation führen. Um unsere Geistesfrische aufrecht zu erhalten, fangen wir in unserer Tradition morgens schon direkt damit an, unser Bett liebevoll zu machen – so, als hätten wir nicht darin gelegen – und schließen dann eine Sitzmeditation an.

Das Reinigen, Sortieren, in Ordnung halten oder in Ordnung bringen, wirkt sich nach meiner Erfahrung auch auf unsere Träume aus, die wir nachts haben. Wenn unsere äußere Struktur (Wohnung, Beziehungen etc.) klar und aufgeräumt ist, dann ist auch unser Geist klarer und aufgeräumter. Dadurch werden unsere Träume auch klarer und deutlicher. Wenn alles durcheinander ist, spiegelt sich das in unseren Träumen wieder. Und dann sind wir nachts leider nur damit beschäftigt, schwierige Situationen zu verarbeiten und wachen morgens zerknittert auf. Wir können dann die nächtlichen Träume gar nicht dafür nutzen, Neues zu erleben.

Kuan Yins Wasser / Nektar des Mitgefühls, ihre Muttermilch, nährt ausnahmslos alle Wesen, in allen Daseinsbereichen, so wie es im Kan Ro Mon rezitiert wird. Das Kan Ro Mon (Pforte des süßen Nektars) ist ein Text, der als Sprechgesang rezitiert wird. Diese Gesänge können der „Festigung des Geistes" (dharana in Sanskrit) dienen, um Lehren zu vertiefen und bewahren. Das Kan Ro Mon besteht aus mehreren Dharanis. Mit dieser Rezitation kann Kuan Yins Wasser des Mitgefühls aktiviert und die Hungrigen Geister in uns, und um uns herum, befriedet werden. Ich spüre das immer wieder, wenn wir gemeinsam in der Meditationshalle diese Andacht rezitieren. Es stellt sich dann in mir ein ruhiges, sanftes Gefühl ein. Falls in mir gerade ein innerer Aufruhr ist, wird dieser beruhigt. Generell finde ich das Nähren der Hungrigen Geister ein geschicktes Mittel. Wenn in mir zum Beispiel unangenehme Emotionen aufsteigen wie Wut, Ärger, Frust, dann kann ich mich fragen, was mir gerade eigentlich fehlt? Woran mangelt es mir gerade emotional, oder was belastet mich, dass ich so ungut reagiere?

Und dann kann ich mich darum kümmern, mich innerlich zu nähren und zu besänftigen, statt meinen Ärger oder Frust nach Außen auszuagieren.

Das Rezitieren des Kan Ro Mon liegt mir am Herzen. Als ich Claude AnShin Thomas kennenlernte, war eine meiner ersten Fragen an ihn, ob es in seiner Tradition denn auch Übungen gibt, welche die hungrigen Geister und Dämonen befrieden, da dies ein Themengebiet ist, welches mir in der Buddhistischen Tradition besonders wichtiges ist. Ich war glückliches, als er mir von dieser langen Rezitation erzählte, und er setzte sich dafür ein, dass ich diese schon recht bald lernen konnte.

Das „Enmei Jikko Kannon Gyo", ist eine weitere Rezitation, die abends gesprochen wird. Wir erinnern uns der Qualitäten von Kuan Yin, ihres frohen, reinen und zeitlosen Wesens. Unser reiner Zustand ist zeitlos, da er sich jenseits der relativen Welt befindet; dieser reine Zustand ist aber auch zutiefst mit der relativen Welt verbunden und wenn wir dies erkennen, strömen Freude und Lebenskraft durch uns hindurch. Mit dieser Freude am Leben haben wir auch die Motivation, tiefer in unsere Schattenbereiche zu wandern, diese zu erlösen und unser kreatives Potential zu entfalten. Je mehr Licht wir in unsere Schattenbereiche bringen, umso kleiner werden die Ängste die uns im Leiden gefangen halten.

Fühle ich mich müde und freudlos, dann habe ich wenig Interesse und wenig Kraft dafür, in meine Schattenbereiche hineinzugehen. Ich bin meinen belastenden Emotionen und Gedanken eher ausgeliefert. So stecke ich dann im Leiden und in meiner Angst fest und bin auch wenig kreativ. Ich brauche also eine Kraftquelle, um aus diesem negativen Kreislauf herauszukommen. Alles was ich von außen als Kraftquelle nutze, ist nur eine begrenzte Hilfe. Trinke ich zum Beispiel Kaffee, macht mich das im ersten Moment vielleicht wacher, aber nach einiger Zeit werde ich garantiert wieder müde. In der buddhistischen Tradition spricht man daher davon, dass die Zuflucht zu äußeren Dingen für uns keine dauerhafte Lösung aus dem Leiden sein kann. Die einzige Zuflucht, die uns da helfen kann, ist die Zuflucht nach innen, in unsere innerste Quelle. Am schnellsten kann ich mich persönlich damit verbinden, indem ich mich zehnmal auf meinen Atem konzentriere, bewusst einatme und bewusst ausatme. Mein Atembewusstsein ist der direkte Draht dorthin. Ich bin immer wieder erstaunt, wie kraftvoll diese kurze Übung ist.

Mir ist auch aufgefallen, dass Ängste, die unbewusst in meinen tiefsten inneren Bereichen existieren, oft vielmehr Raum einnehmen und mich kontrollieren, als die Ängste, derer ich mir bewusst bin. Zum Beispiel hatte ich mich mit meiner unbewussten Angst vor dem Autofahren kleingehalten und eingeschränkt, ohne es zu merken. Als Licht in diesen Bereich hineinkam, und mir diese Angst klar wurde, hat diese automatisch den Einfluss auf mich verloren. Ich war fähig, die Fahrprüfung zu meistern und das Autofahren als Teil meines Lebens zu entdecken. Es ist nicht so, dass diese Angst sich völlig in Luft aufgelöst hat, sie ist noch da, aber sie hat mich nicht mehr im Griff. Indem ich also Licht in diesen Schattenbereich brachte, konnte die Angst mich nicht mehr gefangen halten.

Dieses Sutra ist übrigens das einzige Sutra, welches chinesischen Ursprungs ist, und ins Sanskrit übersetzt wurde. Die anderen Sturen sind im Original Sanskrit. Dies liegt daran, dass Kuan Yin einem chinesischen Übenden erschien, und ihm dieses Sutra schenkte.

Kuan Yin und Prajnaparamita

Kuan Yins Weisheit wird auch Prajnaparamita genannt – oder Prajnaparamita wird die Mutter aller Buddhas und Bodhisattvas genannt, aus der Kuan Yin als Bodhisattva hervorging. Beide Varianten existieren.

Der Text der „alles vollendenden Weisheit" (Prajna Paramita) wird Herz-Sutra genannt und in der zen-buddhistischen Tradition am Morgen traditionell rezitiert. Als Mutter aller Buddhas und Bodhisattvas erweckt Prajnaparamita in uns Mitgefühl und die Einsicht, dass wir mit allem verbunden sind. Dadurch entwickeln wir den Wunsch, die Selbstsucht loszulassen, andere Wesen zu achten, und Dinge fürsorglich zu behandeln.

Lex Hixon, ein amerikanischer Autor und Sufi hat die für mich schönste Beschreibung von Prajnaparamita gegeben: „Um diesen wundervollen Mut und das Mitgefühl aufrechtzuerhalten, trinkt der Bodhisattva die Muttermilch der transzendenten Einsichten vom Prajnaparamita Sutra. Es ist eine Mutter, die überfließt vor Güte und ihre Arme für all die unzähligen Kinder öffnet. Und sie ist eine sehr aufmerksame Mutter, die äußerst darauf achtet, dass kein Schaden durch Irrgedanken oder Missverständnis ihre Kinder befällt."[12] (20)

Das Prajnaparamita Sutra soll in Indien um 100 vor Christus veröffentlicht worden sein. Es existiert in verschiedenen Längen, bis hin zu einer Silbe – der Silbe A, welche die Essenz dieser Belehrungen enthalten soll. In den japanisch-buddhistischen Traditionen wird es täglich rezitiert und ist von unschätzbarem Wert.

In den Vorträgen verschiedener tibetischer Lehrer und Lehrerinnen hörte ich, dass die Unterweisungen der Prajnaparamita in alten Zeiten von Nagas am Meeresboden versteckt worden waren. Sie wollten die Lehren der Mutter aller Buddhas bewahren. Nagas sind in der buddhistischen Tradition Wesen in Schlangen- oder Drachenform. Sie hüten und schützen die Lehren, und unterstützen zuweilen Praktizierende. Wenn sie respektlos behandelt oder ihr Lebensraum – das Wasser – missachtet und verunreinigt wird, können sie Krankheiten verursachen und Schaden zufügen. So wird es überliefert.

Nagarjuna, ein indischer Gelehrter, war dann der derjenige, dem die Nagas in menschlicher Form erschienen. Sie luden ihn in ihr Reich

---

12 Lex Hixon: Mother of the Buddhas. Meditations on the Prajnaparamita Sutra, The Theosophical Publishing House, Wheaton, 1993, S. 4

unter dem Wasser ein, und übergaben ihm einen Schatz an Sutren; unter anderem das Prajnaparamita Sutra. Diese Schriften studierte Nagarjuna viele Jahrzehnte, und gab sie schließlich an andere weiter.

Das erste Wort im Herz-Sutra, so wie wir es in unserer Tradition rezitieren, ist Kuan Yin (Kanji Zai auf Japanisch oder Avalokiteshvara in Sanskrit). Kuan Yin legt in diesem Text dem Schüler Shariputra ihre Weisheit dar und wird daher gleich zu Beginn genannt.

Eine wichtige Qualität der Prajnaparamita ist die Furchtlosigkeit. Wir werden dazu ermutigt, uns mit Offenheit auf das Leben einzulassen, und die Widerstände gegen die Unbeständigkeit und Ungesichertheit unserer menschlichen Existenz loszulassen. In diesem Prozess können uns auch die sogenannten sechs Paramitas unterstützen: selbstloses Geben, Disziplin, Geduld, Begeisterung, Meditation, Weisheit.

Traditionell wird gelehrt, dass uns diese Übungen dabei helfen können, unsere „Wahnvorstellung des Getrenntseins" zu überwinden. Ich liebe diesen Ausdruck „Wahnvorstellung", denn es macht so deutlich, dass die Allverbundenheit etwas Reales ist und keine romantische Vorstellung. Die Vorstellung, dass alles voneinander getrennt sei, ist der Wahn, den wir besser auflösen sollten, wenn wir gern ein glücklicheres Leben führen möchten. Um unsere gewohnten Sichtweisen der Trennung aufzugeben, braucht es Furchtlosigkeit. Es braucht Mut, alte vertraute Angewohnheiten und Sichtweisen zu verlassen und neue Wege zu einzuschlagen.

Als ich meinen Lehrer Claude AnShin Thomas einmal fragte, wie ich mit meiner Angst vor dem Tod umgehen könnte, erwiderte er: Du hast keine Angst vor dem Tod – du hast Angst vor dem Leben!

Wie ich bereits an früherer Stelle erwähnt habe, möchte ich gern noch einmal in Erinnerung rufen, dass das Mantra Om Mani Padme Hum der Mutter aller Buddhas, Kuan Yin, zugeordnet wird; es beinhaltet und aktiviert die sechs Paramitas, die sechs Vollkommenheiten.

Verbindung des Mantras zu den Lehren der 6 Paramitas (die zur Befreiung führen):
- Om - Dana, selbstloses Geben
- Ma - Ethik
- Ni - Geduld
- Pad - Bemühen
- Me - Konzentration
- Hum - Weisheit

Und die sechste Vollkommenheit ist Prajna, die Weisheit. Das bedeutet, dass Prajnaparamita ein Aspekt von Kuan Yin ist! Das berühmte Herzsutra wurde also von Kuan Yin gelehrt und übermittelt.

In einem anderen Text über Tönpa Shenrab Miwoche und Olmo-Lungring las ich, dass Tönpa Shenrab in der Dimension der Drachen und Schlangen (Nagas) das Mandala der Reinen Lotus-Mutter öffnete und das Prajnaparamita-Sutra lehrte. In einer Variante der Geschichte über Tönpa Shenrab heißt es, dass er auf einem Weidenbaum gelandet sei, als er aus dem Paradies wieder in die Dimension der Menschen herabstieg. Die Weide symbolisiert Weiblichkeit, Tugend und die Transformation schädlicher Muster.

Wasser, Weide, Lotus und Vase sind Attribute von Kuan Yin.

Eine weitere, schönen Geschichte beschreibt folgendes: Eines Tages soll der indische Schöpfergott Brahma dem Shakyamuni Buddha eine Lotusblume mit der Bitte überreicht haben, den Dharma (buddhistische Lehren, Wirkungsprinzipien der Existenz) zu predigen. Als dann der Buddha die Lotusblume hochhielt, waren seine Zuhörer verwirrt; außer Kashyapa, der lächelte. So begann die Zen Tradition.

Die Lotusblume ist ein Symbol von Kuan Yin. Indem Shakyamuni Buddha eine Lotusblume hochhielt, ein Symbol ihrer Weisheit und Liebe, wurde die Inspiration der Großen Mutter der Buddhas von Geist zu Geist an ihn übertragen, von ihm an Maha Kashyapa – und von diesem zieht sich diese Inspiration bis zum heutigen Tage durch die Zen-Traditionen.

In unserer Tradition wird sich viel verneigt: die rechte Handfläche welche die Buddhas symbolisiert wird an die linke Handfläche gelegt, welche alle Wesen symbolisiert. So vereinen sich Buddhas und alle Wesen. Die Fingerspitzen sind in etwa auf Höhe der Nasenspitze. Diese Mudra heißt „in unserer Tradition Gassho" und wird „Muttermudra" genannt. Auch symbolisiert sie eine Lotus-Knospe.

Kuan Yins Muttermudra, eine Lotusknospe eint alle Wesen und alle Ebenen und löst unheilsame Eindrücke auf.

Hungergeister - Dämonen

Wie ich schon erzählt habe, ist eines der Themengebiete in der buddhistischen Praxis, welches mich besonders fasziniert, das Thema der „Hungrigen Geister und Dämonen", und die Methoden der Befreiung aus diesen unheilsamen Geisteszuständen.

In dieser Phase meiner tibetischen Übungen, hatte mich besonders die Gestalt der Machig Labdrön fasziniert. Ich hatte ihre Biographie in dem Buch „Die weisen Frauen Tibets" von Tsültrim Allione gelesen, und war tief berührt von der Lebensgeschichte und Praxis dieser Frau, die im 11. Jahrhundert in Tibet gelebt hat.

Ich möchte kurz über das Leben dieser erstaunlichen Frau berichten. Sie wurde in Südost-Tibet in eine buddhistische Familie hineingeboren. Während sie aufwuchs beschäftigte sie sich insbesondere mit dem Text der Allesvollendenden Weisheit, dem Text der Prajnaparamita. Es wird erzählt, dass sie schon als Kind diesen Text mit Vorliebe vorlas. Das Vorlesen heiliger Schriften war in Tibet zu jener Zeit ein wichtiger Brauch. Nachdem sie mit ihrer Mutter und Schwester nach Süd-Tibet gezogen war, wurde Machig Labdrön dort schnell als Vorleserin der Prajnaparamita-

Texte bekannt, denn sie konnte den Text zehnmal schneller vorlesen als andere Mönche. Während sie älter wurde, studierte sie bei verschiedenen Lehrern und war insbesondere an den Praktiken und Lehren über die Dämonen interessiert. Im Laufe ihrer Entwicklung entsagte sie schließlich allem Weltlichen und legte auch ihre Nonnenroben ab. Stattdessen band sie sich nur noch alte Stoffe um den Körper, während sie weiterhin von verschiedenen Meistern unterrichtet wurde. Sie praktizierte auf Friedhöfen und anderen Orten, die ihr Angst machten, lebte teilweise als Einsiedlerin und entwickelte die Praxis des „Fütterns" der Dämonen. Im alten Tibet war es sehr gefährlich, alleine umherzuziehen, besonders für eine Frau. Daher gilt Machig Labdrön als ein Vorbild der Furchtlosigkeit, welche durch das Praktizieren der Prajnaparamita erlangt werden kann. Nachdem sie an einem See zahlreiche dort ansässige Dämonen durch ihre furchtlose Anwesenheit befriedet hatte, wurde sie von einem Meister als erwachte Frau anerkannt. In ihrer zweiten Lebenshälfte heiratete sie einen Yogi und hatte mehrere Kinder mit ihm.

Im fortgeschrittenen Alter soll sie noch einmal dem weltlichen Leben den Rücken zugekehrt haben und auf Wanderschaft durch die einsame Bergwelt Tibets gegangen sein, um dann im Alter von 95 Jahren zu sterben.

Sie gilt als eine Verkörperung von Prajnaparamita (Yum Chenmo, Tara). Prajnaparamita ist die allesvollendende Weisheit von Kuan Yin. So ist Machig Labdrön eng mit Kuan Yins Energie verbunden. Betrachte ich ihre Qualitäten. So ist es sehr naheliegend.

Machig Labdrön hat erstmals in Tibet eine Methode entwickelt, welche die Dämonen befriedet und nährt, statt sie zu bekämpfen, zu bannen und zu vernichten. Oft stellen wir mit unserer Ablehnung und unserem Kampf den „Dämonen" noch mehr Energie zur Verfügung, während eine Umarmung sie zur Ruhe kommen lässt.

Das Befrieden anstatt zu kämpfen ist typisch für Kuan Yin.

Machig Labdrön ist eine erwachte Frau, und ihre Verse sind in dem Buch „Gesänge der Weisheit" veröffentlicht.

In ihren Versen betont sie, dass die Wurzeln der Dämonen in unserem eigenen Geist liegen. Sie beschreibt verschiedenste Arten der Dämonen und betont, dass diese Störungen alle in dem Dämon des Stolzes enthalten sind.

Auch mein Lehrer Claude AnShin Thomas, der einen Krieg erlebt hat, betont auch immer wieder, dass es keine Feinde im Außen gibt. Einmal sagte er eindringlich zu mir: „Halte Nähe zu deinen Freunden, und noch mehr Nähe zu deinen Feinden."

Machig Labdrön beschreibt detailliert die verschiedenen Dämonen unseres Geistes und nennt verschiedene Fallen, in die wir geistig und spirituell tappen können. Und sie zeigt uns Wege aus diesen Stolperfallen hinaus, in die Befreiung.

In ihren Texten betont sie, dass die Wirklichkeit nichts anderes ist, als das Wesen der Großen Mutter. Alles was existiert, auch unsere Illusionen, sind nichts als die Wahre Mutter. Und so können wir mit Hilfe der Mutter Befreiung von unseren Illusionen und leidvollen Störungen erlangen.

Als ich viele Jahre später mit der Trauma-Heilarbeit aus dem Altai in Kontakt kam, lernte ich, dass Ängste die stärksten Dynamiken sind, welche unsere unheilsamen Konditionierungen (die in jener Tradition „Trauma-Geister" genannt werden) erzeugen können. Diese Dynamiken, wurden von Machig Labdrön als Dämonen bezeichnet. In der Sufi-Tradition werden sie *Nafs* genannt, und in der buddhistischen Tradition auch *Mara*.

Im Altai ist es Umaj, die „Herrin der Trauma-Geister", die mit ihrem Licht die Trauma-Geister wandelt und Heilung bewirkt. Auch hier ist es keine negative Energie (also kein Kampf und keine Ablehnung), die diese Geister verwandelt, sondern die liebevolle Zuwendung und das aufmerksame Betrachten. In der buddhistischen Tradition ist einer der Namen dieser heilsamen Energie Kuan Yin.

Es ist wertvoll, wenn unser Licht der Aufmerksamkeit auf unsere schmerzhaften Muster scheint, und wir diese als Teil unserer selbst anerkennen. Gleichzeitig können wir wahrnehmen, dass wir zutiefst mit dem großen Mutter-Licht verbunden sind, welches viel stärker und umfassender ist, als unser Leiden. Daraus kann die Zuversicht entstehen, dass wir durchaus in der Lage sind, uns dem Leiden zu stellen und es wandeln zu können, da wir in etwas Größeres als uns selbst eingebettet sind.

Kuan Yin wird auch heute noch angerufen, um äußere Gefahren abzuwenden. Und gleichzeitig ist es so wertvoll diese Kraft in uns zu aktivieren und die inneren Gefahren abzuwenden. Denn wenn wir von Ängsten manipuliert werden, kann dies in unserem Leben viel Leid für uns und unserer Lieben verursachen.

Da wäre zum Beispiel die Gefahr, dass wir Leiden durch Stolz und falsche Ansichten erschaffen. Mein Lehrer Claude AnShin betont immer, dass es wichtig ist, mir darüber klar zu sein, dass ich nichts wirklich weiß. Daraus resultiert die heilsame Haltung, nichts einfach als gegeben anzunehmen, sondern immer zu prüfen, ob meine Wahrnehmung mit der Realität wirklich übereinstimmt. Wenn ich über das Verhalten eines anderen Menschen verärgert bin, hat die Person das vielleicht nicht so gemeint, wie ich es verstanden habe!

Ebenso ist es möglich, dass bestimmte Umstände einen anderen Menschen zu einer Äußerung getrieben haben, die eigentlich nichts mit mir oder meiner Person zu tun haben.

Unwissenheit, Selbstsucht, Eifersucht, Missgunst, Zorn und Hass sind gefährliche Gefühle, wenn wir unbewusst davon geleitet werden. Und die aus unangemessenem Verhalten resultierenden Schuldgefühle sind ebenso eine Dynamik, die uns im Leiden gefangen halten kann.

Im Laufe der Zeit nahm ich die Hungrigen Geister und Dämonen nicht nur um mich herum wahr, sondern auch in mir. Manchmal spürte ich Abneigung und Angst. Dann halfen mir das Licht und die Kraft der Kuan Yin, diese Zustände anzunehmen und zu halten, sie einfach liebevoll in meinen Armen zu wiegen und ihnen tröstende Worte zuzusprechen.

In den Legenden begibt Kuan Yin sich auch in die Bereiche der Hungrigen Geister und der Höllengeister, so wie es zum Beispiel in der Legende von Miao Shan beschrieben wird.

Gleichzeitig weist diese Aktivität der Kuan Yin auf unsere Fähigkeit hin, in die Höllen und Bereiche der Hungrigen Geister unseres Geistes hinabsteigen zu können, und diese Bereiche in uns zu transformieren. Um Heilung zu erfahren ist es unumgänglich, dass wir selbst aktiv werden, denn niemand sonst wird für uns diese notwendige innere Arbeit übernehmen.

Im Plattform Sutra des 6. Patriarchen Hui Neng, las ich Folgendes, was mich bestärkte: „Wissende Ratgeber, die lebenden Wesen in eurem Geist sind abweichende und verwirrte Gedanken, hinterlistige und falsche Gedanken, ungesunde Gedanken, eifersüchtige Gedanken, boshafte Gedanken: All diese Gedanken sind lebende Wesen. Die Selbst-Natur von jedem einzelnen von ihnen muss sich selbst hinüberbringen. Das wird wahrhaftiges Hinüberbringen genannt." [13]

Es gibt viele Belehrungen und Gedanken dazu, was mit dem Hinüberbringen gemeint ist. Und die Frage „von wo nach wo" wir hinübergehen können, wird in den Lehren unterschiedlich erläutert. Um eine Vorstellung davon zu bekommen, möchte ich zumindest eine mögliche Sichtweise darstellen: Wir können vom inneren Ort der schmerzhaften Emotionen hinübergehen in unseren inneren Ort der Befreiung. Das Paradoxe daran ist, dass beide Bereiche in uns

---

[13] Tripitaka Master Hsuan Hua: Platform Sutra, Gold Mountain Temple, San Francisco, 1971

existieren, es also eigentlich kein Ortswechsel, kein „Hinübergehen", sondern eher eine Transformation darstellt. Andererseits ist es aber ein „Hinübergehen" von einem verblendeten Geisteszustand in einen erwachten Geisteszustand. Ich erlebe es tatsächlich so, dass in meiner Geisteslandschaft viele Orte existieren, mit unterschiedlicher Schwingungsfrequenz. Manche sind ganz schön niedrigschwellig (unheilsame Emotionen) und andere schwingen sehr hoch und fein. Wir können selbst entscheiden, in welcher Frequenz wir uns bewusst aufhalten möchten, und wir können sehr niedrige Frequenzen erhöhen. Dies ist, wie gesagt, nur eine mögliche Sicht auf dieses Thema des „Hinübergehens".

Ich spürte den tiefen Wunsch weitere Methoden kennenzulernen, um geschickt mit den inneren Dämonen umzugehen, diesen unheilsamen Mustern, die mich unbewusst immer wieder manipulieren und sabotieren.

Hui Neng

Ich möchte kurz innehalten, und ein wenig über Hui Neng schreiben, den ich zuvor zitiert habe. Denn Hui Neng ist mir eine große Inspiration. Schon die Art und Weise, in der er mir erstmals begegnet ist, hat mich Wichtiges gelehrt: Ich war im Meditations-Retreat im Haupt-Tempel unserer Tradition. Wir hatten gerade mit dem abendlichen Sitzen begonnen, als ich einen lauten Ton in mir vernahm, der mich zusammenzucken ließ, und in diesem lauten Ton hörte ich das Wort „Huineng". Mir war klar, dass dieses Wort für mich wichtig ist, und nun bemühte ich mich, es nicht zu vergessen. Nach dem Sitzen folgte die Gehmeditation, dann noch eine Phase der Sitzmeditation, und dann eine lange Abendandacht mit vielen Rezitationen. Immer wieder erinnerte ich mich an dieses Wort in mir, um es bloß nicht zu vergessen. Das war nicht leicht. Ich fragte mich, ob es eine bestimmte Belehrung sei oder vielleicht ein Ort. Nach der Abendandacht ging ich auf mein Zimmer und gab das Wort im Internet ein. Ich las, dass Hui Neng ein Mensch war, der im Jahr 638 nach Christus in Südchina geboren wurde und als der sogenannte sechste Zen-Patriarch bekannt ist. Es gibt ein ganzes Sutra, das sogenannte Plattform Sutra, welches seine Lehren enthält. Als Junge sorgte er für den Unterhalt seiner Mutter, indem er Brennholz sammelte. Eines Tages hörte er zu, wie jemand auf dem Markt das Diamant Sutra rezitierte und erwachte augenblicklich. Er stellte die Versorgung seiner Mutter sicher und ging in ein Kloster. Dort arbeitete er in der Küche, schälte und wog Reis, und kümmerte sich um das Brennholz. Eines Tages suchte der Abt einen Nachfolger und bat die Anwärter, ihre Weisheit in Form eines Verses an einer Klostermauer niederzuschreiben. Derjenige Mönch, der bereits von allen als potentieller Anwärter angesehen war, schrieb einen Vers an die Mauer, der alle anderen Mönche beeindruckte. Als Hui Neng an der Wand vorbeikam, schrieb er einen Vers darunter, der seinen erwachten Geisteszustand offenbarte. Als der Abt die beiden Verse las, erkannte er, dass Hui Neng sein Nachfolger sein würde. Er wollte jedoch keine Eifersucht schüren, und so besuchte er Hui Neng heimlich in der Küche, übergab ihm seine Robe und Bettelschale, und wies ihn an, sofort zu verschwinden, und fernab des Klosters die Lehren weiterzugeben. Hui Neng folgte dieser Anweisung. Bei den Biografien solcher wichtigen Persönlichkeiten in spirituellen Traditionen gibt es meist entzückende und eher legendenhafte Zusätze. So las ich über Hui Neng, dass er als Baby vor allem davon genährt wurde, dass des Nachts Geister erschienen, die ihn mit süßem Tau überschütteten. Und während Hui Neng im Kloster lebte, soll er einen zerstörerischen Drachen durch eine trickreiche List eingefangen und ihm die Buddha-Lehre nahegebracht haben.

Der riesige Drache suchte regelmäßig das Kloster auf, um im Teich zu baden. Dadurch zerstörte er aber immer mehr Wald, und die Mönche fühlten sich bedroht. Hui Neng ging auf das riesige Wesen zu und sagte, dass es ja leicht sei, sich so groß zu machen. Wenn er ein wirklich machtvoller Drache sei, dann müsse er auch fähig sein, sich klein zu machen. Offensichtlich könne er das aber nicht. Dämonen sind bekannt für ihren Stolz, und an dem Punkt sind sie verletzlich. Der Drache machte sich ganz klein. Nun hielt ihm Hui Neng seine Bettelschale hin und sprach erneut zu ihm, dass er bestimmt zu feige sei, in die Schale zu fliegen. Der Drachen flog in die Schale, Hui Neng schloss diese mit einem Deckel und der Drache war gefangen. Nun brachte Hui Neng ihn in die Klosterhalle und lehrte ihn die Buddha-Lehre. Nach einer Weile wurde der Drache weise, und dadurch zu einem Schützer der Lehren. Auch Hui Neng wusste also, wie wir geschickt mit Dämonen umgehen können.

Ich erzähle diese ganze Geschichte, weil an dem Abend, im Retreat, als ich am Rechner recherchierte und erkannte, dass dieser Name Hui Neng ein wirklich existierendes Wesen ist, mir etwas klar wurde. Und genau das wollte mir Hui Neng auch deutlich machen an diesem Abend: Wesen, die wir als spirituelle Meister oder Meisterinnen ansehen, oder Engel Ahnen etc. sind nicht unnahbar für uns. Im Gegenteil: sie möchten uns unterstützen! Wenn sie uns kontaktieren, dürfen wir das ernstnehmen und annehmen und uns voller Freude für sie öffnen. Sie sind nicht zu heilig und wir sind nicht zu unwichtig. Leider bemerken wir es oft nicht, dass sie sich bemerkbar machen, da wir es uns nicht vorstellen können, dass solche Wesen ausgerechnet uns ihre Hand entgegenhalten. Wir stellen sie auf ein Podest und uns darunter, und dadurch kann keine aktive Beziehung miteinander entstehen. Sie können sich nur für uns konkret einsetzen, wenn wir sie wahrnehmen und dann um Unterstützung bitten. Ich empfehle es wirklich zutiefst, alle Sinne offen zu halten, und wenn sich uns solch eine Gelegenheit bietet, zu verstehen, dass wir es absolut wert sind, von solchen Wesen unterstützt zu werden. Und dass es keine Spinnerei ist, sondern Realität. Diese Lektion berührte mich zutiefst und ich war glücklich darüber, dass Hui Neng sich mir in der Meditationshalle an diesem Abend bemerkbar gemacht hatte.

Die Lehre vom Weißen Wasser

Die Lehre vom Weißen Kham kommt nach Bielefeld

Im Herbst 2014 erinnerte ich mich eines Abends an die Bücher von Olga Kharitidi, einer russischen Psychiaterin, die ich viele Jahre zuvor gelesen hatte : „Das Weiße Land der Seele", in welchem sie von ihren Erfahrungen mit Schamanen im Altai erzählt, und „Samarkand", welches insbesondere die Traum-Techniken einer alten Tradition beschreibt, die sie in Usbekistan von einem sogenannten „Meister der Träume" gelernt hat. Diese alten Lehren beschreiben verschiedene Arten von Dämonen und Trauma-Geistern (Trauma Strukturen), die sich in unserem menschlichen Geistesstrom befinden. Und sie geben uns Methoden an die Hand, wie wir geschickt damit umgehen können.

Ich las beide Bücher noch einmal mit Begeisterung. Wenige Wochen später kam eine Frau in meine Massagepraxis. Während der Massage erzählte sie mir ihre Probleme. Als ich ihr die Bücher von Olga Kharitidi empfahl, lachte sie, und erzählte mir, dass sie eine Schülerin von Fransje Bik sei. Fransje Bik ist eine Holländerin, die von Olga Kharitidi autorisiert worden ist, diese Methoden in Europa weiterzugeben. Die Klientin, die auf meiner Massageliege lag, erzählte mir dann freudestrahlend, dass Fransje nach Bielefeld kommen würde. Sofort stieg in mir dieses vertraute Gefühl hoch, was immer dann auftaucht, wenn mir etwas Wichtiges begegnet. Allerdings hatte ich nicht das Geld für den Kurs. Zu meinem Erstaunen fand ich ein paar Tage später einen Brief mit Geld in meinem Briefkasten – und die Notiz, dass der Kurs von Fransje für mich wichtig sei. Der Brief war von eben dieser Klientin.

So lernte ich im April 2014 Fransje in Bielefeld kennen. Im Laufe des Jahres kam sie viermal nach Bielefeld, um den kompletten Lehrgang anzubieten. Ich besuchte alle Kurse. Tatsächlich war es das letzte Mal, dass sie nach Deutschland kam, um die Lehren und Übungen weiterzugeben. Ich war ihr gerade noch rechtzeitig begegnet.

Durch diese Arbeit mit meinen traumatischen Leiden, änderte sich meine Haltung zu meinem Leiden deutlich spürbar und ich bekam Energie und Kreativität zurück sowie Einsichten, die mir vorher verschlossen gewesen waren.

Während der Ausbildung lernten wir verschiedene Methoden für jeweils unterschiedliche Arten, um mit emotionalen Schmerzenergien / Schmerzknoten (die auch Dämonen genannt werden) umzugehen. Zum Beispiel wird in dieser Tradition differenziert zwischen Familien-Dämonen, die wir aus der mütterlichen oder väterlichen Linie geerbt haben, oder Dämonen, die wir kollektiv in unserer jeweiligen Kultur übernommen haben. Und dann gibt es noch die Dämonen, die wir uns ganz persönlich eingefangen haben, Erinnerungen, die uns verfolgen, oder unangenehme Verhaltensmuster, in die wir immer wieder verfallen und deren Ursachen uns unklar bleiben. Eine Theorie dieser Tradition besagt, dass ein Schmerzknoten, den wir haben, eine Resonanz nach außen ausstrahlt, und genau das anzieht, was den Schmerzknoten immer wieder nährt. Wir erfahren erneut etwas, oder tun etwas, was diesen emotionalen Schmerz in uns weiter verstärkt, und so verstärkt sich die Resonanz. Dieser Teufelskreislauf wird durch die genannten Übungen durchbrochen.

Entscheidend ist hierbei, dass wir selbstverantwortlich sind. Wir können immer etwas tun. Dies bedeutet nicht, zu entschuldigen, was andere uns eventuell angetan haben. Dennoch ist es an mir, wie ich damit umgehe – und was andere tun, ist vorrangig ihre eigene Verantwortung. Hier in dieser Methode übernehme ich absolute Verantwortung für mich und nehme mich selbst an die Hand! Gearbeitet wird in den inneren Räumen unseres eigenen Geistes. Diese Arbeit wird Traumarbeit genannt – wobei sich Traum eben nicht nur auf die Träume beim Schlafen bezieht. Diese spielen auch eine Rolle, und es stellt sich mit der Zeit auch zuweilen das luzide Träumen ein (während des Traumes ist mir bewusst, dass ich träume, und dann kann ich aktiv im Traum agieren). Das Wort Traum ist eher so zu verstehen, wie ich es von den Aborigines gelernt habe. Das Traumgewebe liegt hinter der Welt, die wir mit unseren physischen Augen wahrnehmen können. Es ist ein Netzwerk aus Klängen, Schwingungen und Frequenzen, aus dem sich die sichtbare Welt entfalten kann. Alles ist Traum, ein Traumgewebe; sowohl die Welt in der wir leben, als auch die Ebenen unseres Unterbewusstseins, unsere Räume im Geiste, höhere Ebenen und Welten, in die zum Beispiel die Schamanen und Schamaninnen reisen. Aus dieser Weltsicht betrachtet, leben wir in einem Netzwerk von Frequenzen, und wie wir bei einem Radio den Sender einstellen müssen, um eine bestimmte Welle (Sender) zu empfangen, können wir entscheiden, auf welche Frequenz wir uns in unserem Leben „einstellen" wollen, und dort dann agieren und Erfahrungen sammeln. All das wird Traumzeit oder Traumwelt genannt.

Mit den Techniken, die ich hier lernte, gehen wir in diese inneren Räume, erkennen die Schmerzenergien, lösen sie, um dann Zugang zu dem Potential zu bekommen, welches bislang von dem Schmerz verdrängt wurde. So bekommen wir nach und nach Fähigkeiten zurück, die wir im Alltag nutzen können. Und wir können uns auch auf andere Träume / Frequenzen einschwingen, auf andere Realitätsebenen unseres multidimensionalen Bewusstseins, und Reisen in die verschiedenen geistigen Welten unternehmen - neue Erkenntnisse sammeln und geistigen, wohlwollenden Wesen begegnen. Sie dürfen nur helfen, wenn wir sie bitten! Mit der Zeit haben wir Zugang zu einem riesigen Netzwerk von spirituellen Wesen, die uns alle mit Rat und Tat zur Seite stehen, und uns darin unterstützen, uns zu entfalten. Wir wirken und weben auch am großen Netzwerk des Lebens mit und bringen Neues hinein. Das wirkt sich auf unseren Alltag aus.

Aus meiner Sicht ist es wichtig, in beiden Welten (sichtbar und unsichtbar) aktiv zu sein, da sie einander beeinflussen. Wenn ich im Wald bin, sehe ich die Bäume, aber nicht ihr Wurzelwerk unter der Erde. Ohne die Wurzeln, die für mein bloßes Auge unsichtbar sind, würde der Baum aber nicht existieren. Ganz ähnlich ist es mit den beiden Ebenen der Welt, die einander bedingen.

Die Traum-Techniken selbst werde ich hier nicht theoretisch erklären. Es ist wichtig, sie unter persönlicher Anleitung zu erfahren.

Ein bestimmtes Erlebnis meines ersten Kurses möchte ich jedoch gern erzählen. Denn mir wurde dort klar, dass das Thema des generationsübergreifenden Erbes des Traumas von Krieg und Gewalt tatsächlich Realität ist. In der zen-buddhistischen Tradition, in der ich studiere, ist dies ein wichtiges Thema. Und dort lernte ich auch, dass ich in mir das Leiden der vorangegangenen und nachfolgenden Generation befrieden und heilen kann. Ich spürte zu dieser Lehre in mir zwar eine Resonanz, aber es war für mich nicht wirklich greifbar. Selbst wenn mich eine Aussage begeistert und in mir anklingt, brauche ich auch ein entsprechendes Erlebnis in der Alltagswelt, was für mich greifbar ist.

Wir hatten also an diesem ersten Kurs-Tag schon allerlei vorbereitende Übungen gemacht, und nun ging es darum, nach irgendeinem unbewussten Schmerzpunkt zu schauen, der tief in uns versteckt ist, und von dort Einfluss auf unser Leben nimmt.

Mir kam sofort ein Thema in den Sinn: Als 1990 in Nepal der Bürgerkrieg ausbrach und der König gestürzt werden sollte, war ich dort und geriet hinein. Als die Berliner Mauer fiel, war ich an dem Tag nach Berlin auf ein Konzert getrampt und geriet in das Chaos hinein. Es war zwar ein freudvolles Chaos, aber es war ein Ausnahmezustand. Ich geriet mehrfach in meinem Leben in Situationen, in denen ich Zeugin von Gewalt wurde oder selbst angegriffen wurde. Ich wollte daher nun wissen, welcher Schmerzknoten immer wieder diese Resonanz der Gewalt aussandte und anzog – und diesen Knoten wollte ich gern transformieren. In einem inneren Raum traf ich auf meinen Urgroßvater väterlicherseits, der im 2. Weltkrieg sehr aktiv gewesen und einen tragischen Tod gestorben war; auch seine Kinder hatten sehr viel Gewalt erlitten. Gekoppelt war mein Urgroßvater mit einem Familiendämon, der mit Gewalt und Krieg verbunden war. Ich arbeite also in diesem Raum und konnte mit Hilfe der Kursleiterin alles in diesem Raum auflösen. Es war beängstigend und anstrengend – am Ende fühlte ich mich erschöpft, aber auch deutlich erleichtert. Eine schwere emotionale Last war von mir abgefallen.

Das Erlebnis wirkte noch den Abend nach. Am nächsten Morgen, bevor ich mich auf den Weg zum zweiten Kurstag begab, wachte mein Sohn auf und war völlig aufgelöst. Er hatte einen sehr schlimmen Albtraum mit mir in einer Kriegssituation gehabt, die ihm sehr real vorgekommen war. Mein Sohn war noch nie zuvor von einem Albtraum so mitgenommen gewesen, und ich ahnte, dass es mit meiner inneren Arbeit am Vortag zusammenhing. Ich rief die Kursleiterin an und sie gab mir direkt am Telefon eine Übung durch, die ich sofort mit meinem Sohn machte, sodass dieser geerbte Schmerzknoten auch in ihm aufgelöst werden konnte. Dann rief meine Mutter an, dass sie einen Albtraum mit mir in einer Kriegssituation gehabt hatte. Mit all dem ging ich in den zweiten Kurstag und war erstaunt, dass nachdem ich also in meinem inneren Raum mit dem Kriegsthema gearbeitet hatte, sowohl mein Sohn (nachfolgende Generation) als auch meine Mutter (vorangegangene Generation) sofort darauf reagiert haben. Die Tatsache des generationsübergreifenden Erbes vom Trauma durch Krieg und Gewalt zeigte sich mir deutlich.

Da ich etwas transformiert hatte, war mein Geist von einer Last befreit worden. Und so bekam ich in einer anschließenden Übung wieder den bewussten Zugang zu einem Ort meiner spirituellen Wurzeln, der mich bis heute sehr inspiriert und unterstützt.

Auf diese Art überträgt sich die innere Arbeit dieser Methode bei mir direkt auf den Alltag. Ich lerne immer besser, auch mal Nein zu sagen, oder etwas zu tun, was ich mir eigentlich nicht zutraue. Ich durchschaue besser, was eigentlich nicht zu meinem Wesenskern gehört, und ich sorge dafür, dass ich mich nach und nach aus dem Griff der Fremdbestimmung löse. Dadurch fühle ich mich immer zufriedener mit meinem Leben und meinen Entscheidungen, und bekomme mehr und mehr Zugang zu meinem Potential. Die Reisen in andere Realitätseben sind für mich einfach unglaublich bereichernd. Und ich werde später noch von ein paar Reisen erzählen, die mir sehr viel bedeuten und deren Lehren auf meinem Weg wichtig waren. Ich fühle mich im Alltag immer seltener als Opfer, und lasse mich weniger in die Filme anderer Menschen hineinziehen – bleibe stattdessen mehr bei mir. Wie Fransje zu sagen pflegte: „Wir lassen uns nicht von anderen schleppen, wir lassen uns nicht von den Umständen schleppen, wir nehmen uns selbst an die Hand."

Eines dieser Potentiale, zu denen ich keinen Zugang mehr gehabt hatte, da Schmerzenergien darüber lagen, ist das Schreiben. Fransje und ich hatten ein Erlebnis im zweiten Kurs, wodurch sich unsere alte Verbindung offenbarte. Und sie sagte mir damals, dass ich unbedingt meine Geschichte aufschreiben solle und für andere veröffentlichen müsse. Ich hatte direkt Einwände und nur wenig Motivation. Und ich betonte, dass ich keine Fähigkeit hätte, mich gut schriftlich auszudrücken. Sie ließ aber nicht locker. Während ich nach und nach in meinen inneren

Räumen aufräumte (und dies weiterhin tue), wuchs meine Motivation und der Mut, zu schreiben.

Manchmal werde ich gefragt, wieso ich mich überhaupt für diese Methoden interessiere, wo ich doch als zen-buddhistische Nonne vor allem in der buddhistischen Tradition aktiv bin. Für mich ist es tatsächlich eine wunderbare Ergänzung. Es gibt viele Parallelen und Überschneidungen, und ich erlebe diese Methode nicht als eine zweite spirituelle Praxis, die ich übe, sondern sehe sie als einen wichtigen integrierten Teil meines buddhistischen Weges. Fransje sagte mir immer wieder, dass es ihrer Meinung nach an meiner buddhistischen Meditationspraxis liegen würde, dass ich meine inneren Reisen so im Detail aufschreiben konnte. Sie hat meine exakten Reisebeschreibungen – mit meinem Einverständnis – für ihre Schülerinnen und Schüler genutzt. Sie betonte immer wieder, dass ich neue Wege öffnen würde.

Ich gehe sogar so weit zu behaupten, dass diese Methode ursprünglich auch Teil des Buddhistischen Weges gewesen sein könnte. Im Yungdrung Bön ist die Traumarbeit ein Bestandteil der Übungen. Und wenn ich die Geschichte von Shakyamuni Buddha am Baum genau betrachte, ähnelt sie sehr dieser Methode aus dem Altai. In dieser Geschichte wird davon erzählt, dass Shakyamuni sich eines Tages zutiefst dazu entschlossen hatte, sich an einen Baum in Meditation zu setzen, und nicht eher aufzustehen, bis er die Erleuchtung erlangt habe. Seine tiefe Entschlossenheit wurde von Mara (ein Sanskrit Wort für Dämon und Herrscher der Dämonen) herausgefordert. Er manifestierte alle möglichen Gefahren, Angriffe und Verlockungen, um Shakyamuni zu sabotieren und in ihm wieder die Geisteszustände der Angst, des Hasses und der selbstsüchtigen Wünsche zu verstärken. Zunächst war Shakyamuni standhaft, doch dann wurde er sehr herausgefordert. In seiner Not bat er Mutter Erde um Unterstützung, und sofort erschien sie als Frau (Thorani oder Pha Mae Thoranee) mit langem Haar. Aus ihrem Haar entstand eine Wasserfontäne, mit der sie die Heere von Mara wegspülte, sodass sich diese illusionären Bilder auflösten.

Mit dem Aufgehen des Morgensterns am Himmel soll Shakyamuni dann Erleuchtung erlangt haben, und wurde fortan Shakyamuni Buddha (der Erwachte) genannt. In Thailand gibt es einige Tempel, an dem ein wunderschöner Brunnen angelegt wurde, der die wunderschöne Mutter Erde mit ihrem langen Haar zeigt, aus dem das Wasser in den Brunnen strömt.

Leider muss man sehr genau recherchieren, um diese bedeutende Version der Geschichte zu finden. In der Regel wird der entscheidende Auftritt der Mutter Erde und somit die wichtige Rolle, die das Weibliche hier spielt, unterschlagen.

Die Dynamik, die hier beschrieben wird, entspricht verblüffenderweise auch den Übungen, die ich aus dem Altai kennengelernt habe.

Kuan Yin und Umay

In dieser Tradition begegnete mir auch Umay, die „Herrin über die Traumageister" genannt wird, und die sich mir während meiner inneren Reisen nach und nach als Kuan Yin offenbarte. Ihre koreanischen Namen Kuan Um und Kwan Se Um enthalten das Wort Um; Uma und Umay, sind in Indien und Russland Namen der Großen Mutter.

Wie Kuan Yin hält Umay in einer Hand einen grünen Zweig - und in der anderen Hand ein Gefäß mit dem Wasser der Heilung. Eine alte Legende, die mir in Daniela Schenkers Buch „Kuan Yin" begegnet ist, erzählt, dass sich nördlich vom Himalaya ein heiliger See befinden soll, der mit Kuan Yin verbunden ist. Diesem See werden reinigende, heilende Kräfte zugesprochen.

Nördlich vom Himalaya liegt der Altai, welcher den heiligen Berg Belucha birgt. Die Belucha ist ein Gletscherberg, auf dem Umay residiert. Am Fuße des Berges liegt ihr sagenumwobener See. Gibt es da möglicherweise einen Zusammenhang?

Für mich waren diese Hinweise zumindest deutlich genug - und wieder einmal begegnete mir Kuan Yin in ihren unterschiedlichen Formen.

Historisch werden die Koreaner / Urkoreaner tatsächlich als sibirisches Volk angesehen, welches sich während der Bronzezeit aus Sibirien über die Mandschurei zur koreanischen Halbinsel ausbreitete. Dies finde ich sehr interessant. Dr Hans-Jürgen Zaborowski hat zu diesem Thema seine Recherchen veröffentlicht. Es wird sogar vermutet, dass der Ursprung des koreanischen Volkes im Altai liegt, da auch die

koreanische Sprache der Sprache Mittelasiens ähnelt, besonders der tungusischen, mongolischen und der Turksprache. Und als Heimat aller der Völker dieser Sprachen gilt der Altai. Darum werden diese Sprachen zu den „Altaischen Sprachen" zusammengefasst. Auch gibt es mythologische Gemeinsamkeiten zwischen den Völkern Zentralasiens, Nordasiens und Korea. Ein Detail der kulturellen Verwandtschaft möchte ich gern noch erwähnen:

In der altaischen Tradition gibt es ein archaisches Paar, aus dessen Vereinigung die Welt hervorgeht und das als Urahnen der Menschen gilt – die weibliche Form ist golden und die männliche Form ist blau. Diese Vorstellungen finden wir auch in der alten buddhistischen Tradition aus Zentralasien. Kuan Yin wird in ihrer energetischen Form in weißer oder goldener Farbe dargestellt – und die männliche Form des Ur-Buddhas, der mit ihr in Vereinigung abgebildet wird, ist blau.

Kuan Yin und Transformation

Diese alte Tradition bietet uns verschiedene Methoden an, um Erinnerungen, die uns quälen, zu transformieren und unbewusste Leidensmuster ans Licht zu bringen. Dadurch werden wir weniger vom Leiden geleitet und können unser Potential konkreter nutzen.

Distanzieren wir uns von der Quelle des Leidens – und das tun wir üblicherweise, um dem Schmerz zu entgehen – verpassen wir die Gelegenheit, unserer Beziehung zu unserem Leiden zu ändern und es zu transformieren. Unbewusstes Leiden beeinflusst uns und trifft für uns Entscheidungen, die uns schaden können. Wir reagieren dann lediglich auf Reize, anstatt aus unserem Innersten heraus zu agieren. Leidensmuster können sogar vererbt werden; dieses Phänomen wird mittlerweile auch in der Medizin ernster genommen. Wenn ich das Leiden in mir beende, hat das eine Wirkung auf meine vorangegangenen und nachfolgenden Generationen. Diese Dynamik habe ich ja auch – wie bereits erzählt - nach einem Kurs, sowohl mit meinem Sohn und meiner Mutter erleben können. Beide erlebten tatsächlich bestimmte Träume, nachdem ich ein altes Leidensmuster in mir bearbeitet hatte.

In vielen Familien gibt es beispielsweise eine Geschichte des Missbrauchs oder der Ablehnung, eine Geschichte des Ungeliebtseins oder das Gefühl irgendwie nicht richtig zu sein. Diese Emotionen werden dann durch gewisse Formen der Kommunikation an die nächste Generation weitergegeben. Die Eltern vermitteln ihrem Kind, das mit ihm etwas nicht stimmt, und das negative Gefühl, das dadurch erzeugt wird, äußert dann ähnliches der nächsten Generation gegenüber. Und so geht es immer weiter. Es braucht also jemanden, der dieses Muster durchbricht und einen Schild vor die nächste Generation hält, um diese zu schützen und in heilsamer Atmosphäre aufwachsen zu lassen. Und um diesen Schild zu erzeugen, braucht es die innere Arbeit und die Auseinandersetzung bzw. das liebevolle Annehmen aller Traumata.

Ein anderes Beispiel, was mich auch sehr berührt ist ein Phänomen, welches ich öfters beobachtet habe. Ich kenne Menschen aus der Nachkriegsgeneration, die selbst sesshaft aufgewachsen sind, deren Eltern jedoch Kriegsflüchtlinge waren. Diese sesshaft aufgewachsenen Menschen spüren jedoch eine ständige innere Rastlosigkeit, sie haben das Gefühl in sich, nirgendwo richtig anzukommen, weder in Beziehungen, noch in Jobs oder an dem Ort, wo sie leben.

Krankheit wird in dieser Tradition als ein Versuch des Körpers betrachtet, ein bestimmtes Trauma zu bekämpfen. Es ist jedoch hilfreicher, den Raum in uns wieder zu entdecken, in dem wir aktiv und selbstbestimmt unserem Leiden begegnen – und es wandeln können.

Erfahrungen, die wir abspalten, weil wir sie nicht ertragen oder als Teil unseres Lebens anerkennen können, führen mit der Zeit ein Eigenleben in uns und fangen an, unser Denken, Sprechen, Fühlen und Handeln zu beeinflussen oder gar zu steuern. Das zieht uns immer tiefer in unsere Leidenskreisläufe hinein.

Wurde unsere Wahrnehmung verletzt (wir erleben etwas, was wir nicht möchten) dann kann dies zu Angst führen.

Wurde unsere Handlung verletzt (wir haben etwas unterlassen zu tun – oder etwas getan was wir bereuen) dann kann dies zu Depression führen. Schuldgefühle können aus solchen Erlebnissen entstehen, die wiederum zu unangemessenem Verhalten führen können.

Daher ist es ein wichtiger Anfangspunkt, dass wir wieder Zugang zu unseren konkreten Leidensmustern bekommen, um dann damit zu arbeiten.

An dieser Stelle setzt sowohl die Tradition aus dem Altai an, als auch die buddhistische Tradition, in der ich praktiziere.

Durch die Arbeit mit meinen Traumata bekam ich während eines intensiven Kurses wieder den Zugang zu meinen alten spirituellen Wurzeln zurück, die tief in meinem Unterbewusstsein, unter meinem Leiden verborgen gewesen waren. Irdisch betrachtet liegen diese weit zurück in der steppenartigen Landschaft zwischen Zentralasien und den alten chinesischen Jurten-Kulturen. Auf einer anderen, inneren Ebene ist es ein weißes Schneeland, welches aus mehreren Ebenen besteht, die mit meiner Seele in Resonanz stehen; in jeder Ebene existiert eine andere Landschaft und eine Art Jurte. Diese Ebenen sind bevölkert von geistigen

Wesen, die mich lehren, herausfordern und unterstützen – sowohl dort in den geistigen Ebenen als auch in der irdischen Ebene.

Ich begann also damit, diese Wurzeln nach und nach freizulegen und zu entfalten. Dieser Prozess dauert übrigens weiter an. Es ist nicht so, dass wir irgendwo ankommen, und dann sind wir da und es bleibt alles für immer so. Es gibt kein Ziel, an das wir ankommen können. Alles entfaltet sich stetig im Tanz der Existenz – und so auch unser Wesen. Nichts ist fest und statisch.

Ich arbeitete mit meinen unheilsamen Geistesstrukturen, was einen deutlichen Einfluss auf meine Lebensweise zeigte. Zusätzlich unternahm ich Reisen in bestimmten Geistes-Ebenen, innere Reisen, die ich auch aufgeschrieben habe, da Fransje mich dazu ermutigt hatte. Dort bekam ich neue Einblicke und Hinweise, die ich dann zurück im Alltag prüfte. Ich ging den Hinweisen nach, die ich bekam. Mit der Zeit entrollte sich vor mir das Bild der Kuan Yin, und die verschiedenen Puzzle-Teile meines Lebens fügten sich aneinander – durch ein Wechselspiel von Informationen aus den geistigen Welten und der irdischen Welt. Natürlich übte ich mich auf weiterhin in der zen-buddhistischen Tradition, unter der Anleitung meines Lehrers. Mein Eindruck, dass diese zentralasiatische Methode, mit Träumen und Trauma umzugehen, ursprünglich auch Teil der buddhistischen Praxis gewesen sein könnte, verstärkte sich zunehmend.

In den inneren Reisen begegnet Kuan Yin mir als Urkraft, als ein wohlwollendes Wesen, welches uns in diesem Heilungsprozess unterstützt – und gleichzeitig unser ureigenes Gewahrsein selbst ist. Das klingt paradox, aber so erlebe ich es.

Da sie das ursprüngliche Gewahrsein selbst ist, der Ursprung von allem, ist ihr Erscheinungsbild vielfältig und an keine Tradition gebunden. Um uns ganz für diese Heil-Kraft zu öffnen, ist es unumgänglich, unser eingeschränktes Denken zu durchbrechen und uns ganz zu öffnen.

Kuan Yin ist zutiefst mit den indigenen Traditionen verwoben. Mit ihrer Anleitung können wir unsere urältesten Kräfte und Verbindungen im Netz des Lebens wieder wachrufen. Unsere geistige Matrix kann sich entfalten und aufblühen – zum Wohl aller Wesen!

Die Notizen meiner inneren Reisen dienten ursprünglich nur mir persönlich als Erinnerung, die ich immer direkt nach den Übungen aufgeschrieben habe. Fransje hat mir dringend ans Herz gelegt, nichts daran zu verändern, sodass die LeserInnen die Wege selbst nachreisen können. Sie hat das mit ihren Schülern und Schülerinnen bereits auf diese Weise gemacht. Meine Reisen sind Wege an bestimmte Orte. Hat man einmal den Weg erklärt oder gezeigt bekommen, dann erlebt an diesen Orten aber jeder das, was für ihn oder sie gerade wichtig ist zu erfahren.

In dieses Buch werde ich nur von denjenigen inneren Reisen erzählen, die konkret meinen Weg mit Kuan Yin in mein Herz-Mandala verdeutlichen. Aber das ist natürlich nur ein kleiner Einblick in meine innere Erlebniswelt – ich öffne die Türe einen kleinen Spalt.

Zuvor aber noch ein paar Worte zu einem weiteren Wesen, das mir sehr am Herzen liegt und immer wieder in diesen Reisen auftaucht: er hat sich mir als „Himmlischer Vater" vorgestellt. Dieser Archetyp ist nicht identisch mit der christlichen Vorstellung Gottes. Er ist vielmehr mit der goldenen Mutter Kuan Yin verbunden. Ich habe das archaische Ur-Paar der altaischen Tradition bereits erwähnt – die weibliche Form ist golden und die männliche Form ist blau. Symbolisch werden sie folgendermaßen dargestellt: ein blaues Dreieck mit der Spitze nach unten symbolisiert den „Herrn des blauen Himmels" und ein gelb-goldenes Dreieck mit der Spitze nach oben symbolisiert die Große Mutter. In Vereinigung ergeben sie einen Stern, Hier war sie wieder: eine goldene Muttergöttin, Kuan Yin.

Diese Darstellung stellt für mich einen wichtigen Verbindungspunkt zwischen der alten Traumarbeit aus dem Altai und der buddhistischen Tradition dar. In alten buddhistischen Darstellungen aus Zentralasien werden männlicher und weiblicher Ur-Buddha in Vereinigung in blauer (männlicher Aspekt) und goldener (weiblicher Aspekt) Farbe dargestellt.

Nachdem mir der Himmelsvater nur schemenhaft auf der ersten Reise zu meinen spirituellen Wurzeln begegnet war (ich hatte seine Anwesenheit nur gespürt und ihn nicht gesehen), begegnete er mir zum ersten Mal sehr direkt, als ich beim Zahnarzt saß. Ich hatte einen schwierigen Eingriff vor mir, und leider schlugen die Betäubungsspritzen nur mäßig an. Irgendwann sagte die Zahnärztin mir, dass sie nicht noch mehr Spritzen setzen könne, und wir es jetzt so versuchen müssten. Ich bin leider am Kiefer überempfindlich und es tat schrecklich weh. Die Situation war eine Zwickmühle. Mir blieb nur noch die Anbindung nach Innen. Ich schloss die Augen, konzentrierte mich auf meinen Atem und bat um Hilfe. Da stand er plötzlich vor meinen inneren Augen vor mir, er sah asiatisch aus und war real, zum Anfassen nah. Kraftvoll und voller Zuneigung stand er majestätisch auf einem Drachen, hob mein Geistwesen sanft und bestimmt zu sich hinauf, auf den Rücken des Drachen, und wir flogen los. Mein Bewusstsein war nun überwiegend auf eine andere Frequenz konzentriert, und so konnte ich die Zahnprozedur ertragen. Am Ende der Behandlung war ich wieder geistig ganz zurück. Ich erinnerte mich im Nachhinein kaum an Details, aber es blieb deutlich das Gefühl einer männlich beschützenden und zuverlässigen Kraft zurück, die mir Einblicke in eine wundersame Welt gewährt hatte. Und meine Verbindung zum Himmelsvater war nun wieder voll aktiviert. Das war wirklich schön.

Der Himmelsvater fordert mich oft dazu heraus, mutig etwas zu wagen, was ich mir noch nicht zutraue. Kuan Yin in ihrer Form als Erdmutter nährt und beruhigt mich hingegen. Beide schenken mir Lebenskräfte, die sich unterschiedlich anfühlen. Vom Himmelsvater nehme ich die Energie eher elektrisch-luftig wahr – von der Erdmutter feurig-erdig oder wässrig-feurig.

Der Himmelsvater ist in der Verbindung mit der Mutter Erde (oder Kuan Yin) das männliche gebende Prinzip – und Kuan Yin repräsentiert in dieser Verbindung das weibliche empfangende Prinzip.

Generell ist in der vereinigten Verbindung der beiden der Himmelsvater mit Licht, Bewegung, äußerer Aktivität und Himmel verbunden, während die Erdmutter die Qualitäten der Ruhe, Dunkelheit, inneren Einkehr, Nahrung und Erde verkörpert. Zu ihr gehören auch die Qualitäten von Fruchtbarkeit und Fülle, und das Quellwasser. Oft werden Quellen ortsansässigen Göttinnen zugeordnet, wie zum Beispiel Maria oder Kuan Rani. Der Himmelsvater verkörpert für meine Wahrnehmung eher das befruchtende Regenwasser. Was ich daran besonders inspirierend finde ist, dass das weibliche Quellwasser von unten und das männliche Regenwasser von oben ja ein und dasselbe Wasser sind. Von der Erde steigt das Wasser nach oben – wird zur Wolke – regnet herab und sickert in die Erde – wird zur Quelle / oder es regnet in ein Gewässer, von wo es wieder nach oben verdunstet. In diesem Wasserkreislauf können wir sehr schön die untrennbare Verbundenheit von männlich und weiblich betrachten; durch sie entsteht Leben.

In manchen buddhistischen Traditionen gilt das Mitgefühl als männliche Qualität und die allesvollendende Weisheit als weiblich. Diese beiden Energien sind aufeinander bezogen und ergänzen sich.

Und auch hier gilt, dass es sich sowohl um Kräfte in der äußeren Welt handelt, als auch um Kräfte (archetypische Qualitäten), die in uns existieren.

Ich empfinde es als ungemein wichtig, dass wir sowohl die männlichen als auch die weiblichen Energien in uns pflegen und entfalten. Sonst können wir Gefahr laufen, uns einseitig zu entwickeln und aus der Balance zu geraten.

Den Himmelsvater nehme ich übrigens als eine archetypische Kraft wahr, die sich in vielen Formen zeigen kann; es ist für mich nicht ein ganz bestimmter Gott, sondern vielmehr ein sich wandelnder Avatar dieser männlich befruchtenden und herausfordernden Kraft.

Meine Jurte
Rückkehr zu meinen Spirituellen Wurzeln

Ich mache mich während einer Übung auf den Weg zu meinen vergessenen spirituellen Wurzeln. Fransje trommelt.

Ich sehe eine alte, staubige Jurte im Dunkeln. Die Dachbalken sind zerbrochen. Innen ist es leer und düster, staubig, dreckig, vernachlässigt. Ich entsorge erstmal den groben Dreck und beginne die Dachbalken wieder zusammen zu hämmern. (Dabei erklingt Fransjes Trommel im Seminarraum plötzlich so, als würde sie mit dem Holzschlägel auf den Rahmen schlägt - als würde jemand hämmern. Als wir hinterher unsere Reisen beschreiben, bemerkt Fransje, dass sie sich schon gewundert habe, wer da hämmert. Der Geist ihrer Trommel hatte meine Erlebnisse widergespiegelt.)
Dann säubere ich die Jurte von innen, mache Spinnweben weg. Langsam kommt etwas Licht hinein.
Ich erkenne, dass das Dach ein Sternenhimmel ist, blau mit leuchtenden Sternen. Während ich das Dach betrachte, spüre ich plötzlich die liebevolle Anwesenheit eines männlichen Wesens. Aber ich sehe es nicht. Der Teppich ist rötlich gemustert. In der Mitte ist eine Feuerstelle. Sonst ist noch alles leer. Ich bekomme von irgendwoher die Info, dass schon alles da ist, ich aber mit dem Einrichten Schritt für Schritt machen solle, so wie es dran sein wird.
Dann ist es Zeit zu gehen. Ich schließe die Jurte.

In einer Übung dieser Tradition war es unsere Aufgabe, die beiden Tiere zu finden, die uns bei der Arbeit in den inneren Räumen zur Seite stehen. Dies ist nicht vergleichbar mit einem Krafttier der schamanischen Traditionen. Hier in diesem Fall haben diese beiden Tiere hauptsächlich Aufgaben in unseren Räumen, wenn wir Schmerzenergien aufsuchen. Manchmal sind sie aber auch dabei, wenn ich mich in andere Ebenen begebe. Dann freue ich mich über ihre Anwesenheit. In den weiteren

Erzählungen meiner inneren Reisen kann es also sein, dass sie hier und da mal auftauchen.

Das Windpferd

Wieder bin ich mit meinen Tieren zurück in der Jurte. Wir sitzen zuerst in der Sonne auf der Bank. Dann fülle ich die drei Futterschalen, mache Feuer in der Jurte, koche Tee, zünde die Altarkerze an und gieße meine Pflanzen. Diesmal erscheint die Lehrerin, die wie Fransje ausschaut, mit ihrer Trommel. Sie erzählt mir etwas von einem Windpferd mit Flügeln. Es vermittelt als Bote zwischen den Menschen, verschiedenen anderen Wesen, und dem Himmlischen Vater. Es ist entstanden aus der Liebe zwischen dem Himmlischen Vater und der Großen Mutter. Es trägt die Wünsche, Bitten und Gebete der Menschen und Wesen zum Himmlischen Vater. Die Lehrerin gibt mir eine kleine Flöte, sie nennt diesen Gegenstand „Windflöte". Ich kann damit das Windpferd rufen, wenn ich seine Hilfe brauche. Ich bekomme folgende Anweisung:

- Das Windpferd mit der Windflöte herbeirufen
- Es begrüßen und füttern
- Bedanken, dass es gekommen ist
- Wunsch aussprechen – oder auf einen Zettel schreiben, und an die Satteltasche stecken
- Bedanken, dass es mir hilft
- Gute Reise wünschen
- Vertrauen, dass es meine Wünsche tatsächlich zum Himmlischen Vater bringt!
- Vertrauen, dass der Himmlische Vater meine Wünsche erfüllt, wenn sie dem „Guten" dienen!

Weitere Reisen
Der weiße Schwan

Ich habe das Gefühl, dass es Zeit ist, wieder mit meinen Tieren meine Jurte aufzusuchen. Und dass ich noch mal in einen der Himmel [14]reisen sollte. Also gehe ich wieder mit meinen Tieren in meine Jurte. Wie gewohnt reisen wir durch die Mitte der Swastika[15], durch den goldenen Tunnel, zu meiner Jurte. Wie gewohnt sitzen meine Tiere und ich zunächst auf der Bank vor der Jurte in der aufgehenden Sonne. Dann bemerke ich eine Schlange an der Futterschale für die Schlangengeister, die fast leer ist. Ich fülle alle drei Schalen mit Futter, die Tiere und Schlangengeister essen, ich beginne in der Jurte wie gewohnt zu agieren: lüften, Feuer machen, Altarkerze anzünden, Räucherwerk entzünden, Tee kochen, Pflanzen gießen, ich schaue auch ob es etwas Neues in der Jurte gibt und sehe einen kleinen Mülleimer unter dem Waschbecken und ein *Brighid*-Kreuz aus Stroh über dem Eingang. Es steht in Verbindung mit der Weißen Göttin. Dann erscheint *Fransje* mit ihrer Trommel. Wir trinken Tee, diesmal möchte sie gern etwas Milch in den Tee, bittet mich jedoch vor dem ersten Schluck darum, zuerst etwas Tee den Geistern zu schenken,

---

14 Im schamanischen Weltbild existieren mehrere Himmel. Im kosmischen Zentrum steht der Weltenbaum, der in die untere – mittlere – obere Welt eingeteilt wird und alle existierenden Welten miteinander verbindet. In der Buddhistischen Tradition ist der Weltenberg Meru das kosmische Zentrum. Die mittlere Welt ist die Ebene in der wir Menschen leben. Die obere Welt gilt als Sitz der Götter, Göttinnen und Naturwesen. Diese Welt besteht aus verschiedenen Himmeln, die ich als unterschiedliche Frequenzen wahrnehme. Die untere Welt ist Sitz der Ahninnen und Ahnen und Dämonen.

15 Die Swastika ist in Indien, Asien und im Altai ein altes Symbol, welches Segen, Glück und Schutz spendet. Es symbolisiert unsere Milchstraßengalaxie, aus der das lebensspendende Licht zu uns scheint. In der Tradition vom weißen Wasser entsteht das Symbol des Lebenskreises (vgl indianisches Medizinrad) aus der sich drehenden Swastika. Sie hebt die Spaltung unserer beiden Gehirnhälften auf; in ihrem Mittelpunkt existieren vollkommene Harmonie und Zugang zur Allverbundenheit.

indem ich mit Daumen und Mittelfinger Tee über jede meiner Schultern schnipse. Das machen wir, und trinken dann den Tee.

Dann bittet sie mich, das *Windpferd* mit meiner *Windflöte* herbei zu rufen. Sie bittet mich wieder mit dem *Windpferd* in einen Himmel zu reisen und sagt mir streng, bei der Reise konzentriert zu bleiben und auf die verschiedenen Himmel und die Reihenfolge zu achten. Ich rufe das *Windpferd* herbei und es erscheint sofort. Diesmal soll die Reise in den *Neunten Himmel* gehen. Ich bitte meine Tiere, mich auch diesmal wieder geistig zu begleiten. *Fransje* beginnt zu trommeln, es geht los.

Wie beim letzten Mal fliegen wir durch die verschiedenen Himmel in der Abfolge der Regenbogenfarben, blau-grün-gelb-orange-rot-violett-blau-grün-*Neunter Himmel*: er ist tiefschwarz, voller Sterne, und in der Ferne sehe ich eine Art regenbogenfarbige Nordlichter. Ich steige vom Rücken des *Windpferdes* und der *Himmlische Vater* kommt mir entgegen und begrüßt mich. Ich bedanke mich, dass ich kommen darf und sage ihm, dass es mir eine Ehre sei und ich mich unwürdig fühlen würde; und da ich mich unwürdig fühlen würde, hätte ich Zweifel daran, dass das alles gerade wirklich passiert. Der *Himmlische Vater* antwortet mir, dass es keine Ehre sei, dass jeder hier willkommen sei, dass er sich wünschen würde, dass jeder Mensch und jedes Wesen ihn aufsuchen würde, aber dass es leider kaum jemand macht. Und er würde sich einfach freuen, dass ich gekommen bin. Wir setzen uns an einen kleinen, niedrigen, viereckigen Tisch, der mich etwas an ein Schachbrett erinnert. Wir sitzen einander gegenüber. Die Linien auf dem Tisch sind Meridiane der Erde, dann wandelt sich die Tischoberfläche und sieht aus wie eine Landkarte. An einem Punkt, rechts oben, erscheint ein goldener, kleiner *Buddha* und das Bild eines Schneeberges, dazu Wald und davor ein stiller See.

Der Himmlische Vater erklärt mir, dass dieser Punkt einen für mich wichtigen Ort auf der Erde darstellt, an dem ich Zugang zu unserer wahren Natur haben kann. Meinem wahrhaftigen Wesen. Und weil ich den Zugang verloren habe, würde er mich gleich gern mit dem Ort wieder energetisch verbinden. Der *Himmlische Vater* erklärt mir weiter, dass ich gleich, wenn er mich mit diesem Ort verbunden hat, die Gestalt eines *weißen Schwanes* annehmen werde, und ich in der Schwanen-Gestalt zu meiner Jurte zurückfliegen solle. Er sagt, es sei an der Zeit, dass ich wieder eigenständiger werde und alleine in verschiedene Ebenen reisen kann, und dass das *Windpferd* mich auf dem Rücken getragen hat, da ich die Fähigkeit vergessen und verloren habe, selber zu fliegen, und dass es nun an der Zeit sei, dass ich das wieder selber mache. Diesmal würde das *Windpferd* noch neben mir zurück zur Jurte fliegen. Er sagt, dass wenn der Weg mal zu weit sein wird, ich andere Möglichkeiten des Reisens haben werde, und dass ich die Angst loslassen kann, denn auch wenn ich selbst in Gestalt des *weißen Schwanes* fliege, werde ich immer im *Goldenen Licht der Großen Mutter* sein, die sich in Form der *Weißen Göttin zeige*, und getragen vom *Himmlischen Vater*. Nie allein.

Ich frage ihn, wie ich all Das mit meinem buddhistischen Weg zusammenbringen kann, mit meiner Verbindung zu *Shakyamuni Buddha* … Er sagt, dass *Shakyamuni* sein Wissen auch aus dieser Quelle habe, dass ALL DAS aus einer Quelle ist und es um *Heilung und Unsterblichkeit* geht. Um die *Liebe und Weisheit der Großen Mutter und des Himmlischen Vaters*.

Er erklärt mir, dass es noch eine andere Linie gibt, die der Krankheit, des Leidens, des Todes. Aber das sei eine andere Sache. Er sagt, ich solle diese andere Linie nicht bewerten und verurteilen, sondern *absolute Klarheit haben, welcher Linie ich angehöre, welchen Weg ich gehe, was ich unterstütze.*

Dann ist es Zeit zu gehen. Der *Himmlische Vater* bringt mich an einen Vorsprung. Dort wartet auch das *Windpferd* schon.

Er berührt meine Stirn, meinen Scheitel, Hals (Kehle), die Ohren, mein Herz, meinen Bauch, unteres Shakra, meine Fußsohlen, meine Handinnenflächen. Mir wachsen weiße große Schwingen an den Armen, auf meinem Kopf entsteht ein Schwanen-Kopf, wie eine Art Kappe, mein Körper wird ganz weiß. Der *Himmlische Vater* steht vor mir. Wir halten einander die Hände. Dann haucht er mir einen Kuss auf die linke Wange, die rechte Wange, Stirn, Ohren und auch kurz auf den Mund. Dann springe ich in die Luft und fliege los. Das Windpferd fliegt neben mir. Ich konzentriere mich sehr darauf, durch die richtige Abfolge der verschiedenen Himmel zu fliegen; es fällt mir schwer, mich zu konzentrieren, da alles so faszinierend ist, doch ich erinnere mich an *Fransjes* strenge Worte, mich unbedingt zu konzentrieren. Ich erkenne, dass ich mich verirren würde, wenn ich nicht aufpasse. Dann bin ich zurück in der Jurte. *Fransje* trommelt weiter. Ich bedanke mich beim *Windpferd*, füttere es, und es fliegt weiter. Ich verwandele mich langsam zurück in meine gewohnte Gestalt. Dann beendet *Fransje* das Trommeln. Sie lächelt wissend. Dann geht sie. Ich säubere alles und räume alles auf, wie üblich. Bringe Müll weg und fülle die drei Futterschalen noch mal auf. Meine Tiere und ich sitzen nochmal kurz in der Sonne. Dann ist es Zeit zu gehen. Wir gehen den üblichen Weg zurück.

Alles ist verbunden

Seit Tagen zieht es mich in meine Jurte, und heute finde ich endlich wieder die Zeit, mich dorthin zu begeben. Ich mache meine Verbindung, lade meine Tiere ein, und wir gehen gemeinsam – wie gewöhnlich – durch die golden strahlende Mitte der sich drehenden Swastika auf dem Boden, dann durch den goldenen Tunnel, zur Jurte.

Zunächst setzen wir uns auf die Bank vor der Jurte, und genießen die Strahlen der aufgehenden Sonne. Dann öffne ich die Jurte, klatsche dreimal in die Hände und gehe hinein. Ich versorge die Tiere mit Futter, fülle auch die Schale für die Schlangengeister, und verrichte die üblichen Tätigkeiten. Beim Feuermachen bemerke ich, dass statt der Feuerstelle ein Ofen da ist; das ist neu und ich freue mich darüber. Ich koche Tee, und hoffe, dass die geistige Lehrerin auch diesmal wiederkommt. Schon erscheint sie mit ihrer Trommel in der Jurte, diesmal in einem geblümten Kleid. Wieder sieht sie aus wie Fransje, von der ich die Übungen zur Traum-Arbeit lerne.

Ich berichte ihr, dass ich mich diese Tage innerlich zerrissen fühle: hin- und hergerissen zwischen den Alltagsaufgaben in der Sichtbaren Welt und all dem Erleben und den Aufgaben in der Unsichtbaren Welt. Ich schaffe es nicht, das zu verbinden. Sie sagt es sei gut, dass ich diese Zerrissenheit so deutlich spüre, denn dann könnte ich sie nun vor mir manifestieren, und wegschicken.[16] Sie bittet mich, das zu machen, und ich folge den Anweisungen, sowohl geistig in meiner Jurte – als auch körperlich mit meinem Körper in meinem Zimmer.

Danach geben wir den Geistern etwas Tee, und trinken auch selbst etwas.

Heute bittet sie mich zum ersten Mal, alleine in Gestalt der Schwanenfrau nach oben in den Siebten Himmel zu fliegen. Bisher bin ich nur allein zurück in die Jurte geflogen und hatte mich dafür von der Kante eines der Himmel einfach abwärts fallen lassen. Ich frage mich, wie es überhaupt geht, dass ich von dem flachen Boden in der Jurte aufwärts fliegen kann. Die Lehrerin sagt mir, dass ich dort oben im Siebten Himmel die Allverbundenheit erfahren werde, und dass dieses Erleben meine alte Wunde der Zerrissenheit heilen werde. Sie beginnt zu trommeln. Ich mache die Verwandlung zur Schwanenfrau, wie gewohnt erscheint der Himmlische Vater, unsere Stirn und Nase berühren sich, unser Atem verwebt sich, und ich frage mich erneut, wie ich jetzt hochkomme?

Ich springe hoch und lande direkt oben auf dem Dach der Jurte; irgendwie bin ich durch die runde Öffnung im Jurtendach hindurchgekommen. Ich springe noch mal hoch und fliege empor. Etwas unbeholfen

---

16 In der Tradition vom weißen Wasser, die ich gelernt habe, gibt es Räume, in denen wir eine bestimmte Schmerzenergie, die wir in uns aufgespürt haben, vor uns in ein Bild schicken, und dort dann damit arbeiten, es zu transformieren. Wir bleiben selbst gedanklich vor dem Bild und arbeiten von dort. Die Kunst ist oft, es zu schaffen eine Schmerzenergie überhaupt erstmal aufzuspüren. Ich bin froh, wenn ich etwas zu fassen bekomme und dann damit arbeiten kann. So kann es mich nicht mehr aus dem Unterbewusstsein kontrollieren.

und wackelig fühle ich mich auf den Winden, aber es klappt. Ich steige auf, durch die verschiedenen regenbogenfarbigen Himmel. Ich konzentriere mich auf die wechselnde Reihenfolge der Farben, bis ich im Siebten Himmel lande. Ich trage ein weißes Filzkleid, weiße Stiefel, und ein weißes Kopftuch mit bunten Blumen drauf. Meine Arme sind weiße Schwanenflügel. Mein Kopf ist geschmückt mit einer Schwanenkopf-Kappe, mit Schnabel. Der Himmlische Vater nimmt mich an die Hand und ich folge ihm zu einem hölzernen Gestell. Es sieht ungleichmäßig wellig und zugleich etwa rechteckig aus. Dann erscheinen lauter Fäden in der Mitte, die dann an den Rändern enden, ein buntes Gewebe entsteht. Es ist also ein Webrahmen. In dem Gewebe entstehen nun dreidimensionale, lebendige Bilder, Pflanzen, Bäume, Berge, Sterne, Tiere, Menschen, alles bewegt sich darin. Auch Häuser, Fabriken, qualmende Schornsteine, Autos, Flugzeuge erscheinen. „Das ist das Gewebe des Lebens, und alles gehört dazu", sagt der Himmlische Vater. „Auch du gehörst dazu, bist mittendrin und mit allem verbunden. Sei dir dieser Verbindung bewusst, damit deine „Licht&Liebe-Energie" von uns durch dich hindurch zu Allem hinströmen kann. Sonst bleibt diese Energie des Lichtes und der Liebe irgendwo stecken. Das gilt für alle Wesen. Alle können einander anstrahlen und durchströmen. Sei dir der Allverbundenheit bitte bewusst!"

„Und noch mehr, bitte spüre und erlebe und lebe diese Allverbundenheit!"

„Schließe die Augen." Das mache ich und spüre warme, hell leuchtende Strahlen, die mich durchströmen und durch die ich mit allem verbunden bin. Der Himmlische Vater sagt mir, dass ich dieses Verbundenheits-Prinzip auch einfach an meinem Körper sehen und erleben kann, wenn ich zum Beispiel meine Haut, Adern, Venen, Knochen, mein Muskelgewebe, mein Nervensystem, das Energiesystem, etc. betrachte. Es bezieht sich auch auf das Netz der Emotionen, Gefühle, Gedanken, Traumata – erworben und geerbt.

„Sei dir all dessen bewusst! Spüre und erlebe es und handle danach! Wenn du etwas wegschickst, schickst du es für alle weg. Wenn du etwas Verlorenes zurückholst, heilst du damit das Ganze ein Stückchen mehr.

Dienst du dem Allerhöchsten Gut mit deinen Gedanken, Worten, Taten, dann dienst du Allem – verletzt du jemanden mit deinen Gedanken, Worten, Taten dann verletzt du Alles".

Ich spüre, wie sehr es mir leidtut, dass ich in meinem Leben bereits so viel Schaden angerichtet habe. Der Himmlische Vater erklärt mir, dass es nichts nützt, wenn mir etwas nur leid tut, sondern dass es als nächsten Schritt wichtig sei, zu erkennen, wie es dazu kam, dass ich das gemacht habe – mich dann zu entschuldigen – die Ursache aufzulösen – und danach zu handeln und das schädliche Verhalten nicht mehr zu wiederholen.

Ich fühle mich nicht verurteilt oder gemaßregelt, es ist einfach ein Rat und eine Bitte, die mir sinnvoll erscheinen.

Dann ist es Zeit für mich zu gehen. Nach einer herzlichen Verabschiedung fliege ich durch die verschiedenfarbigen Himmel zurück.

Als ich zurück in meiner Jurte bin, ist die Lehrerin noch am Trommeln. Sie hat außerdem eine Reihe von Eulenfedern auf ihrem Kopf und einen Umhang aus solchen Federn. Sie fordert mich auf, mich wieder zurück zu verwandeln. Das tue ich. Ich sage ihr, dass ich immer noch so einen unguten Knoten in meinem Bauch spüren würde. Sie greift einfach in meinen Nabelbereich und holt einen schwarzen Klumpen heraus. „Das sind deine Schuldgefühle" erklärt sie mir, „diese haben dich noch an deine verletzenden Handlungen und an die Personen, denen du etwas angetan hast, gekettet und eure Verbindungen belastet". Ich lasse mein Herzlicht auf den Klumpen scheinen und strahlen, der Klumpen zerfällt in Goldstaub und fliegt nach oben aus der Öffnung des Jurtendaches, hinaus.

Fransje beendet das Trommeln und hat jetzt wieder ihr Blumenkleid an. Es ist Zeit zu gehen. Ich bedanke mich bei ihr. Sie geht. Ich räume auf wie gewohnt. Fülle draußen noch mal das Futter für die Tiere nach.

Dann sitzen meine Tiere und ich noch mal auf der Bank vor der Jurte, es wird langsam dunkel, der Vollmond geht auf. Wir „baden" förmlich in den weiß-silbrigen Strahlen des Vollmondlichtes. Dann gehen wir zurück.

Kuan Yin im Weißen Land des Schnees

Heute unternehme ich eine kurze Reise, aber diesmal nicht in meine Jurte. Ich folge der inneren Anweisung, eine Heilreise zu machen, und es sei dringend. Dann befinde ich mich plötzlich in einem weißen Land, umgeben von einem Schneegebirge. Mir wird erklärt, es sei das „Weiße Land der Seele", das Land der Weißen Göttin, das Land der Heilung, des langen Lebens, der Unsterblichkeit. Ich befinde mich auf einer verschneiten Lichtung, umgeben von Wald. Dort steht auch eine Jurte. Eine weiße Frauengestalt erscheint vor mir und umarmt mich. Es ist die Weiße Göttin. Sie ist mir vertraut. Unsere Stirn, Kehle und Herz sind irgendwie miteinander verbunden. Mein Körper wird von ihrem weißen Licht durchströmt.

Sie reicht mir einen Becher mit Schnee, der Schnee schmilzt und wird zu einem Getränk der Heilung, des langen Lebens, der Unsterblichkeit.

Dann ist es Zeit zu gehen. Die Weiße Göttin gibt mir einen Becher mir Schnee mit. Zuhause soll ich auf innere Anweisungen warten.

Die nächste Reise würde mir unvergesslich bleiben. Sie wurde zu einer Initiation, die mich einen großen Schritt weiter in mein Innerstes Zentrum bringen würde.

Initiation

Ich werde zum weißen Land der Seele gerufen und bitte den Himmlischen Vater herbei, um mir bei der Verwandlung in die Schwanenfrau zu helfen. Er berührt meine Stirn und Nase, unser Atem verwebt sich dreimal ineinander, wie gewohnt, und meine Schwanenflügel erscheinen. Ich fliege los. Entlang der Hochebene des musizierenden Schamanen, bis ins Weiße Land der Seele, zur Weißen Göttin. Sie steht schon auf der verschneiten Lichtung und erwartet mich. Wir begrüßen uns und umarmen einander.

Sie fragt mich, ob ich bereit bin, meine inneren Grenzen loszulassen, meine inneren Barrieren, die mich immer noch davon abhalten, *SIE* zu sein – die mich immer noch von ihr abtrennen – die es verhindern, dass sie durch mich hindurchfließt – strömt – spricht – handelt? Ich sage dreimal „Ja" und bekräftige damit meine Entschlossenheit, dies geschehen zu lassen.

Sie stellt sich hinter mich und wir verschmelzen für einen kurzen Moment ineinander. Ihr Geist wird mein Geist. Ihr Körper wird mein Körper. Ihre Seele durchwirkt meine Seele. Dann stehen wir voreinander, unsere Stirn berührt einander, unsere Arme sind voreinander ausgestreckt, und unsere Handflächen berühren sich. Wir sind wie ein Wesen und dennoch zwei. Meine inneren Blockaden, die meine bisherige Wahrnehmung, dass ich ein abgetrenntes Wesen sei, aufrechterhalten haben, brechen zusammen, und fallen klirrend in den weißen, leuchtenden Schnee. Nun erkenne ich in der Weißen Göttin Kuan Yin als die Urkraft des Ewigen Lebens, der Heilung, der Transformation. Weitere Namen steigen in meinem Geiste auf: Umay, Tara, Maha Prajna Paramita, Frau Holle. Dann fühle ich sie und ihre Kraft deutlich in mir – und mich in Ihr. Wir sind gleichsam ein Wesen und zwei Wesen. Es ist paradox aber genauso ist es in dem Moment.

Sie führt mich in ihre Jurte. Die Jurte steht auf der hellen, verschneiten Lichtung und leuchtet. Innen ist alles weiß eingerichtet, an der Wand entlang ist eine Banderole mit bunten Mustern. Die Jurte ist wie ein Spiegelbild meiner Jurte. In der Mitte lodert ein Feuer, die Flammen sind weiß. Wir stellen uns beide in das Weiße Feuer hinein, das Feuer der Heilung, des ewigen Lebens, der Transformation. Wir stehen wieder voreinander, mit ausgebreiteten Armen, die Stirn und Hände berühren sich, wir sind wieder ein Wesen – und zugleich zwei Wesen. Wir treten aus dem Feuer heraus und ich sehe nun, dass sie nun sieben Augen hat: zwei übliche Augen im Gesicht – ein Auge senkrecht auf der Stirn, ein Auge jeweils an den Handinnenflächen, und ein Auge jeweils unter den Fußsohlen. Eine starke Energiewelle strömt durch mich hindurch, und ich habe plötzlich auch sieben Augen. Das Auge auf der Stirn fühlt sich fremdartig und ungewohnt an. An den Händen und Füßen ist es vertrauter, da ich oft schon das Gefühl hatte, dass Hände und Füße sehen können.

Kuan Yin weist mich darauf hin, dass, wann immer ich ab jetzt mit dem Lichtstrahl aus dem Herzen arbeite, ich mir bewusst sein soll, dass dieses Licht aus dem weißen Feuer dieser Jurte stammt, Ihrer Kraft, der Ur-Quelle meiner Kraft.

Dann nimmt sie meine Hand und geht mit mir zu einer Birke. Wir stellen uns um die Birke herum und halten uns an den Händen, die Birke ist zwischen uns. Sie bittet mich, dass wir nun gemeinsam dreimal ein- und ausatmen, und zwar das weiße Licht, den weißen Atem, der durch uns hindurchströmt. Dann atmen wir noch siebenmal, danach folgen weitere neun Atemzüge. Sie erklärt mir, dass dadurch nun die Birke – und dieser Ort – mit allen Himmeln und allen Orten verbunden sei, und mit all meinen Zehntausend Geistern. Diese Technik kann ich nun auch an anderen Orten, für andere Wesen anwenden.

Sie erinnert mich daran, einmal täglich ein Glas Wasser mit beiden Händen vor meinem Herzen zu halten, dreimal zu atmen und mich

zu erinnern, dass dieses Wasser der geschmolzene Schnee aus dem Weißen Land Der Seele ist, das Wasser des Lebens, das Wasser ihrer Erscheinungsform als Weiße Göttin. Und dann das
Glas Wasser in kleinen Schlucken auf einmal komplett leer trinken. Dann ist es Zeit zu gehen. Ich fliege den gleichen Weg zurück.

Nur wenig später fiel mir ein Buch von Ailo Gaup in die Hände. Der Sami-Schamane beschreibt in seinem Buch „Das Herz des Nordens" seine wundervolle Begegnung mit der Großen Mutter. Seine Zeilen riefen mir meine Begegnung mit Kuan Yin im Land des Schnees wach.

Er beschreibt sie als eine schöne, mitfühlende Frau, in traditioneller Tracht, eine Silberbrosche tragend. Ihre Augen erscheinen wie Tore in andere Welten. Sie lächelt und gleichzeitig sammelt sich eine Träne in einem ihrer Augen. Auch er war zutiefst berührt von dieser eindringlichen Begegnung, die uns Zugang in andere Dimensionen gewährt. Beim Lesen seiner Zeilen spürte ich, dass Kuan Yins Energie eine alte archetypische Urkraft ist, jenseits von kulturellen Unterschieden.

Kuan Yin und der Schwan

Während ich eines Abends über meine Gestalt als Schwan nachsann, erinnerte ich mich, dass die Göttin Umay aus dem Altai, mit den Schwänen verbunden ist. Sie kann als Schwan erscheinen, so wie es auch von mehreren europäischen Göttinnen überliefert wird, zum Beispiel von Freya und Brighid. Interessanterweise gibt es den Ausdruck „mir schwant etwas", der ausdrückt, dass ich etwas „ahne". Das ist doch spannend, dass in unserer Kultur der Schwan mit einem intuitiven, ursprünglichen Wissen assoziiert wird.

Auch Sarasvati, die indische Göttin auf dem Schwan, verkörpert das Ur-Wasser, den Nektar des Lebens und Fruchtbarkeit. Eine Bedeutung ihres Namens lautet „die Überfließende". Oft wird sie auf einem weißen Lotus sitzend dargestellt. Der weiße Lotus begegnet uns ja auch in Verbindung mit Kuan Yin, und ist ein Symbol für Reinheit und Verwandlungskraft.

Sarasvatis Stimme kann im Klang des Wasserfalls vernommen werden – sie ist der Urklang. In späteren Legenden ist sie die Gattin Brahmas und befähigt ihn dazu, den Urklang Nadabrahma wahrzunehmen, wodurch er die Kraft erlangt, zu erschaffen. Es heißt, dass sie von Brahma und anderen Gottheiten gepriesen wird. Sie trägt manchmal einen Wassertopf bei sich und gilt als Schöpferin des Universums. Ihr Gewand ist weiß.

Urklang und Wassertopf ließen mich natürlich sofort aufhorchen, denn auch Kuan Yin wird oft in weißem Gewand, mit einer Nektarvase dargestellt, und eine Bedeutung ihres Namens lautet Klang.

Sarasvati gilt ebenfalls als Dämonenbezwingerin und ist mit den Drachen und Schlangen verbunden. In Japan kennt man sie als Benten oder Benzaiten, Ihre Tempel sind immer nah am Wasser gebaut, und oft von Kirschbäumen eingerahmt.

Wie Kuan Yin verkörpert sie die ursprüngliche Weisheit, und auch das Wissen, die Fähigkeit des Lernens und die Künste, und führt Suchende von der Finsternis der Unwissenheit ins Licht des höchsten Bewusstseins. In einer wunderschönen Beschreibung heißt es auch, dass sie uns zur Essenz unseres wahren Selbst führen kann. Sie führt uns zu unserem Herzselbst zurück, was ich noch erfahren sollte!

Je mehr ich über Sarasvati erfuhr, umso klarer wurden mir die Gemeinsamkeiten zwischen ihr und Kuan Yin.

Und dann fiel mir eines Tages eine Abhandlung aus Burma in die Hände mit dem Titel „Saraswati of Burma". Der Text berichtet von einer alten Wandmalerei aus dem 11. Jahrhundert, auf dem Sarasvati mit einem weißen Schirm, einer Lotusblume, und einem Topf in den Händen dargestellt wurde. Weißer Schirm, Lotus, Vase, Swastika, 2 Goldfische, Muschelschnecke, Flagge und Unendlichkeitsknoten werden in dem Text als die 8 Glückssymbole der buddhistischen Tradition erwähnt. Eine ähnliche Darstellung eines weiblichen Buddhas gibt es aus dem 12. Jahrhundert auch in Ladakh. Aufschlussreich sind die Symbole, die denen von Kuan Yin gleichen. Vielleicht handelt es sich bei den alten Darstellungen an den Wänden ursprünglich um Kuan Yin. Sie wird in diesen Gebieten auch Kwan Um genannt, was an Uma (indische Urgöttin) und an Umay (aus dem Altai) erinnert. Bei den Burjaten, einem Volksstamm in Sibirien, gilt Tangkalshing, eine Frau, die Schwanengestalt annehmen konnte, als Urmutter der Schamanen.

Die älteste bekannte Darstellung von Kuan Yin, die bisher überliefert ist, zeigt sie mit einem Lotus in der Hand, und diese Form wird auch Padma Pani (Lotushalterin) genannt. Den Darstellungen von Sarasvati, Prajnaparimita und auch Tara ist gemeinsam, dass sie einen Lotusblume in der Hand halten. Da Kuan Yin bereits in den alten Traditionen Zentralasiens auftaucht, so wie ich es in der Einleitung beschrieben habe, und da sie in den beiden ältesten Mahayana Schriften – dem Herz Sutra und dem Lotus Sutra – eine herausragende Rolle einnimmt, sehe ich sie als eine Urform an.

Der Schwan spielte auch im alten Ägypten eine bedeutende Rolle. Die Himmelsgötting Nut wurde in manchen Darstellungen mit dem Sternbild Schwan gleichgestellt. Die 3 Pyramiden in Giza sind so angeordnet, dass zu einem bestimmten Zeitpunkt im Jahr, 3 Sterne des Sternbild Schwan optisch genau in den drei Pyramiden zu versinken scheinen. Die sterbende Seele bewegte sich entlang des Orion Sternbildes zur Milchstraße, zum Norden, bis zum Sternbild Schwan, wo ein vogelköpfiges Wesen die Wiedergeburt ermöglichte. Auch in der uralten Tempelanlage Göbekli Tepe (vor 11.000 Jahren erbaut) in Anatolien weisen Säulen auf die hellsten Sterne der Sternkonstellation im Schwan. Der Schwan hatte eine bedeutende Rolle im Zusammenhang mit der Wiedergeburt und Unsterblichkeit - in Indien, Göbekli Tepe, Ägypten, Giza und im Altai.

Ich war begeistert zu erkennen, wie bedeutungsvoll die uralte Schwan-Göttin war. In Israel wurden Spuren einer Verehrung der Schwan-Göttin gefunden, die sich auf 450.000 Jahre vor Christus datieren lassen!

Das Sternbild des Schwanes hat eine Form, die wie Pfeil und Bogen aussieht. Jahre später würde ich eine taoistische Form der Kuan Yin in einem taoistischen Tempel sehen, die Pfeil und Bogen in der Hand hält. Ist dieses Instrument in ihren Händen vielleicht nicht als Waffe gedacht, sondern als Sybol des Sternbildes Schwan, welches mit der Wanderung der Seele und unserer unsterblichen Essenz verbunden ist?

Wir finden also in den buddhistischen Traditionen, in China, im Altai, im Hinduismus und der heidnischen Tradition Europas eine spirituelle Ur-Mutter des Lichts in Begleitung eines Schwanes, oder in Form eines Schwanes, verbunden mit dem Wasser des Lebens. Sie verkörpert unser Potential der Heilung, der liebenden Güte, Fülle, Inspiration, Weisheit, Kreativität – und weist auf unsere unsterbliche Essenz hin.

Die Lehre vom Weißen Wasser

Die Lehren und Übungen, die ich von Fransje Bik aus dem Altai bekommen habe, werden „Lehren vom weißen Kam" genannt – Lehren vom Weißen Wasser. In der tibetisch-buddhistischen Bön-Tradition wird die Große Mutter „Chamma" genannt. „Cham" bedeutet Wasser und erinnert mich an das Wort „Kam" – „Ma" bedeutet Mutter. Demnach wäre eine Übersetzungsmöglichkeit des Namens „Mutter des Wassers". Ich vermute, sie ist die Mutter des weißen Wassers, und steht mit den entsprechenden Lehren in Verbindung, bei denen es um Heilung, langes Leben und Unsterblichkeit geht.

In den Mythen um Belavodje (Bela heißt weiß – und vodje heißt Wasser) und Shambala tauchen auch immer wieder Schriften auf, welche „Lehren vom weißen Wasser" genannt werden. In Sibirien gibt es eine interessante Überlieferung, nach der die Große Mutter alle Wesen aus einem Milchsee nährt und heilt. Ihr See befindet sich am Baum des Lebens, auf der Spitze des Weltenberges. Nicht nur körperliche, sondern auch seelische Nahrung geht von diesem Milchsee aus. Auch die Muttermilch der Frauen soll aus diesem Milchsee stammen. Ein Name dieser Göttin ist Umay, die mit der Heilarbeit aus dem Altai verbunden ist.

In der nordischen Tradition gibt es zu Beginn der Schöpfung die Urkuh Audumla, deren Milch dafür sorgt, dass es überhaupt so etwas wie Vermehrung gibt. Die Wichtigkeit der Milch ist also auch hier deutlich.

Auch die Muttermilch der Mutter aller Buddhas, nährt den Belehrungen nach die Buddhas und Bodhisattvas, und erfüllt sie mit Weisheit und Mitgefühl.
Daher glaube ich, dass mit dem „Weißen Wasser" die Muttermilch, der Milchsee der Großen Mutter gemeint ist. Die „Lehre vom „Weißen Kam" , die Lehre vom „Weißen Wasser" bezieht sich demnach auf die Lehre der Großen Mutter, welche Weisheit und Mitgefühl erweckt, und so zu Heilung, langem Leben und Unsterblichkeit führt – eine gewaltfreie, fruchtbare Tradition.
Die wundervolle goldene Mutter mit der Nektarvase, wie sie in den alten Texten erwähnt wurde, führt uns an diesen Ort. Einer ihrer Namen lautet Kuan Yin!

Die Geschichte von Shakyamuni Buddha und dem Milchmädchen, die ich schon erwähnt habe, könnte also auch bedeuten, dass sie eine Frau war, die dem Buddha die Lehren vom „Weißen Wasser" weitergab. Womöglich waren diese Lehren die Nahrung, durch die Shakyamuni überlebte und erwachte ...

Zwischen
all den Hütern
des Mittleren Weges
strahlt
noch immer
das Lächeln
des Milchmädchens
hindurch.

Weiteres Aufleuchten des Herz-Mandalas

Während meiner Sitz-Meditation am Morgen fand ich mich plötzlich in einem bunten Mandala wieder. Als weiße Gestalt tanzte ich im Mittelpunkt eines Kreises, der plötzlich zu einem spiegelglatten, strahlenden See wurde. Mein Gesicht hatte drei Augen, ich war umrundet von vier weiblichen, tanzenden Wesen in jeweils einer anderen Farbe. Es war nur ein kurzes Aufblitzen. Die Erfahrung fühlte sich sehr lebendig und wirklich an, aber ich verstand nicht, worum es ging.

Ein paar Stunden später brachte ich meinen Sohn Ole mit dem Auto zu einer Freundin. Als ich an einer roten Ampel hielt, las ich an dem Auto vor mir auf einem Aufkleber das Wort MANI. Und dann sah ich das ganze Mantra OM MANI PEME HUNG dort stehen – und darunter Karmapa Chenno. In dem Moment begriff ich, dass diese Situation an der Ampel mit meiner vorherigen Vision des Mandalas zu tun hatte.

Dieses Mantra wird Kuan Yin zugeordnet, und vom 17. Karmapa hatte ich die Ermächtigung in die Praxis ihrer tausend-armigen Form bekommen. Hatte das Mandala in meiner Vision etwas mit Kuan Yin zu tun?

Jahre später sollte ich erkennen, dass mir in dieser Vision ein Einblick in mein Herz-Mandala gewährt worden war. Dazu komme ich noch ausführlich an späterer Stelle.

Dieses kleine Ereignis habe ich in diesen Text mit aufgenommen, da mir eine bestimmte Dynamik klar wurde, die sich immer wieder in meinem Leben abspielt: ich habe eine bestimmte Vision, oder Bilder die aus einer sehr tiefen Ebene in mein Bewusstsein aufsteigen, und dann zeigt sich kurz danach etwas in meinem irdischen Leben, welches das Gesehene bestätigt oder verstärkt. Die tiefen Dinge meines Lebens scheinen zunächst von Innen aufsteigen. Diese Dynamik hilft mir dabei, das, was aus meinen tiefsten Ebenen in mein Bewusstsein aufsteigt, ernster zu nehmen und damit zu arbeiten – und dann zu schauen, welche Resonanz darauf in der Welt entsteht.

Mutter aller Buddhas

Herz-Selbst

In der Traum-Arbeit, die ich von Fransje Bik gelernt habe, aktivieren wir unser zweites Gesicht, das sogenannte Herzgesicht; vom dritten Auge unseres äußeren Gesichtes (Zirbeldrüse) geht ein Lichtstrahl nach unten zur Brustmitte und öffnet die beiden inneren Augen unseres Herzgesichtes. Aus diesen Augen heraus können wir hinter die Ebenen der sichtbaren Welt schauen. Es sind die Augen, mit denen wir auch nachts beim Schlafen unsere Träume sehen, denn das geschieht nicht mit unseren organischen Augen, die wir mit unserem Tagesbewusstsein nutzen. Die sind ja geschlossen während wir schlafen.

Das Licht, das von der Zirbeldrüse ausgeht, muss von der Zirbeldrüse zunächst empfangen werden, denn sie ist selbst keine Lichtquelle, sondern eine Art Auge (wissenschaftlich belegt). Für mich kommt das Licht, welches die Zirbeldrüse aufnimmt und weitergibt, aus dieser uranfänglichen Lichtquelle, dem Urgrund allen Seins. Dieses Licht hat viele Kräfte, und es kann aus allen augenähnlichen Strukturen unseres Körpers und unseres Lichtkörpers strahlen und wirken.

Kuan Yin trägt auf manchen Darstellungen auch Augen an den Händen, aus denen ebenso die Energie des Herz-Selbst strahlt.

Für mich legen die Darstellungen der Kuan Yin die Vermutung nahe, dass die Form der Traum-Arbeit, die ich aus der usbekischen Tradition gelernt habe – eine spirituelle Heilmethode Zentralasiens –, ursprünglich auch Teil der alten buddhistischen Tradition gewesen ist.

In einem wissenschaftlichen Vortrag hörte ich von der Wichtigkeit der „Gehirn-Herz-Harmonie". Dort wurde erklärt, dass die Vereinigung der elektromagnetischen Wellen des Gehirns und des Herzens Gesundheit fördern und das Leben verlängern könne; dass wir dann klare Einsichten in unser Leben bekommen können und einen kreativen Einfluss auf unser Leben hätten. Die Vorstellung der Gehirn-Herz-Harmonie erinnerte mich direkt an die Methode, mit der ich Zugang zu meinem Herz-Selbst bekomme. Auch hier verbinde ich ja aktiv mein drittes Auge (Gehirnbereich) mit meinen inneren Herzaugen (Herzbereich) wodurch sich mir eine andere Realität öffnet.

Auf meinen Reisen durch die inneren Welten reise ich mittlerweile in Gestalt meines „Herz-Selbst". Das „Herz-Selbst" fungiert wie ein Bindeglied zwischen dem grenzenlosen Energiefeld (was in der buddhistischen Tradition Leerheit genannt wird) und dem physischen Körper. Um das Herz-Selbst zu kultivieren, bedarf es stetiger Übung – sowie das Bekennen all meiner unheilsamen Handlungen, und des Versprechens der Versöhnung all meiner unheilsamen Gedanken, Worte und Taten der Vergangenheit. Ein sehr wichtiger Begleiter meines Herz-Selbst ist ein Schneelöwe. Manchmal werde ich gefragt, was dieses Herz-Selbst denn sei. Für mich persönlich ist das Herzselbst eine ganz individuelle Lichtgestalt, die mit einer bestimmten archetypischen Kraft verbunden ist (zum Beispiel in meinem Fall Kuan Yin), welche uns darin unterstützt, bestimmte Qualitäten und Fähigkeiten zu entwickeln und wirklich nach außen zu leben. Es ist wie eine Mischung aus meiner derzeitigen irdischen Gestalt und der bestimmten archetypischen Kraft. Das Herzselbst erlebe ich nicht als statisch und festgelegt. Es entwickelt sich stetig weiter. So, wie ich mich weiterentwickle, kann sich die Gestalt des Herzselbst auch ändern und entfalten.

Eine andere mögliche Antwort dazu wäre die, dass unser Herz-Selbst eine Verkörperung ist, in der die Matrix, die höchste Kraft – in meinem Fall in Form von Kuan Yin – durch uns in den Welten wirken möchte.

Das Herzselbst agiert des Nachts auch als Traumkörper, der uns bewusst in andere Ebenen tragen kann. In diesem Lichtkörper können wir aktiv in unserem Traumgeschehen agieren oder Neues lernen. Wenn dieser Lichtkörper wieder aktiviert ist, greifen unsere alltägliche Wirklichkeit – die Traum-Wirklichkeit und die Wirklichkeit schamanischer Reisen in andere Dimensionen immer mehr ineinander und bereichern einander. Dies erlebe ich als wundervolle Bereicherung in meinem Leben.

Eines Nachmittags entdeckte ich dann in einem japanischen Garten eine Steinfigur von Kuan Yin auf einem Schneelöwen. Fast unscheinbar schaute sie aus einem Gebüsch hervor.

Der Schneelöwe liegt mir am Herzen, denn oft ist er mir ein wichtiger spiritueller Begleiter auf meinen inneren Reisen. Diese Steinfigur sah aus, so wie ich zuweilen auf dem Rücken des Schneelöwen durch die verschiedenen Ebenen reise. Daher war ich in diesem Moment, als ich die Figur im Gebüsch entdeckte, ganz entzückt.

Der Schneelöwe tauchte zum ersten Mal an meiner Seite auf, als ich eines Tages mit einer intensiven Übung beschäftigt war, in der Dämonen gefüttert werden, sich also um die negativen Aspekte in unserem Inneren gekümmert wird. Es war so ein tiefes vertrautes Wiedersehen, dass mir Tränen kamen. Seitdem ist er fast immer an meiner Seite, oder trägt mich, wenn ich durch die verschiedenen Welten streife.

Nach dieser ersten Begegnung recherchierte ich, welche Bedeutung der Schneelöwe in der Mythologie hat. Was ich aber auch immer tue und wozu ich auch andere ermutige, ist, gleichzeitig zu schauen, wie sich die persönliche Verbindung mit solch einem Wesen entwickelt, wie es sich zeigt und was genau es lehrt.

Traditionell steht der Schneelöwe für Mut und Kraft – sein Brüllen soll so viel Kraft haben, dass es Drachen vom Himmel fallen lässt.

Diese Kraft entsteht dadurch, dass er mit der Urquelle des Seins direkt verbunden ist; sein Brüllen ist Ausdruck der Leerheit (absolute Wirklichkeit, volles Potential allen Seins, die Urquelle, welche leer ist von festgelegten Strukturen). Daher ist er unglaublich stark. Ein wichtiger Aspekt seiner symbolischen Bedeutung ist auch die Freude – aus meiner Sicht kann es ohne Freude kein Erwachen geben. Wir brauchen unbedingt auch Freude, Humor und Verspieltheit. Sonst schaffen wir es nicht, uns aus unseren konditionierten Persönlichkeitsstrukturen zu befreien. Es ist dann einfach zu erdrückend und zieht uns runter. Wie mein zen-buddhistischer Lehrer mir zu sagen pflegt, wenn ich mich in schwierigen Situationen befinde: „Sei leicht auf deinen Füßen." Über Schneelöwen wird gesagt, dass sie zwar nicht fliegen (obwohl meiner das kann), aber dass sie nie den Boden berühren. Für mich steht das für die Leichtigkeit, die uns wirklich großartig unterstützen kann, wenn etwas auf uns lastet.

In der tibetischen Mythologie wird die Milch der Schneelöwin als Medizin betrachtet, welche die Harmonie im Menschen widerherzustellen vermag.

Nach dem ich diese Figur im Gebüsch gesehen hatte, begegneten mir verschiedene Darstellungen von Kuan Yin auf dem Schneelöwen. Ich war glücklich zu entdecken, dass Kuan Yin auf einem Schneelöwen tatsächlich eine traditionelle Kombination ist. In dieser Form wird sie auch „Kuan Yin der Furchtlosigkeit" genannt, spendet Segen und kann uns an einen Ort jenseits der Angst führen. In dieser Erscheinung reist sie in die Höllenwelten, um die leidenden Wesen zu befreien. Symbolisch bedeutet dies, dass wir in Verbundenheit mit dieser Form in unsere eigenen Höllenbereiche reisen können, um eigene Anteile zu transformieren.

Kuan Yin als Himmlische Mutter

Auf einer weiteren inneren Reise begegnete mir dann eine riesige, hell erstrahlende, weibliche Buddha-Gestalt:

Die Reise führt mich in einen weiten Himmel und ich werde aufgefordert, mich tiefer in diesen Bereich hineinzubegeben. Ich zögere und denke, dass ich dann ja herunterfallen werde, da ich nicht fliegen kann. Eine Stimme erinnert mich daran, dass ich nun die Chance habe, zu lernen, zu vertrauen und mich für die universale Liebe zu öffnen, die die stärkste Kraft ist. Ich gehe also ein paar Schritte in den Himmel hinein, ohne Schmuck, Vajra, Kleidung, und fühle mich immer noch unsicher. Und dann wird mir klar, jetzt, wo ich nichts bei mir habe, dass ich immer noch mein Herz habe, und in diesem Herz alles existiert und alle Kraft ist.

Ich bekomme wieder Mut, und in dem Moment erscheint vor mir eine weiße riesige Hängebrücke durch den Himmel. Ich gehe auf der Hängebrücke weiter.

Und dann taucht in den Wolken vor mir eine große sitzende Gestalt der Großen Mutter auf. Zuerst sehe ich den grünen Drachen links vor mir, und dann erscheint ein weißer Drachen rechts vor mir. In der Mitte blüht ein mächtiger, strahlender Lotus auf, und dann erscheint ein riesiger, weißer Fuß mit Fußketten und Ringen an den Zehen. Der Fuß ruht auf dem Lotus. Ich schaue auf. Der Fuß gehört zu einer riesigen,

strahlenden, weibliche Buddha Gestalt - mit ihren drei Augen im Gesicht schaut sie mich wissend und lachend an. Sie sitzt auf dem Lotus zwischen den Drachen, und ist riesengroß. Mir ist, als würde ich in einen Spiegel schauen – andererseits geht dieses Wesen weit über mich hinaus,
Ihre Liebe & Güte fließen durch mich hindurch. Dann sagt sie zu mir: „Es ist wichtig, dass die Liebe durch alle Wesen einfach hindurchfließen kann. Und von einem Wesen zu allen anderen strömt. Aber wenn die Herzen verschlossen sind, kann sie nicht weiter fließen und nicht voll und ganz wirken. Du brauchst keinen Schutz um dein Herz zu bauen – Liebe ist der kraftvollste Schutz – Liebe ist eine Himmelsmacht – und am besten ist es, wenn die Liebe fließen kann. Dann kann alles heilen und sich wandeln und wachsen." ...

Ich schrieb Fransje davon, und sie antwortete erfreut, dass ich offensichtlich „die Große Mutter im Himmel" getroffen habe. Ich hatte nach der Reise den gleichen Gedanken gehabt – diesen aber auch angezweifelt – nämlich, dass mir Kuan Yin hier als eine alte Form der Himmlischen Mutter begegnet war.

Während der nächsten Reisen stieg ich eine sehr lange Treppe, die von zwei Schneelöwen bewacht wurde, hoch in den Himmel. Das Geländer der Treppe, wurde auf jeder Seite von je einem Drachen gebildet. Oben angekommen, erwartete mich ein riesiger Palast, und dort begegnete ich einem weißen, strahlenden Wesen, mal mit zwei, mal mit vier Armen, mal mit tausend Armen: Kuan Yin. Der Palast war von Gärten eingerahmt. Auf den Blüten der Wiesenblumen erstrahlten Silben, Zeichen und Symbole in allen möglichen Farben. Und sie erklangen leise im Wind. Der Himmel war blau und hell, überall Regenbögen über weißen Wolken.
Im Anschluss an diese Resie kam mir plötzlich der Gedanke, dass ich hier wohl im Potala Palast gelandet war. Ich sah mir daraufhin Bilder vom

Potala Palast an und sie waren identisch mit dem Palast, den ich in meiner inneren Reise besucht hatte.

Wieder einmal war ich fasziniert davon, zu erleben, wie die Informationen, die ich auf meinen „inneren Reisen" bekam, sich in der „Äußeren" Welt wiederfanden – und umgekehrt. Alle Welten entspringen aus der Leerheit und sind ineinander verwoben.

Der Potala Palast war ehemals die Residenz des Dalai Lama, der – wie bereits erwähnt – als eine menschliche Verkörperung von Kuan Yin (Chenrezig) angesehen wird.

Ich las von einer Legende, nach der eine chinesische Prinzessin, die in Tibet als eine Verkörperung der Weißen Tara galt, die erste Buddhafigur zum Potala Palast nach Lhasa gebracht haben soll. Die Statue steht noch heute im bedeutendsten Heiligtum in Lhasa, dem sogenannten Jokhang. Vielleicht handelt es sich bei der chinesischen Prinzessin ja um eine Verkörperung der Kuan Yin, welche in zahlreichen Erscheinungen auftaucht, um die Wesen zu retten? Denn interessant ist in diesem Zusammenhang, dass an dieser Stelle vorher ein Milchsee (tibetisch: 'o thang gi mtsho) gewesen sein soll. Der Milchsee ist ja - wie ich oben bereits beschrieben habe - mythologisch mit den alten Großen Müttern wie Umay und Kuan Yin verbunden.

Der Potala Palast existiert aber auch in einer anderen Realitätsebene, und zwar als das „Reine Land Potala", in dem Kuan Yin lebt und wirkt. Es gibt Gebete, in denen man den leiden Wesen wünscht, dass sie im reinen Land Potala wiedergeboren werden, unter der liebevollen Obhut Kuan Yins.

In China wird Kuan Yin seit alters her ein Berg namens Potala oder Potaloka zugeordnet, sowie die Insel Putuo Shan, auf deren Berg sie heute noch verehrt wird.

In seinem Buch „Kuan Yin Oracle" erzählt Stephen Karcher, dass Kuan Yin uns Tore in andere Realitätsebenen öffnet, welche sich beispielsweise in Grotten, auf Bergen oder in Höhlen befinden können. „Diese Tore wurden Potulaka Berg oder Potulaka Insel genannt", schreibt er.[17]

In Japan wird Kannons Berg Potala als Fudaraku-sen oder Fudarakusan bezeichnet, als „Berg Fudaraku". In manchen japanischen Darstellungen wird Kuan Yin / Kannon dort auf einem Felsen sitzend oder in Wassernähe dargestellt; oft in der Haltung der königlichen Gelassenheit. Im Kegon-Sūtra wird Kuan Yin / Kannons Land als eine grüne Insel im südlichen Ozean beschrieben.

Der japanische Mönch Egaku soll im 7. Jahrhundert eine Kuan Yin Figur von einem Kloster im Wudang Shan Gebirge in China auf den Berg der Insel Putuoshan gebracht haben. Es gab eine Verbindung zwischen Wudang Shan, Putuoshan und Potala – Berge, auf denen die Verkörperung des Mitgefühls und der Weisheit verehrt wurden und werden.

Der britische Autor und Buddhismus-Experte John Blofeld sagt: „Sei versichert, dass Kuan Yins Gelübde wahr ist, dass wenn du dir ernsthaft eine Wiedergeburt in ihrem Potala Paradies wünschst, du dort geboren werden wirst."[18]

Gleichzeitig ist es wertvoll zu verstehen, dass das Reine Land immer und zu allen Zeiten in uns existiert, und wir jederzeit dieses Energiefeld aktivieren und hier im alltäglichen Leben manifestieren können! Es gibt dafür verschiedene Methoden, und jeder Mensch kann das.

Ich gehe davon aus, dass in allen spirituellen Traditionen Methoden existieren, die das Feld des Reinen Landes in uns aktivieren können, denn es ist im Grunde ein bestimmter Zustand unseres Geistes. So wie am klaren grenzenlosen Himmel die Wolken entstehen und vergehen, so entstehen und vergehen die Gedanken und Emotionen in unserem

---

17 Stephen Karcher: Kuan Yin Oracle, Little, London, 2001, S. 14
18 John Blofeld: Bodhisatva of Compassion, Shambala Publications, Boston, 1977, Seite 87

reinen Geist, der seinem Wesen nach strahlend und klar ist. So wird es jedenfalls gelehrt.

Eine Methode, die mich besonders unterstützt, ist das stille Sitzen. Und der Chan-Meister Hsu Yun hat es ja so schön formuliert: „Im stillen Sitzen betreten wir das Reich der Guan Yin, des umfassenden Mitgefühls. Hier ist Lotosland." Dieses Reich existiert in allen Wesen.

Aber auch die Methode vom Weißen Wasser hat mich an diesen Ort geführt, und davon werde im in einem der letzten Kapitel erzählen.

Cundi Kuan Yin

Weiterhin beschäftigte mich die Frage, ob meine Wahrnehmung von Kuan Yin als Mutter der Buddhas nur ein persönliches Erleben ist, oder ob dies eine alte Erinnerung aus alten Leben sein kann, und ich womöglich Belege dazu in alten Schriften finden kann.

Nachdem ich eines Abends während einer inneren Reise den Rat bekam, mal „auf Youtube zu gehen", folgte ich dem Hinweis und entdeckte Vorträge von *Sheng Yen*, einem buddhistischen Mönch aus Taiwan. Mein Lehrer Claude AnShin Thomas hatte uns während eines zehntägigen Seminars ein Buch von Sheng Yen zum Lesen gegeben, welches mich sehr inspirierte. Wenig später schenkte mein Sohn Ole mir die Biografie von Sheng Yen. Dieses Buch ist mir eine wichtige Inspiration, vor allem bezüglich seiner Erfahrungen mit der „Schüler-Lehrer-Beziehung" und seiner tiefen Hingabe an Kuan Yin (Guan Yin). Sheng Yen betont, dass dieses Wesen die Basis all seiner Aktivitäten sei.

Ich wählte irgendein Video von ihm aus und konnte nichts verstehen, da Sheng Yen chinesisch sprach – aber es gab englische Untertitel. Plötzlich hörte ich ihn die Worte „*Cundi Pu Sa*" sagen, und im Untertitel tauchte das geschriebene Wort Cundi auf. Das Wort erschütterte mich wie ein Blitz. Sofort schaute ich im Internet nach und las, dass Shakyamuni Buddha die Wirksamkeit der Praxis dieses weiblichen

Buddhas betont haben soll. Außerdem ist überliefert, dass Shakyamuni sich nach seinem Erwachen, zum Wohle der Wesen, in Cundi verwandelt haben soll.

Eine ähnliche Geschichte gibt es zu Sitatapatra, in der es heißt, dass Sitatapatra aus Shakyamunis Scheitelkrone hervorging, als dieser erwachte. Cundi ist demnach ein anderer Name für Sitatapatra, die eine Form der Kuan Yin ist!

Natürlich erinnerte ich an die Legende der chinesischen Prinzessin Miao Shan, die ich weiter vorne in meinem Buch ausführlich beschrieben habe. Nachdem sie in ihrem Leben sämtliche Tugenden und Fähigkeiten verwirklicht hatte, verwandelte sie sich in die tausendarmige Kuan Yin.

Wir finden also verschiedene Arten von Legenden, die alle das Phänomen des Erwachens damit gleichsetzen, dass wir in einem bestimmten Moment als Menschen die Kraft von Kuan Yin verkörpern und dadurch etwas Befreiendes in unserem Geist hervorrufen.

Diese Beschreibungen über Shakyamunis Erwachen finde ich äußerst faszinierend. Es bedeutet für mich, dass Shakyamuni beim Erwachen in dem Licht der Liebe und Weisheit der *„Großen Mutter der Buddhas"* aufging. Sie ist die uns allen innewohnende Natur des Geistes, der Urgrund allen Seins.

Nun spürte ich den Wunsch, nach Bildern von Maha Cundi zu forschen. Als ich das erste Bild fand, und sah wie sie links und rechts von Drachen flankiert wurde, war ich berührt und erstaunt: es war identisch mit den Bildern der Himmlischen Mutter, der ich auf meinen inneren Reisen bereits begegnet war.

Cundi schützt vor Gefahren, Krankheiten und üblen Geistern. Sie wird „Mutter aller Buddhas, Mutter von sieben Koti Buddhas, Mutter der Buddhas der Lotusfamilie oder Unbesiegbare Dämonen-Bezwingerin" genannt. Sie heilt und schützt Reisende.

Wichtig ist, dass Kuan Yin die Dämonen (unsere unheilsamen Muster) mit ihrem Licht und Wasser befriedet, nährt und transformiert – niemals unterwirft, unterdrückt oder zerstört sie. Dies ist die Methode, die uns durch sie gelehrt wird und die uns unser menschliches. Potential aufzeigt, alles mit einer gewaltfreien, friedvollen Geisteshaltung transformieren zu können!

So wie auch mein Lehrer Claude AnShin Thomas immer wieder betont: Gewalt ist niemals eine Lösung.

Einige von Cundis Attributen sind Lotusblumen, eine wunscherfüllende Perle, der Weidenzweig, die goldene Vase mit dem Nektar des Mitgefühls bzw. dem Wasser der Heilung oder dem Wasser des ewigen Lebens, das Vajra, ein Schirm, ein Banner, eine Swastika, eine wunscherfüllende Vase, eine Muschel, eine himmlische Frucht, ein Spiegel, ein Lotus mit einem Spiegel in der Blüteund mehr. Es fällt auf, dass die Symbole denen der Kuan Yin gleichen.

In China wird sie auch Cundi Kuan Yin" - und in Japan Juntei Kannon genannt. Wie Kuan Yin und Tara ist Cundi mit dem Polarstern verbunden.

Sie erscheint mit zwei, vier, acht, 16 oder 18 Armen, die alle eine bestimmte Bedeutung haben.

Tatsächlich war ich Cundi zunächst in einer Geistes-Landschaft begegnet und habe sie dann in der Literatur und auf Bildern gefunden.

Mehr und mehr Bestätigungen „im Außen" bezüglich der Dinge die ich zunächst auf „Im Innern" gesehen hatte, ermutigten mich, meinen Weg weiter zu gehen.

Om Mani Padme Hum – Cundis Mantra – Kuan Yins Mantra

Cundi wird im *Karandaviyuha-Sutra* beschrieben. In diesem Sutra wird geht es insbesondere um die tausend-armige Form der Kuan Yin, die in der Sanskrit-Sprache Avalokiteshvara heißt. Und es geht um den Ursprung des Mantras „Om Mani Padme Hum".

Ich bestellte mir ein Exemplar des Karandaviyuha-Sutras und konnte nun alle einzelnen Teile meiner langjährigen Suche immer besser zusammenfügen. Im Buch fand ich die Information, dass das bisher älteste gefundene Exemplar des Lotus Sutras im Jahr 237 nach Christus in Ost-Turkestan gefunden worden war. Spannend ist in diesem Zusammenhang, dass in dieser ältesten Version einzig die weibliche Form des Avalokiteshvara vorkommt, und zwar Avalokitashvara genannt. Das Sutra soll über den Himalaya nach China gelangt sein, wo dieses Wesen Kuan Yin genannt wird.

Das Mantra „Om Mani Padme Hum" soll nach dieser Überlieferung der Klang eines weiblichen Buddhas sein. Dieser weibliche Buddha erscheint in weiß-goldener Gestalt, mit vier Armen, die einen Lotus, eine Bergkristall-Mala (Gebetskette) und das wunscherfüllende Juwel halten. Das Mantra wird in diesem Buch Cundi zugeordnet. Sie wird „Mutter der Buddhas der Lotus-Familie" oder „Mutter aller Buddhas" genannt.

Alexander Studholme schreibt:

„Kurz nachdem Sarvanivaranaviskambhin das Mantra Om Manipadme Hum erhielt, welches nun mit genereller Zustimmung als die kompakte Kurz-Formel von Cundi anerkannt wird, erscheint das Dharani Om Cale Cule Cundi Svaha, von dem gesagt wird, dass es von Siebenundsiebzig Familien von Thatagatas gesprochen wird.

Die Buddhistische sechs-Silben-Formel wird als weibliche Göttin personifiziert.

Om Mani Padme Hum erscheint als Göttin im Mandala das im Karandevyuha Sutra präsentiert wird. Sie hat vier Arme in herbst-gelber Farbe die mit Ornamenten dekoriert sind. In ihrer äußeren linken Hand hält sie einen Lotus, in ihrer äußeren rechten Hand eine Gebetskette, und mit den zwei inneren Händen bildet sie die Savaragendra Mudra. Die personifizierte Formel präsentiert Om Manipadme Hum als weibliche Person."[19]

Ich erinnerte mich an eine Textstelle von Tsültrim Allione: „Doch zugleich wurde die Große Mutter „zu einem Feld (Tigle) von gelbrotem Licht, das sich in einem Palast reiner Vision manifestierte, umgeben von Buddhas und Bodhisattvas der zehn Richtungen. Sie hatte ein Gesicht und vier Arme und war von goldener Farbe. Sie saß in der Lotushaltung und in ihrem Herzen befand sich das orangefarbene Zeichen MUM in einem Tropfen von Licht."[20]

Dann fand ich folgenden Text, der mir sehr wertvoll ist und aus dem sogenannten Tripitaka stammt, einer Textsammlung aus dem 4. Jahrhundert:

---

19 Alexander Studholme: The Origins of Om Manipadme Hum, State University of New York Press, Albany, 2002, Seite 58, aus dem Englischen von mir übersetzt)
20 Tsültrim Allione: Tibets weise Frauen, Heyne, München, 1984, S. 229

Maha Cundi Dharani
Das Herz der Mutter von Sieben Myraden Buddhas

Einst weilte der Buddha nahe Shravasti, im Anathapindada Garten im Jeta Wald. Zu dieser Zeit kontemplierte der Weltverehrte und beobachtete die fühlenden Wesen der Zukunft. Aus tiefem Mitgefühl für diese, entschloss sich daraufhin der Buddha, das Dharani von Cundi, das Herz der Mutter von Sieben Myraden Buddhas, darzulegen. Und so offenbarte er das Mantra:

NAMO SAPTANAM SAMYAKSAMBUDDHA KOTINAM. TADYATHA: OM! CALE, CULE, CUNDI SVAHA!

Wenn es Bhiksus, Bhiksunis, Upasakas oder Upasikas gibt, die dieses Dharani aufrechterhalten und 800.000 mal rezitieren, wird ihr todbringendes Karma, angesammelt an allen Orten, während zahlreicher Äonen, komplett ausgelöscht werden. An jedem Ort, an dem sie wiedergeboren werden oder residieren, werden sie immer Buddhas und Bodhisattvas treffen. Sie werden immer über ausreichende Ressourcen und Fähigkeiten verfügen, um zu tun, was sie wünschen. Sie werden die Fähigkeiten besitzen, die reinen Richtlinien eines Bodhisattvas aufrecht zu halten und die weltliche Lebensweise hinter sich zu lassen. Sie werden in menschlichen oder himmlischen Bereichen wiedergeboren werden, und nicht in üble Schicksale hineinfallen, sondern immer von allen himmlischen Wächtern beschützt werden. Jeder Laie, der dieses Dharani oder Mantra aufrechterhält und rezitiert, dessen Haushalt soll frei sein von Bedrängnis und Schaden durch Unheil und Krankheit. Alles, was diese Person macht, soll glückverheißend sein; seine oder ihre Worte werden das Vertrauen und die Akzeptanz anderer gewinnen."[21]

---

21 Tripitaka Nr. 1077, übersetzt während der Tang Dynastie von Tripitaka Meister Divakara aus Indien

Höchstes Gewahrsein - Unsterblichkeit

Swastika - Mara

Eines Abends fühlte ich mich dazu hingezogen, Texte über die Bön-Tradition anzuschauen. In der alten, buddhistischen Bön-Tradition war das Wort Swastikasattva statt Bodhisattva gebraucht worden. Die Swastika ist ein wichtiges Symbol in der Usbekischen und Altaischen Traum-Arbeit, und auch in vielen alten Kulturen. Es gibt Buddhafiguren mit einer Swastika auf der Herzgegend. Und in manchen buddhistischen Tempeln finden wir die Swastika auf Fahnen und Stoffen.

Hier symbolisiert die Swastika Unendlichkeit, perfekte Harmonie, Vollkommenheit, Segen, perfekte Weisheit und Mitgefühl. Die Dharma-Lehren wurden darum „Swastika-Dharma" genannt, ewige Lehren.

Die Liebende Weisheitsmutter wurde in Zhang Zhung „Satrig Ersang" genannt. In jeder Hand hielt sie eine Lotusblume. In einer der Lotusblumen liegt ein Spiegel – in der anderen Lotusblume befindet sich eine Swastika.

Interessant finde ich in diesem Zusammenhang auch, dass in Japan immer noch Klöster existieren, die am Eingang mit Fahnen geschmückt sind, auf denen eine Swastika dargestellt ist. Vielleicht hatten japanische Zen-Praktizierende ja eine direkte Verbindung zu dieser alten Kultur aus Zentralasien, und bekam auch von dort Belehrungen?

In der Traumarbeit aus Usbekistan, die ich gelernt habe, kann die Swastika die Spaltung in unserer Psyche aufheben. Ihre vier Arme verbinden unsere rechte und linke Gehirnhälfte miteinander und stellen eine Verbindung zwischen Vergangenheit und Gegenwart her. Die Mitte der Swastika fungiert als ein Tor in den zeitlosen Raum. Sie fungiert auch als ein Tor zum Raum der Träume und allen Erinnerungen, die in unserem Bewusstseinsstrom gespeichert sind. Von dort können wir alles in uns erreichen und verwandeln.

Auch symbolisiert die Swastika die Zentralsonne unserer Galaxie. Das Licht dieser Zentralsonne hält nicht nur unsere Galaxie am Leben, oder unsere Körperfunktionen, sondern es strömt auch durch unser energetisches Herz, unsere Herzsonne. Die Herzsonne ist mehr als unsere Lebenskraft; sie ist die spirituelle Kraft von Liebe, Mitgefühl und Weisheit, die unter anderem durch Kuan Yin verkörpert wird. Kuan Yins Lichtfrequenzen sind eine Herzsonne! So wundert es nicht, dass die Swastika auch zu ihren alten Symbolen zählt.

Manchmal erscheint die Swastika auch im Dharma-Rad. Ich war nicht überrascht, dass Kuan Yin und Cundi als sogenannte „Unbesiegbare Dämonenbezwingerin" manchmal mit dem Symbol der Swastika dargestellt werden.

Die Trauma-Arbeit, die ich von Fransje Bik gelernt habe, scheint ein Teil der buddhistischen Übungen in Zentralasien gewesen zu sein. Spirituelle Quelle dieser Methoden war die sogenannte „Liebende Weisheits-Mutter mit dem Lotos". Je nach Region wurde sie mit verschiedenen Namen geehrt, zum Beispiel Kuan Yin, Cundi, Chamma, Tara, Umaj.

Die Geschichten über Shakyamuni Buddha, als er in der Nacht vor seinem Erwachen unter dem Baum saß und herausgefordert wurde, erinnern mich an die Art der Erfahrungen, die wir mit der Traum-Arbeit aus Zentralasien machen können. In der buddhistischen Terminologie wurde Shakyamuni Buddha von „Mara" herausgefordert, dem Herrscher der Dämonen. Ich verstehe Mara als einen Oberbegriff für das Phänomen der sogenannten „Trauma-Geister" in unserem Geist, unheilsame Geistesstrukturen, die in vielerlei Formen auftauchen können.

Wenn wir uns die bekannten „Vier Edlen Wahrheiten" genauer anschauen, die Buddha nach seinem Erwachen realisiert und ausgesprochen haben soll, dann finden wir darin eine Entsprechung zu der Diagnose-Formel, welche von zentralasiatischen Heilern für ihre Patienten benutzt wurde:

- Name der Krankheit
- Ursache der Erkrankung
- gib es eine Chance auf Heilung?
- Wenn ja, dann die Beschreibung des Heilmittels

Die Vier edlen Wahrheiten:

- es gibt Leiden
- die Ursache sind selbstsüchtige Wünsche
- es gibt einen Weg aus diesem Leiden
- der Achtfache Pfad ist das Heilmittel

Goldene Kuan Yin und Herzsonne

Eine innere Reise brachte mich der goldenen Energie der Kuan Yin näher:

...

Heute bin ich wieder zu meiner Jurte gereist. Ich habe gemeinsam mit meinen Tieren und dem Schneelöwen den gewohnten Weg genommen und wir haben uns gefreut, wieder einmal dort zu sein. An der Jurte angekommen, sitzen wir kurz in der aufgehenden Sonne und dann fülle ich erst einmal die ganzen Futterschalen auf. Die Schlangen-Geister freuen sich über die Milch und das Wasser vom Weißen Land der Seele.

Dann schaue ich in der Jurte nach dem Rechten. Sie sieht gut aufgeräumt und sauber aus, alles strahlt in schönen Farben, obwohl ich länger nicht hier war. Mir wird gesagt, dass sich all die innere Arbeit, die Bilderheilungen, die ich in der letzten Zeit gemacht habe, auch auf die Jurte ausgewirkt haben. Das freut mich. Ich koche Tee und zünde eine Kerzen und die Räucherstäbchen am Altar an. Oben an der Decke bemerke ich, dass sich zu der *weißen Drachenschlange*, die dort schon immer ruhte, eine weitere *grüne Drachenschlange* dazugesellt hat. Die Kuan Yin *Figur* auf dem Altar strahlt hell, mit vier Armen. Sie wird plötzlich lebendig und reicht mir ein *weißes Muschelhorn*. Ich lasse es erklingen und mir wird gesagt, dass dieser Klang hartnäckige Trauma-Geister vertreiben kann und dass ich das Muschelhorn immer dann erklingen lassen soll, wenn es schwer wird, die Geister wegzuschicken.

Ich bedanke mich dafür.

Fransje kommt herein und freut sich über den lauten Klang des *Muschelhorns*. Wir begrüßen uns freudig. Sie hilft mir drei Teeschalen nach draußen zu bringen, und sie hat Kekse mitgebracht. Der Garten ist auch in bester Ordnung, alles ist gewachsen und blüht, unter der *Birke* sitzt der *musizierende Schamane* und spielt auf seinem Saiten-Instrument. Wir begrüßen uns ebenso freudig und ich schenke ihm Tee, Kekse und ein übliches Kräuterpäckchen. Um das Feuer herum haben sich viele *weibliche Himmels-Wesen* eingefunden; sie wirken sehr kraftvoll und wild und nett zugleich. Alle bekommen Tee und Kekse.

Fransje sagt mir, dass ich nun eine weitere Reise antreten solle, mit dem *Schneelöwen*, und dass mir alle Anwesenden helfen werden. Sie beginnt zu trommeln.

Ich setze mich auf den Rücken des *Schneelöwen* und wir reiten los, steil bergauf durch die Luft. Der Wind weht stark, es ist nebelig, und der *Schneelöwe* kommt nur schwer voran. Ich halte mein *Diamant-Zepter* vor dem Oberkörper.

Dann landen wir auf einer Hochebene, sie ist sandig und sehr weit. In der Ferne sehe ich eine *weiße Jurte* und davor sitzt eine *alte Frau*. Sie lacht und winkt uns heran. Ich soll mich vor ihr auf den Boden setzen. Das mache ich. Dann wirft sie kleine Steintafeln / oder Holztafeln (ich erkenne es nicht genau) in die Luft. Eine landet bei mir im Schoß, mit dem Bild der *Großen Mutter, einem Lotus und zwei Drachen*. Sie sagt mir, ich solle das Amulett an mich nehmen, und wir sollen weiterreisen, links hoch in den Himmel.

Wir reiten also weiter, immer höher und höher, bis wir auf einer nächsten Hochebene ankommen. Dort sehe ich in der Ferne eine alte *Ruinen-Stadt*. Ich bekomme die Information, es sei Zentralasien. Wir gehen in die *Ruinen-Stadt* hinein, durch enge Gassen, und überall sehe ich verwitterte Bilder in Stein gehauen. Vor einem Bild bleibe ich stehen, denn es zieht mich an: ein Bild der *Großen Mutter*, die in jeder Hand eine *Lotus-Blume* hält. Das Bild bekommt plötzlich Farbe, wird lebendig und Wasser beginnt aus dem Bild zu rieseln. Ich soll weitergehen. Das Bild erinnert mich an Darstellungen der Göttin Padma, Lakshmi.

Also gehen wir weiter und lassen die *Ruinenstadt* hinter uns. Vor uns erstreckt sich endlose Steppe und blauer Himmel, durch die uns unser Weg führt. Und plötzlich erscheint sie vor mir, diesmal lebendig und sehr groß, golden strahlend, die *Große Mutter Kuan Yin*. Sie sitzt mit dem *rechten Bein ausgestreckt und aus ihrer rechten ausgestreckten Hand – und den Fingern – fließt pink-orange strahlendes Wasser, eine Art feurig-flüssiger Nektar,* wie Plasma, wie eine Art flüssiges Licht.

In der linken Hand hält sie eine weiß-rosa-farbige Lotusblume. Das orange-pinkfarbene *Wasser* fließt über meinen ganzen Körper und durch mich hindurch und reinigt meinen Körper – meine Gedanken – meine Emotionen – meine Handlungen.

Dann spüre ich eine starke *Heilkraft in mir und um mich herum*, wie ein Strom, der alles durchfließt. Über ihr strahlt etwas, es sieht aus wie ein hell-leuchtender *Stern*. Dann löst sich die Erscheinung langsam auf und ich werde aufgefordert, zurückzugehen.

Ich lege eine Blume nieder, bedanke mich, und der *Schneelöwe* und ich gehen wieder den gleichen Weg zurück, den wir gekommen waren. Auch er wurde gereinigt und hat Heilung erfahren. Wir wandern durch die *Ruinenstadt* zurück und am Bild der *Großen Mutter* hinterlasse ich ebenfalls eine Blume. Mir wird gesagt, dass hier für jeden Reisenden und jede Reisende diejenigen Bilder lebendig werden, die gerade jeweils wichtig sind.

Zurück an meiner Jurte treffen wir wieder die *alte Frau*. Sie lacht. Ich gebe ihr das Amulett zurück und sie lacht noch mehr. Als wir uns verabschieden, habe ich es wieder in der Hand – und sie auch. Es hat sich verdoppelt. Ich lache nun ebenso. In meiner *Jurte* beendet Fransje das Trommeln am Feuer und wir trinken den Tee weiter. Dann verabschieden wir uns alle voneinander. Alle gehen wieder, *Fransje* hilft mir noch beim Aufräumen, ich fülle noch einmal die Futterschalen, dann schließe ich die Jurte.

Fransje und ich verabschieden uns voneinander; sie reitet auf einem *Weißen Pferd mit goldenen Flügeln* davon.

Meine Tiere, *der Schneelöwe* und ich sitzen noch kurz auf der Bank und gehen dann zurück in meinen *Lebenskreis*.

Als ich die Augen öffnete und aus dem Fenster blickte, sah ich zwei Regenbögen am Himmel strahlen. Ich war sehr energiegeladen und bekam den Impuls, weitere Recherchen zur Kuan Yin zu unternehmen. Dabei fand ich ein wunderschönes Bild, auf dem sie fast genauso aussah, wie in dieser inneren Reise auf der Hochebene. Mit einem golden-orangenen Körper. Das Bild hängt seitdem über meinem Altar, und mein Zen-Lehrer hat es sich sogar auf seinen Oberschenkel tätowieren lassen. Es ist unglaublich kraftvoll.

Diese kraftvolle Energieform von Kuan Yin hat bestimmte Qualitäten, die wir auch in der Gestalt der goldenen Tara und Lakshmi wiederfinden.

Das gelb-goldene Licht entspringt nach meiner Wahrnehmung aus der Herzsonne und aktiviert unsere tiefste innere Weisheit. Es verkörpert unser lebenspendendes Ur-Licht, die lichtvolle Lebensenergie, und das Licht der Inspiration.

Es erschafft Fülle, Segen, Reichtum, Schönheit, Erfolg, Liebe, Heilung, Sanftheit, Sanftmut, Kraft und Güte. Und eine sehr interessante Wirkung wird auch über dieses Energiefeld überliefert: es erweckt in uns die Erfahrung des Allverbunden-Seins.

Denn es verkörpert das Bewusstsein in uns, welches aus der Großen Mutter Kuan Yin strömt und in allen Wesen wie eine Sonne leuchtet.

Eine ganze Weile später verbrachte ich eine Woche in einem hinduistischen Ashram, da ich mich als ayurvedische Ernährungsberaterin ausbilden ließ. Die spirituelle Tradition war mir fremd. Mein Tag begann um 5 Uhr morgens und endete abends gegen 23 Uhr. Es war volles Programm. Von früh bis spät eilte ich von einem Gebäude zum nächsten, und suchte immer wieder die Räume, in denen der nächste Unterricht stattfand. Ich fühlte mich in den ersten Tagen verloren und überfordert. Aber ich erinnerte mich an meine Zen-Praxis und machte einfach eins nach dem anderen, Hand in Hand mit einem Haufen an unangenehmen Gefühlen und dem Wunsch, einfach aufzugeben und abzureisen. Das, was mich zwischendurch aufmunterte, war der grandiose Unterricht des Dozenten sowie die netten Teilnehmer und Teilnehmerinnen, die gemeinsam mit mir hier lernten. In den Pausen hüllte ich mich immer wieder in das orange-pinke Lichtfeld von Kuan Yin ein. Dabei hielt ich ein bestimmtes Holz in der Hand, in welches „Kuan Yin" eingraviert ist; an dem Tag meiner Abreise war es gerade noch in meinem Briefkasten gelandet, und ich war überglücklich gewesen, dass ich es mitnehmen konnte. In herausfordernden Umständen brauche ich manchmal etwas Greifbares in den Händen, welches mich an die Kraft von Kuan in mir und um mich herum erinnert. In unserem Haupt-Unterrichtsraum (einer der Meditations-Säle) stand eine goldene Lakshmi Statue auf dem Altar. Das Gewahrsein, dass sie keine andere als „Kuan Yin" ist, war ebenso tröstlich für mich.

Wann immer ich mich erschöpft fühlte von diesem Marathon-Programm, nahm ich über meine Herzsonne Kontakt zu Kuan Yins Energiefeld auf. Ich spürte dann Wellen einer weiß-goldenen Kraft, die mich wieder stärkte und erheiterte.

Meine Herzsonne zu aktivieren ist ein tolles Mittel, auf das ich im Alltag prima zurückgreifen kann.

Am Tag des Prüfungs-Abschlusses war ich völlig erschöpft, hatte aber gleichzeitig viel Wunderbares gelernt und erlebt. Insgesamt fühlte ich mich von den vielen Eindrücken etwas verwirrt.

Doch als die abschließende Zeremonie begann, fand zu meinem Erstaunen etwas sehr Wundervolles statt:

Einer nach dem anderen traten wir vor den Ayurveda-Lehrer, um unser Zertifikat zu erhalten, und knieten nieder. Und dann bekamen wir einen Punkt aus verschiedenen Mineralien auf die Stirn. Uns wurde erklärt, dass Lakshmi, die Schirmherrin des Ayurveda sei, und dass wir nun ihren Segen für unsere zukünftige Arbeit bekamen, symbolisch als Punkt auf der Stirn aufgemalt. Ich war einfach nur glücklich in diesem Moment, wie wieder einmal plötzlich und unerwartet alles Paradoxe **auf**

den Punkt gebracht wurde. Ich hatte nicht gewusst, dass Lakshmi / Kuan Yin als Schirmherrin des Ayurveda betrachtet wird, und spürte in dem Moment, als mir der Punkt auf die Stirn gemalt wurde, wie Kuan Yins Kraft und Güte mit Lakshmi und mit mir verschmolz.

Da die ayurvedische Ernährung Körper, Geist und Seele nährt, also für den ganzen Menschen da ist, könnte es keine bessere Schirmherrin dafür geben.

Zeitlosigkeit – Unsterblichkeit – Tugend

Eines Abends las ich von der Unsterblichen He Xiangu, die in ihrer linken Hand– wie Kuan Yin – eine Lotusblume hält. He Xiangu (Ho Hsien Ku, He Xian Ku) ist eine taoistische Unsterbliche der chinesischen Mythologie und gehört zur Gruppe der „Acht Unsterblichen". Sie wurde unsterblich aufgrund ihrer Freigebigkeit und ihrer strengen Askese. Sie erscheint mit einer Lotusblüte, einem Blumenkorb, einem Pfirsich (Symbol für Unsterblichkeit und Langlebigkeit) oder einer Sheng Mundorgel. Kraniche begleiten sie.

Auch in der buddhistischen Tradition wird gelehrt, dass wir alleine durch das großzügige Geben (Dana) erwachen können. In China wird He Xiangu oft wird mit Kuan Yin gleichgestellt.

Weisen das „Erwachen" im Buddhismus und die „Unsterblichkeit" im Taoismus vielleicht auf das gleiche Phänomen des Geistes hin?"

Wenn wir uns die Biografien von Shakyamuni Buddha und dem taoistischen Unsterblichen Zhen Wu genauer anschauen, können wir gewisse Parallelen entdecken.

Zhen Wu soll als junger Prinz (Sohn des Königs vom Fürstentum Jing Le) auf den Thron verzichtet haben. Er wuchs mit dem Studium von daoistischen Praktiken auf, und nachdem ihm in einer Vision das Elend der Welt gezeigt worden war, beschloss er ins Wudang Shan

Gebirge zu gehen, um das Dao zu kultivieren. Auf seinem Wege dorthin half er verschiedenen Menschen, sodass er am Ende nur noch seine letzten Kleider am Leib trug und sonst nichts mehr besaß. Schließlich traf er einen Meister namens Yuan Shi Tian Zu, unter dessen Anleitung er sich einem harten Training unterzog. Nach vielen Jahren hatte er den Eindruck, zu stagnieren, bekam Heimweh, und beschloss zum heimatlichen Palast zurückzukehren. Auf dem Heimweg begegnete ihm eine alte Frau, die eine Eisenstange an einem Stein wetzte. Als er die Alte fragte, was sie da tue, erwiderte sie, dass sie die Eisenstange zu einer Nadel schleifen wolle, um damit ein Hochzeitskleid für ihre Tochter zu nähen. Das schien Zhen Wu unsinnig, da Nadeln nicht teuer zu erwerben waren, und er sagte ihr, dass es doch bestimmt ewig dauern würde, bis sie mit viel Mühe eine Nadel aus der Stange geschliffen hat. Die Alte erwiderte, dass es zwar lange dauern würde, aber dass sie am Ende sicherlich eine besonders gute Nadel hätte, wenn sie nur beständig weiterschleifen würde. Mit diesen Worten der alten Frau traf ihn eine tiefe Erkenntnis: Wenn er beständig weiter übte, würde er sicherlich eines Tages unsterblich werden. Er bedankte sich bei der weisen Alten und kehrte in die Berge zurück. Viele Tiere unterstützten und versorgten ihn, und der trank den Nebel, um seinen Durst zu löschen. Eines Tages traf er eine hochschwangere Frau an einem Fluss. Er half ihr dabei, das Kind zur Welt zu bringen. Diese Frau entpuppte sich als Kuan Yin, die ihn daraufhin zum Dank mit heiligem Wasser von seinen alten seelischen Lasten befreite.

Nachdem er 42 Jahren mit Meditations-Praktiken verbracht hatte, wurde er erneut von einem weiblichen Wesen aufgesucht. Sie versuchte ihn zu verführen und wollte ihn heiraten – er stieß sie harsch zurück, da er sich bei seinen Übungen von ihr gestört fühlte. Das tat er so vehement, dass sie vom Berg sprang. In dem Moment erkannte er die Folgen seiner harschen Handlung und sprang ihr nach, um sie zu retten. In diesem Moment erschien ein Drache auf dessen Rücken er landete, die Frau war verschwunden, und er wurde unsterblich. Es wird gesagt, dass er von seinem Meister in der Gestalt des jungen Mädchens auf die letzte Probe gestellt worden war.

Zhen Wu wird auch herbeigerufen, um Dämonen zu befrieden.

Shakyamuni Buddha hat eine ähnliche Biografie. Auch er wuchs in einem Palast auf, und nachdem er unerwartet damit konfrontiert worden war, dass das Menschsein auch mit dem Leiden von Krankheit, Alter und Tod verbunden ist, verließ er den heimatlichen Palast. Er verzichtete auf die Reichtümer, kleidete sich in Lumpen, suchte sich Meditationsmeister und lebte als Asket. Das Milchmädchen (ich habe bereits von dieser wichtigen Frau erzählt) tauchte eines Tages auf, als er fast verhungert und abgemagert draußen saß. Sie bot ihm eine Milchspeise an. Dankend nahm er diese entgegen, er beendete damit seine Askese und erkannte durch sie den Mittleren Weg. Der Reichtum hatte ihm nicht geholfen zu erwachen, die Askese auch nicht, also bemühte er sich nun, einen mittleren Weg zu finden. Er beendete also seine Askese, aber lebte weiter in der Einsamkeit der Wälder und übte die Meditation. Auch Shakyamuni unterzog sich einer letzten Prüfung, bei der es wiederum ein weibliches Wesen war, welches ihm letztendlich den Durchbruch ins Erwachen ermöglichte. Seine Prüfung fand statt, als er sich am Baum sitzend dazu entschlossen hatte, nicht eher wieder aufzustehen, bis er die Erleuchtung erlangt habe. Aber Mara und sein Dämonenheer setzten Shakyamuni so zu, dass er spürte, wie sein Geist ins Wanken geriet und er Mutter Erde um Hilfe bat. Noch heute wird diese Geste auf Bildern oder in Form von Statuen dargestellt: Shakyamuni Buddha sitzt am Boden, seine rechte Hand zum Boden hin ausgestreckt, und seine Finger berühren Mutter Erde. Sie erschien sodann als Göttin Thorani und spülte mit ihrem Wasser Mara und sein Gefolge hinfort. Shakyamuni erwachte wenig später mit dem Aufgehen des Morgensterns.

Die weibliche archetypische Kraft scheint auf dem Weg des Erwachens offensichtlich unverzichtbar zu sein. Ob Mann oder Frau, wir brauchen die Aktivierung dieser Kraft in unserem Geist, wenn wir den Durchbruch in das innerste Licht, in unseren klaren Geist, schaffen wollen.

Auch wurde ich neugierig, ob mit der „Unsterblichkeit" das Gleiche gemeint ist, wie mit dem „Abwenden des zweiten Todes", wovon in der Traum-Arbeit Zentralasiens die Rede ist.

Dort wird gelehrt, dass es wichtig sei, den sogenannten „zweiten Tod" zu verhindern. Der erste Tod ist der physische Sterbeprozess, und letztendlich nicht abwendbar. Aber es wird gelehrt, dass es möglich und wichtig sei, den zweiten Tod abzuwenden, um zeitlos existieren zu können.

Unter anderem gibt es da die Auffassung, dass wir durch erlebte Traumata, Teile unserer Psyche abspalten oder sogar verlieren können. Durch die Arbeit mit einem Trauma können wir den Teil wiederfinden und wieder integrieren. Es ist wichtig, nach und nach die abgespaltenen Teile zu integrieren, bevor der körperliche Tod geschieht. Stirbt jemand, der noch unter vielen Traumata leidet, dann ist die Psyche nach dem körperlichen Tod in viele Teile zerfallen. Wenn die Zersplitterungen nicht zu arg sind, ist das Gewahrsein solch eines Wesens immer noch bewusst genug, um dann mit Hilfe anderer Wesen, alles Verlorene zu finden und zu integrieren. Ist eine Psyche jedoch zu sehr zerspalten, dann kann es passieren, dass sie nach dem körperlichen Tod auseinanderfällt. Dies ist erst mal nur eine grobe Beschreibung für das Phänomen, welches „zweiter Tod" genannt wird. genannt wird, doch ich glaube, wir können uns alle vorstellen, wie ein Leben voller Ablenkungen, voller ungefilterter Außenreize, voller Hetze und Sorgen zu einer Zersplitterung beiträgt, die uns letztlich zerfallen lässt. Im Grunde scheint es unsere ganze Gesellschaft auf ebendiesen Zerfall unserer Psyche anzulegen.

Mit Psyche ist in diesem Zusammenhang keine feste Persönlichkeit gemeint! Unsere Persönlichkeit unterliegt ständigem Wandel, bereits während wir in dieser Welt leben. Unsere Persönlichkeit ist nichts Bleibendes.

Das Symbol der Swastika soll nach dieser Tradition das stärkste Symbol sein, um die gespaltene Psyche wieder zu einen. In der Mitte der Swastika wird jede Spaltung aufgehoben – dort ist das Tor zur Heilung – zur bewussten Allverbundenheit – zur Zeitlosigkeit.

Hier gelangen wir zu unserem unverwundbaren, unsterblichen „Selbst jenseits des Selbst".

Auch in wissenschaftlichen Studien von Gregg Braden fand ich interessante Erklärungen dazu. Die Swastika symbolisiert das Zentrum unserer Heimatgalaxie, der Milchstraße. Und das energetische, elektromagnetische Feld dieses Zentrums strahlt laut Braden Liebe, Weisheit und heilsame Qualitäten wie Mitgefühl aus. Mitgefühl hat die Wirkung, Spaltungen in der Psyche aufzuheben, weil es uns auf tiefe und heilsame Weise mit der Welt sowie letztlich auch mit uns selbst verbindet. Durch das Tor der Swastika, durch das Energiefeld der Mitte der Galaxie, die ebenfalls auf einer anderen Realitätsebene IN UNS existiert, gelangen wir zu unserem unverwundbaren, unsterblichen „Selbst jenseits des Selbst".

Kuan Yin existiert zeitlos, jenseits unserer Vorstellung von Zeit, sie ist daher weder sterblich noch ewig, da sterblich und ewig sich auf unsere Idee von Zeit beziehen – und sie ist gleichzeitig überall anzutreffen. In ihr bewusst zu sein, macht uns unsterblich und befreit uns von der Gefahr des zweiten Todes, da sie uns mit ihrer mitfühlenden Energie sozusagen zusammenhält.

Sie erweckt in uns die Furchtlosigkeit, die aus dem natürlichen Verstehen erwächst, dass unser innerstes Wesen, das Selbst hinter dem Selbst, nicht geboren ist und daher nicht sterben kann.

Spannend finde ich in diesem Zusammenhang auch, dass die Kraft des Mitgefühls – eine Qualität, für die Kuan Yin besonders bekannt ist – auch die Spaltung in unserer Psyche aufhebt.

Nach einem inspirierenden Austausch mit einer Freundin über das Thema Unsterblichkeit machte ich eine interessante Entdeckung: es gibt einen Sanskrit Begriff „Svaraloka", der für das „goldene Reich der Unsterblichen" steht. Sofort kam mir ein Wortspiel in den Sinn:

Ava Lokita svara - Avalokitashvara (Sanskrit. Name für Kuan Yin). Alten Überlieferungen zufolge gibt es noch eine Legende, in der Kuan Yin von der Königin des Westens, der Königin der Unsterblichen, im Kunlun-Gebirge unterrichtet worden sei, bis sie unsterblich wurde. Ich freute mich sehr über diese weitere Bestätigung, dass Kuan Yin mit dem goldenen Zustand der Unsterblichkeit verbunden ist, und so auch eine Brücke zwischen den großen Religionen Asiens, dem Buddhismus und dem Taoismus sowie den allem zugrundeliegenden schamanischen Wegen baut.

∞

Was kann uns noch dabei helfen, das zeitlose Gewahrsein zu realisieren? Stilles Sitzen ist nicht genug. Traum-Arbeit reicht allein nicht aus. Auch auf unsere Gedanken – Worte – Taten im Alltag kommt es an.

Während einer inneren Reise frage ich daher, weshalb es so wichtig ist, die folgenden Übungen zu machen, die mir in der Tibetischen Tradition an Herz gelegt worden waren:
andere nicht beschimpfen, wenn sie uns beschimpfen -
nicht ärgerlich mit denen werden, die sich über uns ärgern -
diejenigen die uns schlagen, nicht zurückschlagen -
es zu unterlassen, die Fehler anderer zu beobachten, wenn sie unsere Fehler beobachten -
alle Wesen liebevoll behandeln -
andere wertschätzen und respektieren und uns nicht über sie stellen –
wenn jemand sich übel benimmt, die Person liebevoll behandeln und als kostbar betrachten –
alle Wesen als Mutter betrachten -
Direkt erhalte ich eine Antwort aus meinem Inneren:

Es ist wichtig, nicht den Selbsthass anderer zu nähren! Wenn wir andere beschimpfen, uns über sie ärgern, sie verletzen oder ihre Fehler beobachten, nähren wir ihren Selbsthass – das nährt ihre traumatischen Schmerzen und verstärkt ihre Hindernisse aufzuwachen. Indem ich das unterlasse, unterstütze ich das Kraftfeld der liebenden Güte, des Mitgefühls, der Weisheit und nähre somit das Erwachen der Wesen.

Es gibt in der Buddhistischen Tradition auch eine Übung, um die liebende Güte in uns zu entfalten. Spannend finde ich die traditionelle Aussage darüber, was für Wirkungen diese Liebende-Güte-Meditation mit sich bringt. So wird erklärt, dass wir dadurch besser schlafen, Leichtigkeit spüren beim Aufwachen und schöne Träume haben; dass wir von Menschen, himmlischen Wesen und Tieren geliebt werden; dass wir beschützt werden, vor Schönheit erstrahlen, heiter sind, friedvoll sterben und in höhere Daseinsbereiche wiedergeboren werden. Das ist doch sehr motivierend.

Wieder einmal wird mir klar, dass das Üben der Tugenden ein geschicktes Mittel auf dem spirituellen Weg ist. Allerdings ist damit nicht unsere Idee von Tugend gemeint! Es geht vielmehr um eine Tugend im Sinne von der wahren Natur der Dinge zu folgen, und nicht den künstlichen Ideen, die uns von der Wirklichkeit des „Miteinander-Verbundenseins" abtrennen; in Einklang mit dem Fluss des Lebens handeln, und nichts erzwingen.

Durch die Verwirklichung von Kuan Yins klarer Tugend, erwachen wir zu unserem Unsterblichen Wesen – rein und zeitlos, hier und jetzt zum Wohle aller Wesen. Die reine Natur des Geistes, Buddha-Natur, Unsterblichkeit, ist hier, aber wir müssen sie verwirklichen und kultivieren. Dafür brauchen wir die „Tugend". Tugend führt uns in unser wahres Wesen – wie wir es in der Legende der Prinzessin Miao Shan nachlesen können. Das Kultivieren der Tugenden unterstützt unser Bewusstsein darin, sich von der einengenden, isolierenden „Selbst-Zentriertheit" hin zur „Multi-Zentriertheit" zu entfalten. Diese Multi-Zentriertheit, die ein jeder und eine jede von uns erreichen kann, finden wir wunderbar dargestellt in der tausend-armigen Kuan Yin – tausend Arme als Symbol dafür, sich mit allen Wesen verbunden zu fühlen und ihnen unsere helfenden Hände entgegenzustrecken.

Miao Shan wurde von einem weißen Tiger auf die Insel Putuo Shan gebracht, wo sie schließlich zu einer Verkörperung des bedingungslosen Mitgefühls namens Kuan Yin wurde. Der weiße Tiger erinnert an die Legenden von nordischen Feen-Ländern oder Anderswelten, in denen die Tiere ebenfalls weiß sind und wichtige Botschaften für uns bereithalten. Auch die Legenden über Belavodje erzählen von weißen Tieren. Belavodje steht mit einer Tradition der Unsterblichen in Verbindung. Der weiße Tiger von Miao Shan weist darauf hin, dass es in dieser Geschichte um Unsterblichkeit geht. Wieder einmal treffen wir hier auf die enge Verbindung zwischen Tugend und Unsterblichkeit.

Man könnte meinen, dass meine zen-buddhistische Praxis, die traditionell sehr klar, eher nüchtern und präzise ist, nicht wirklich mit den bildreichen schamanischen Reisen zusammenpasst, die ich erlebte und hier beschrieben habe. Kommt es beim Zen darauf an, Bilder loszulassen, legt der schamanische Weg eher Wert darauf, Bilder einzuladen und sich inneren Visionen hinzugeben. Ich kann mir vorstellen, dass manche Menschen sich vielleicht zwischen diesen beiden Wegen zerrissen fühlen würden – für mich ergänzen sie sich jedoch auf ganz wunderbare Weise und wurden zu EINEM Weg.

In mir gibt es wohl zwei Seiten, die beide von einem spirituellen Weg angesprochen werden möchten, die sich beide erfahren möchten. Das verbindende Element in beidem ist für mich das Wesen von Kuan Yin. Sie ist in beidem zuhause.

Die Bilder, die ich auf schamanischen Reisen sah (und weiterhin sehe) haben mich daher nicht von meinem Zen-Weg abgebracht, sondern mich ihm ganz im Gegenteil immer näherkommen lassen. Manchmal habe ich den Eindruck, dass ich gewisse Lehren des Zen-Weges viel besser durch die gesehenen und erlebten Bilder auf den Reisen verstanden habe.

Und umgekehrt hat mir die Klarheit des Zen dabei geholfen, mich in den Anderswelten des Schamanismus zu orientieren und den wichtigen Bezug zum irdischen Dasein nicht zu verlieren. Unser Geist kann uns sehr in die Irre führen, und es ist wichtig, beim inneren Reisen aufmerksam zu bleiben. Meine schamanische Lehrerin sagte oft zu mir, dass sie glaubt, dass es mir nur durch meine zen-buddhistische Übung möglich sei, mich nach den Reisen immer an alle Details zu erinnern und diese präzise aufzuschreiben.

Ich befinde mich vorrangig auf dem zen-buddhistischen Weg, der meine schamanischen Fähigkeiten wie folgt unterstützt:

Ich erlebe die Zen-Tradition wie ein kostbares Werkzeug, durch welches mein Geist sanft aber stetig geschliffen wird. Die Selbstdisziplin und Selbstverantwortung haben einen wichtigen Stellenwert. Und genau das unterstützt mich auch bei meinen inneren Reisen. Es kann passieren, dass ich spüre, dass es wichtig ist, JETZT zu reisen, aber ich gerade müde bin und nicht motiviert. Ich reise dann trotzdem, und bisher waren genau diese Reisen stets besonders wichtig. Ich sitze auch jeden Morgen und Abend in Meditation, egal ob ich Lust dazu habe oder müde bin oder mich drauf freue. Ich sitze einfach. In den inneren Räumen, wo ich mit meinen Schmerzenergien arbeite, ist es eine typische Dynamik, dass man dort irgendwann müde oder genervt wird, und die Übung abbrechen möchte. Nach dem Motto „Ach, ich mach morgen da weiter". Es ist aber genau an diesem Punkt wichtig, unbedingt weiter zu machen. Die Selbstdisziplin, die ich durch das Zen stetig übe, hilft mir da sehr, hartnäckig bei meinen Übungen zu bleiben und sie immer zu Ende zu machen.

Und mein zen-buddhistischer Lehrer ist mir da eine große Inspiration. Was die Themen der Selbstdisziplin und Selbstverantwortung betreffen, erlebe ich ihn als klar, stetig und unermüdlich. Das ist ein großer Segen für mich und hilft mir sehr in meiner Entwicklung, auch wenn ich es manchmal als herausfordernd empfinde.

Auch lehrt mein Lehrer mich unentwegt wie wichtig es ist, mich auf das Unbekannte einzulassen. Es gibt manchmal innere Reisen, wo ich in neue Ebenen gerate, die sich für mich fremd anfühlen und mich verunsichern. Durch meine Zen-Schulung gehe ich dennoch weiter in der Reise, was auch zu meiner spirituellen Entwicklung beiträgt. Die schamanische Lehrerin war oft erstaunt, wo ich den Mut hernehme, und sagte dann, ich würde dadurch neue Wege und Türen öffnen.

Ein weiterer Punkt, wie mich die zen-buddhistische Praxis bei den inneren Reisen unterstützt, ist ein mir sehr wichtiger Aspekt. Durch die Schulung meines Lehrers wird mir immer klarer, wie sehr mein Geist mich fehlleiten kann; und das teilweise mit sehr cleveren Argumenten, die zwar für meinen Intellekt absolut überzeugend sind, mich jedoch in die Irre führen können. Daher glaube ich nicht einfach das, was ich alles sehe – ich prüfe es auch nach. Und ich lerne mehr und mehr zu unterscheiden, was aus den wirklichen Ebenen an Informationen zu mir kommt, und was Hirngespinste meiner unreinen Geistes-Gebiete sind. Wir können uns wirklich selbst reinlegen, oder in den inneren Welten verloren gehen. Das hilft uns dann leider nicht dabei, wacher zu werden. In der zen-buddhistischen Tradition in der ich studiere, ist es wichtig, morgens mein Bett zu machen, das Klo zu putzen und mich immer wieder mit meinem Atem zu verbinden, dem Fundament meiner menschlichen Existenz. Das hilft mir, auf dem Teppich zu bleiben und auch den kostbaren Wert der irdischen Existenz zu erkennen. Für mich war es in früheren Jahren wichtiger, in den unsichtbaren Ebenen zu agieren, während ich das Weltliche als zweitrangig erlebte. Die Zen-Tradition hilft mir, zu erkennen, dass die sichtbare und unsichtbare Welt untrennbar miteinander verbinden sind, und dass es wirklich wichtig ist, beide zu wertschätzen und zu kultivieren.

Andererseits ist mein Weg auch schamanisch geprägt, was mir folgende Erkenntnisse über den Zen-Weg eingebracht hat: über meine inneren Reisen ist mir überhaupt erst aufgefallen, dass es sich bei Kuan Yin um eine weit umfassendere Kraft handeln könnte, als die mitfühlende Frauenfigur, die aus einem männlichen Bodhisattva entstanden sei. Die meisten Informationen bekam ich zunächst in den anderen Welten, und beim Prüfen in der irdischen Welt fand ich dann diese Erkenntnisse untermauernde Belege in alten Texten. Ohne die Hinweise in den unsichtbaren Ebenen hätte ich diese Texte sicherlich nicht entdeckt. Dieses Phänomen, und auch die Geschichten, die ich dann fand (zum Beispiel die ältere Version von Shakyamuni am Baum und seiner Begegnung mit Thorani) halfen mir zu erkennen, dass es auch in der alten zen-buddhistischen Traditionen Methoden gegeben haben muss, direkt mit Dämonen zu arbeiten, die in Vergessenheit geraten sind. Durch meine schamanische Arbeit bekam ich also Zugang zu Bereichen der buddhistischen Tradition, die mir bisher verschlossen gewesen waren. Die Arbeit in den verschiedenen Realitätsebenen hilft mir, mehr meiner Selbstsabotage-Muster zu erkennen, die mich auch auf meinem buddhistischen Weg an der Weiterentwicklung hindern können, und dann zu lernen, mich von ihnen nicht mehr oder weniger kontrollieren zu lassen. Dadurch werde ich authentischer und auch mutiger darin, mich für Neues zu öffnen. Mein Geist wird offener und klarer, und mein Horizont erweitert sich. Ich nehme Aufgaben in der Gemeinschaft an, die ich mir eigentlich nicht zutraue, und wachse daran.

Ein ganz wichtiger Aspekt ist die große Freude, die unglaubliche innere Fülle, mit der ich von jeder inneren Reise zurückkomme. Ich erlebe diese ganzen Welten als unglaublich schön und beglückend. Und all die wunderbaren Wesen, die ich nach und nach kennenlerne oder wieder treffe, berühren mich genau so tief, wie die Menschen, die mir am Herzen liegen. Es ist so bereichernd, zu erleben, dass es in den unsichtbaren Welten ein Netzwerk von Wesen gibt, die mich begleiten und unterstützen, egal wo ich bin. Sie sind mir zugeneigt, auch, wenn ich einen Fehler mache – sie helfen mir dann einfach dabei, wieder Harmonie herzustellen, ohne mich zu kritisieren. Diese Wesen erlebe ich als unglaublich wohlwollend – etwas, was ich in unserer irdischen Ebene, in unserer derzeitigen Gesellschaft manchmal vermisse. Sie bringen mir das Mitgefühl entgegen, das ich dann wiederum auch für andere Menschen leichter fühlen kann, wenn sie etwas tun, was mir nicht passt. Dadurch kultiviere ich meine buddhistischen Tugenden.

Diese Wesen sind auch da, wenn ich zum Beispiel in einem Retreat merke, wie Teile meiner künstlich erschaffenen Persönlichkeit wegbrechen – was ich zunächst als schmerzhaft und verunsichernd empfinde, durch die Hilfe der Andersweltwesen aber bald danach einen größeren geistigen Frieden erfahre. Es ist ein innerer Reichtum, der sich mir durch diese Welten erschließt, den ich nicht missen möchte.

Des Weiteren habe ich den Eindruck, dass ich auf meinen inneren Reisen oft in Gefilden lande, die auch zur Landkarte buddhistischer Welten und Geschichten gehören. Das finde ich besonders spannend, denn manchmal bekomme ich dort von archetypischen Buddha-Formen Belehrungen, oder durch den Austausch mit ihnen ergeben sich Einsichten, die mir auf meinem spirituellen Weg weiterhelfen. Ich bin einfach begeistert und fasziniert von der Fülle der buddhistischen Welten, Legenden, Belehrungen, Traditionen und deren Wesen. Und ich freue mich daran, sowohl von der irdischen Ebene als Mensch dazu Zugang zu haben, als auch von den anderen Ebenen her, wo eher mein Geistselbst oder Herzselbst agiert.

Nun ist eine entscheidende Frage, wie sich meine Übungen der zen-buddhistischen Praxis und die Reisen im Traumgewebe auf meinen Alltag auswirken? Beides miteinander verbunden lässt mich meinen Alltag anders erleben. Ich bin aufmerksamer. Ich achte stärker darauf, mich weniger oder gar nicht in die Muster anderer Menschen hineinziehen zu lassen, und stattdessen bei mir zu bleiben. Dabei hilft mir mein Atembewusstsein, welches die Basis jeder Meditationsübung der zen-buddhistischen Tradition ist. Ich bemerke schneller als zuvor, wenn ich dabei bin, mich in die Welt einer anderen Person hereinziehen zu lassen (Ja zu sagen, wenn ich eigentlich nein sagen möchte / meine Ansichten ins Schwanken geraten zu lassen / mich plötzlich für die andere Person verantwortlich zu fühlen / mich unter Druck setzen zu lassen, etc). Dies nicht einfach geschehen zu lassen, sondern achtsam zu bleiben und zu agieren statt nur zu reagieren, wird gleichermaßen durch die Meditation und durch meine Arbeit in den Traumwelten geschult. Ich halte dann inne, und komme wieder zurück zu mir.

Durch meine Erfahrungen sowohl mit der zen-buddhistischen Praxis als auch der Arbeit in den Traumwelten bin ich optimistischer und stabiler in Lebenssituationen, die ich als herausfordernd erlebe, vor allem wenn sich etwas in meinem Leben gravierend ändert. Denn ich bin mir des riesengroßen Netzwerkes bewusst, in dem wir alle existieren. Beide Traditionen zeigen mir deutlich das, was mein buddhistischer Lehrer Claude AnShin Thomas immer wieder gern erwähnt: In uns selbst existiert das ganze Universum – im kleinsten Teilchen existiert das ganze Universum.

Natürlich verschwinden nicht einfach meine unheilsamen Angewohnheiten wie zum Beispiel Angst, Frust, Wut und Neid. Aber es ist für mich ein Trost, dass ich Methoden zur Hand habe, die mir dabei helfen, mit diesen Zuständen geschickt umzugehen – sie nicht zu ignorieren, aber ihnen auch nicht zu erlauben, mich und mein Verhalten zu kontrollieren.

Und Kuan Yin ist wie eine Brücke für mich, die all meine Übungen und Erlebnisse mit meinem Alltag verbindet – sie ist für mich der Webrahmen, das Webschiffchen, das Garn, die webende Person und der gewebte Stoff. Alles ist ein Ausdruck, eine Facette der Urquelle, der Urkraft – wie auch immer wir sie nennen. Diese wunderbare Urkraft existiert in allem Alltäglichen. Nichts ist zu profan.

All die Bilder von Kuan Yin, die ich auf schamanischen Reisen erfahren habe, sind für mich daher auch in einer schlichten Tasse Tee zu erkennen. In dem Moment des Trinkens, des Schmeckens, des Einfach-in-diesem-Augenblick-Seins ist Kuan Yin bei mir.

Ich genieße die Tasse Tee, die sich warm an meine Hände anschmiegt, genieße den Duft und beobachte, wie der Wasserdampf sich schwebend und kräuselnd im Raum bewegt. Das bringt mich in den gegenwärtigen Augenblick zurück – in meine Wesensmitte.

In dieser Tasse Tee sehe ich Kuan Yins Wasser vom Weißen Land der Seele, die Regenwolken, die Teepflanzen und vieles mehr, sodass mich dieser Moment nicht nur mit meiner buddhistischen Tradition verbindet, sondern auch mit den Traumfaden der unsichtbaren Welten. Es wirkt alles ineinander zum Wohle aller Wesen!

Besonders bemerkenswert finde ich, dass es ja sogar eine Teesorte gibt, die auf Kuan Yin zurückgeht, und Tie Kuan Yin genannt wird, der Tee der Eisernen Göttin. Ich habe diese Erzählung bereits geschildert. In solch einer Tasse Tee fühle ich ihre Fürsorge und Herzenswärme – das erweckt in mir Ruhe und Freude.

Ebenso sind mir durch die zen-buddhistischen Meditation und die schamanischen Reisen meine Träume immer wichtiger in meinem Prozess der Selbsterkenntnis geworden. Hier erlebe ich Bilder mit tiefen Botschaften, die ich vielleicht nicht immer augenblicklich verstehe, die aber stets nach und nach ihre Bedeutung entfalten und mich einen Schritt weiter auf meiner Reise führen …

Spiegel-Träume

Ich trage eine rote Hose mit einem roten Kleid, und darüber einen Kapuzenumhang. Sie sind aus dickem Stoff genäht. Ich sitze auf der Erde und warte neben einer großen Jurte. In der Hand halte ich einen kleinen runden Spiegel. An der Jurtendecke habe ich von Innen einen großen runden Spiegel angebracht. Dann kommen viele Menschen herbei und gehen in die Jurte, um an einem Kurs teilzunehmen. Plötzlich taucht der Dalai Lama auf und lacht mich an. Er rezitiert laut, während er in die Jurte hineingeht. Ein noch älterer Lama begleitet ihn, und er lacht mich voller Freude an. Hinter ihnen wird die Jurte geschlossen.
Ich wache auf.

Im Zusammenhang mit Kuan Yin begegnet uns auch die Symbolik des Spiegels. Der bereits erwähnte John Blofeld schreibt, dass Kuan Yins vielarmige Form Chên-T'i genannt wird, was „Die spiegeltragende Buddhamutter" bedeutet.[22]

Im alten Orient wurden Spiegel zur Abwehr von Dämonen eingesetzt. Auch Kuan Yin und Cundi tragen einen Spiegel als Attribut bei sich. Dies weist auf ihre archetypische Eigenschaft der „unbesiegbaren Herrin über die Dämonen" hin. Schamanen in der Mongolei arbeiten mit Spiegeln, und in Persien werden Spiegel bei Hochzeiten vor das Ehepaar gestellt. Die Symbolik des Spiegels findet sich in zahlreichen Kulturen.

Spiegel sind dabei nicht unbedingt begrenzte Scheiben, sondern können auch Licht-*Tore* sein, durch die das Licht der Kuan Yin zu uns scheint. Dieses Licht transformiert unsere Schatten, Dämonen, Traumageister, unheilsamen Muster – wie auch immer wir diese Phänomene nennen. Im

---

22 John Blofeld: Bodhisatva of Compassion, Shambala Publications, Boston, 1977, Seite 140

Vimalakirtinirdesa-Sutra wurde Kuan Yin auch Kuei'Yin genannt, was Licht bedeutete.

In den buddhistischen Lehren finden wir Fragen wie: Bist du der Spiegel oder die Reflektionen? Beherbergst du die Erlebnisse und Gedanken und Gefühle ohne sie festzuhalten, wie ein Spiegel? Oder bist du das Spiegelbild?

Wenn wir uns mit den Reflektionen, den Spiegelbildern identifizieren, haben wir auf Dauer Schwierigkeiten, denn es sind nur Bilder, nicht aber die Essenz.

Der Spiegel dient hier als Symbol für unser grenzenloses Gewahrsein, welches Licht, Liebe und Weisheit ist – Kuan Yins Qualitäten. Wir haben die Fähigkeit, der Gastgeber unserer Gedanken und Wahrnehmungen zu sein. Und dann erfahren wir die Erlebnisse, während wir zugleich mit unserem tiefsten Selbst, dem innersten „So-Sein" bewusst verbunden sind. Wir werden nicht mehr wie ein Blatt im Wind hin und her geweht.

Und noch eine wertvolle Qualität wohnt dem Spiegel inne: er urteilt und bewertet nicht das, was sich in ihm zeigt und spiegelt.

Und noch eine Frage: gibt es eine Trennung zwischen dem Spiegel und dem Spiegelbild?

In einer weiteren Vollmondnacht erschien mir Kuan Yin wieder im Traum. Sie kniete auf dem Boden und hielt beide Arme gerade nach oben. Zwischen ihren Händen, über ihrem Kopf, hielt sie einen runden Spiegel. Das Wort Kuan Yin blitzte auf. Ich wachte auf und wunderte mich über dieses Bild von ihr. Ich hatte Kuan Yin noch nie in einer solchen Haltung gesehen.

Aber sie zeigte mir wieder die wunderbare Wechselwirkung von Traum und Alltag: Ich stieß auf ein Buch des chinesischen Arztes Hong Liu, der Kranke mit Qi Gong behandelt. In seinem Buch „Qi Gong Miracles", das ich einfach mal aufschlug, las ich „Die acht goldenen Übungen". Und ich erfuhr, dass die Position der ersten Übung von einer alten Buddha-Statue inspiriert wurde, die ihre Arme über den Kopf hält und eine Münze zwischen ihren Händen hält. Vielleicht war die Münze ursprünglich ein Spiegel?

Während eines weiteren Traumes lande ich in einem wunderschönen Palast. Ich vernehme eine Stimme, die mir erklärte, dass ich mich in einem Palast am Polarstern befände, dem stetigen, unveränderlichen Tor, durch welches das Licht der Kosmischen Mutter in unser Universum hineinströmt. Mit dem lauten Klang der Worte: „Lasse das Licht – die Liebe – die Weisheit der Kuan Yin so unveränderlich in die Welt strömen, wie es der Polarstern macht" wachte ich auf.

Der Polarstern ist ein Leitstern, ein fixer Punkt, an dem man sich orientieren kann – genauso empfinde ich Kuan Yin für mich.

Zu dieser Zeit war ich dabei, meine Nonnen-Robe, Kesa genannt, aus erbettelten Stoffen zu nähen. Pro Stich rezitierte ich ein Kuan-Yin-Mantra. Eines Abends machte ich eine Näh-Pause und sah mir eine Dokumentation über das Tai Shan Gebirge an. Und wieder einmal bekam ich unerwartete Informationen, die mir halfen, die Verbindung zwischen dem Polarstern und Kuan Yin besser zu verstehen. Auf der Mitte des Berges Tai Shan in China liegt ein alter Nonnen-Tempel, welcher der Göttin Dou Mu oder Dao Ma geweiht ist, der „Mutter des Scheffels" - das Sternbild des Großen Wagens, welches den Polarstern enthält. Sie wird „Mutter des Tao, Himmelskönigin, Göttin des Polarsterns" genannt. Sie hält das Universum im Gleichgewicht und beschützt die Menschen vor Gefahren, wenn sie gerufen wird. Dou Mu gilt als tugendhaft und erstrahlt in hellem Lichtglanz, der alles enthüllt – sie verkörpert das Licht, in welchem wir unserer schädlichen Muster wandeln können. Sie gleicht Kuan Yin, die ebenfalls noch heute auf dem Tai Shan verehrt wird.

In vielen Zen-Gärten wird übrigens traditionell die Sternkonstellation des Großen Wagens mit Steinen angelegt. Auch hier können wir die wichtige Bedeutung dieses Sternbildes und des Polarsterns erahnen.

Ankunft in meinem Herz Mandala

(Dies Sonnen-Amulett hat eine Sami Frau hergestellt. Meine Mutter hat es mir aus Yokkmokk in Nord-Schweden mitgebracht, und mich damit überrascht. Interessanterweise ähnelt das Sonnensymbol der „Frucht des Lebens" in der Heiligen Geometrie. Es ist ein altes Wissen der Urvölker.)

Kuan Yin - Heilige Geometrie

Im Februar 2022 hatte ich das Glück, von einer guten Freundin zu einem Kurs über die Heilige Geometrie eingeladen zu werden. Mit diesem Thema hatte ich mich noch nicht beschäftigt, aber ich war neugierig und nahm daher gern teil. Wir waren insgesamt sieben Personen, die aus Deutschland, Finnland und England in einem

Meditationsraum in Bielefeld zusammenkamen. Ich war überrascht über die kulturelle Vielfalt in unserer kleinen Gruppe. Die Zahl Sieben fiel mir auf und ich dachte plötzlich an Kuan Yins Form als „Meisterin vom siebten Strahl".

Zunächst goss die Kursleiterin uns Wasser vom indischen Fluss Ganges über den Kopf. Ein helles Licht leuchtete kurz in mir auf, als das Wasser über meinen Kopf und mein Gesicht rann.

Dann malten wir verschiedene geometrische Formen auf Papier. Wir legten ausgeschnittene Kreise in dem Muster der „Blume des Lebens" auf dem Boden aus, und setzten uns auf verschiedene Positionen, um die Wirkung auf uns selbst und auf unser Miteinander zu spüren. Unsere Personenzahl von sieben Menschen war perfekt, um den Mittelpunkt und die ersten sechs Kreise um den Mittelpunkt der Blume des Lebens darzustellen. Als ich in dieser geometrischen Figur saß, erinnerte mich das an Darstellungen des 6-Silben-Mantras Om Mani Padme Hum, welches Kuan Yin zugeordnet wird. Es gibt Darstellungen, wo in der Mitte ihre Keimsilbe in einem Kreis aufgemalt ist, und darum herum sind s echs Lotusblätter angeordnet, welche jeweils eine Silbe des Mantras enthalten.

Die Kursleiterin forderte mich dazu auf, Licht in meine spirituelle Linie zu schicken. Das war eine intensive Erfahrung. Irgendetwas war durch den Kurs in mir aufgebrochen, aber ich hatte noch keine Bilder dazu.

In der Nacht träumte ich von zwei weißen, großen Kuan Yin Statuen, als mir plötzlich bewusst wurde, dass ich träumte. *Ich sehe nur noch helles Licht, und aus diesem hellen Licht erscheint ein hellstrahlendes Wesen mit einem „Haken des Mitgefühls" in der Hand. Mit diesem Haken zieht es die Wesen aus dem Leiden heraus. Auf einmal höre ich einen lauten Klang. Ich verstehe die Worte „Maha Siddhi"* und wachte auf.

„Was bedeutet Maha Siddhi? Und war das helle Wesen Kuan Yin?", fragte ich mich, während ich langsam zu mir kam.

Beim Frühstück hatte ich den Impuls, auf Youtube nach „Kuan Yin in weißen Roben" zu suchen. Tatsächlich fand ich ein Video zum „Mantra der Kwan Yin in weißen Roben". Eigentlich gefiel es mir nicht so gut, aber ich folgte der Eingebung, es laufen zu lassen. Plötzlich erschien ein Bild von Kuan Yin mit der „Mer Ka Ba"-Figur aus der Heiligen Geometrie, auf der Höhe ihres Solarplexus. Die geometrische Form „Mer Ka Ba" gilt als Grundbauplan des Universums, als Schlüssel, um die göttliche Realität zu erfahren. Noch nie hatte ich diese geometrischen Formen im Zusammenhang mit Kuan Yin gesehen.

Das weiße, hell-strahlende Wesen in meinem Traum war Kuan Yin in weißen Roben gewesen – die weißen Roben sind offenbar ein Symbol für die weiße Lichtkraft, die aus ihr herausstrahlt und alles umhüllt und durchströmt, heilt, segnet, erfüllt und inspiriert. Sie verkörpern ihre Weisheit und Liebe, die ureigene Kraft des Kosmos, die in uns allen existiert.

Die Bedeutung ihrer weißen Licht-Robe schien mir plötzlich vergleichbar damit, dass in unserer Zen-Tradition die Roben den Dharma (die Lehren des Buddha) verkörpern. Was die Lehren genau für uns bedeuten, erschließt sich uns mit der Zeit immer tiefer und umfassender. Durch das Üben und die Selbstreflexion, sowie das Studieren von Texten bekommen wir lebendige Einblicke in die buddhistischen Lehren und können schauen, wie all das sich in unserem Leben persönlich zeigt. Durch das eigene Erleben tauchen wir dann immer tiefer in die Bedeutung und die Kraft der spirituellen Lehren ein. Mir persönlich wird in diesem Prozess immer klarer, wie wenig ich die Lehren mit dem Verstand zu fassen bekomme. Die Robe symbolisiert für mich daher auch im tieferen Sinne die Grenzenlosigkeit und Unfassbarkeit der Lehren. Genauso unfassbar und grenzenlos, wie Kuan Yins Licht-Robe. Und dennoch erfahrbar und zutiefst berührend!

Wenn ich in meine Nonnenrobe gekleidet auf dem Sitzkissen sitze, fühle ich mich darin wunderbar geborgen und gestärkt. Diese Robe hat auf mich eine beruhigende Wirkung. Ich nehme manchmal all die lieben

Menschen darin wahr, die mir Stoffe gespendet haben, um diese Robe zu nähen. Manchmal fühlt es sich für mich so an, als ob ich von all diesen Menschen umarmt werde, während ich dasitze.

Kuan Yins Lichtrobe hat auf mich eine ähnliche Wirkung; ich spüre darin ihre liebevolle weise Form, und zugleich ihre unfassbare Formlosigkeit.

Als ich dann auf dem Weg zur Arbeit gerade an meinen Traum und an die lauten Worte „Maha Siddhi" dachte, hielt ein Lieferwagen vor mir an. Er trug die Aufschrift „Genau richtig!" Ich spürte eine starke Energie, was mir für gewöhnlich zeigt, dass ich eine wirkliche Botschaft bekomme.

Und so schrieb ich später an diesem Tag die Kursleiterin an und fragte nach, was „Maha Siddhi" bedeute. Sie antwortete mir: „Höchste Kraft, höchste Ebene". Ich schwebte auf Wolke 7, weil wieder alles wunderbar zusammenpasste.

Jetzt wurde mir klar, dass Kuan Yin, wenn ich ihr im Land des Schnees begegne, ja umgeben ist von lauter Schnee-Kristallen, lauter Blumen des Lebens, Schlüsseln des Lebens. Ich erinnerte mich daran, dass sie mir diese auch zu trinken gegeben hatte, ich also dieses geometrische Grundmuster zu mir genommen hatte. Das Land des Schnees ist ein Ort, an dem wir dem Potenzial des Lebens und der Kreativität begegnen. Wenn wir das Alles symbolisch betrachten, erkennen wir, dass Kuan Yin – wie in dem Märchen von Frau Holle – lauter Schlüssel des Lebens, lauter kreatives Potenzial auf uns herabregnen lässt – ihren immerwährenden Segen. Und es liegt an uns, ob wir diesen Segen nutzen.

Kristalle (Wasser besteht auch aus Kristallstrukturen) sind Träger und Leiter von Information. Durch sie ist Kommunikation möglich. Wir können auch das Wasser in unserem Körper mit Liebe und Energie – zb. Kuan Yins Energie – aufladen. Wir können von Kristallen auch

Informationen bekommen, das heißt über Kristall auch mit anderen Wesen wie Kuan Yin kommunizieren.

Nur wenige Tage später bekam ich von einer Freundin eine Postkarte geschenkt, auf der ein Ausschnitt eines Marmor-Musters im Taj Mahal dargestellt war. Ich hatte ihr noch nichts von meinem Kurs in „Heiliger Geometrie" erzählt. Ihre Karte zeigte zwei übereinander gelegte Vierecke, die einen Stern bildeten. Dieser Stern war der Mittelpunkt. Solche Muster hatte ich auch in meinem gerade absolvierten Kurs gesehen: sie symbolisieren das höchste Bewusstsein.

In dem Moment fiel mir ein, dass Kuan Yin der Nordstern zugeordnet wird. Und mir kam der Gedanken, dass ihr möglicherweise ein Stern symbolisch zugeordnet wurde, weil der Stern in der heiligen Geometrie auch das höchste Bewusstsein verkörpert.

Ein weiteres Symbol wird Kuan Yin zugeordnet: vesica piscis. Es wird auch Kleinod, Juwel, magische Perle oder Fischauge genannt. Im alten China gab es die Vorstellung, dass wir Menschen bei der Geburt und im Sterben, das „Perlentor der Meeres-Göttin", die in manchen Gegenden mit Kuan Yin assoziiert wird, passieren.

Diese vesica piscis finden wir auch in der Blume des Lebens – genau dort, wo sich die einzelnen Kreise überschneiden, kann man diese Formen sehen. Sie lassen das große Muster entstehen und halten es zusammen. Die vesica piscis, die Perle der Kuan Yin, ist der zeitlose Ort, an dem uns die Allverbundenheit deutlich wird – der Ort, an dem Mitgefühl aus der Einsicht der Allverbundenheit entsteht – ein Ort, an dem alles ineinander wirkt und sich verbindet. Leben und Sterben greifen hier in einem Punkt ineinander, innerhalb des grenzenlosen Lebensmusters.

Gleichzeitig können wir durch diesen Ort der Allverbundenheit, dieses „Perlentor" in die Ebene dahinter gelangen – die Ebene jenseits der

Dualität. Die sogenannte Leerheit oder Shunyata, von der im Herzsutra die Rede ist.

Ist dies die Perle, welche das Drachenmädchen dem Shakyamuni Buddha im Lotus Sutra überreicht – und die er ohne zu zögern von ihr annimmt?

Vage erinnerte ich mich an eine Reise, die ich in meinem letzten Kurs während der Ausbildung bei Fransje erlebt hatte. Ich blätterte in meinen Unterlagen und fand die Notizen:

Von meinem Lebenskreis aus erscheint am blauen Himmel vor mir ein Regenbogen, der sich zu einem Kreis formt. Er wird zu einer Röhre, aus der goldenes Licht strömt, und es zieht mich nach oben. Ich nehme meine Gestalt als Schwanenfrau an und fliege die Regenbogen-Röhre hinauf. Unterwegs komme ich an verschiedenen Landschaften vorbei, über einen hohen Berg, und fliege so hoch, bis sich über meinem Kopf eine Klappe befindet, die mich stoppt. Sie hat einen Türklopfer. Ich klopfe an und öffne sie langsam, steige durch die Luke nach oben: Vor mir öffnet sich ein endloser schwarzer Raum ... in der Mitte sitzt Kuan Yin vor mir auf einem Thron, in dunkler Gestalt; sie leuchtet dunkelblau-violett. Sie und dieser schwarze endlose Raum scheinen mir so machtvoll zu sein, dass ich mich fürchte. Der Raum wirkt auf mich kraftvoll, durchdrungen von einem mächtigen Bewusstsein. Kuan Yin sitzt vor mir auf einem Thron, in dunkler Gestalt; sie leuchtet dunkel. Sie scheint so machtvoll, dass ich mich fürchte. Kuan Yin sagt mir, dass mein Mangel an Vertrauen in sie, diese Furcht entstehen lässt. Sie nimmt mich auf ihren Schoß und wir lösen uns in Licht auf. Dann erscheinen wir wieder in der vorherigen Gestalt. Sie lässt goldenen Segen über mich rieseln, wie sanften Regen. Dann ist es Zeit zurück zu reisen.
Auf dem Rückflug erkenne ich, dass ich durch meinen eigenen zentralen Energiekanal geflogen war. Aber wo war ich gelandet?

Nachdem ich mir diese Reise-Aufzeichnungen durchgelesen hatte, wollte ich nun herausfinden, wo ich an dem Tag gelandet war, und ich machte eine Übung dazu:

...Ich reise ins Schneeland der Kuan Yin und bitte sie mir zu helfen, all das zu verstehen, was ich in der letzten Zeit erlebt habe.

Sie nimmt mich an die Hand, wir verlassen das Schneeland und laufen einen Berg hinunter, einen verschneiten Pfad entlang, der hell-golden leuchtet und glitzert, eingerahmt von grünen Zedern und Wachholder. Wir folgen einem kurvigen Pfad. Plötzlich fühlt es sich für mich so an, als würden wir uns um meinen menschlichen Körper herumbewegen und vom Rücken her in meinen Körper hineingehen. Ich denke, dass das absurd ist, lasse meine Gedanken wieder los und konzentriere mich auf die Reise. Wir gehen durch eine Tür. Plötzlich stehe ich in der Mitte eines großen, leuchtenden Mandalas. Es ist genau so, wie ich es vor Jahren als kurzes Aufflackern während einer Meditation erlebt hatte. Damals hatte ich mich selbst als weiße, tanzende Gestalt in der Mitte eines Mandalas gesehen. Mit drei Augen im Gesicht. Ich gehe in die Mitte und bin wieder untrennbar mit der Gestalt der Kuan Yin verbunden. Um uns herum sitzen vier andere Formen von ihr, jeweils in einer der vier Himmelsrichtungen, und in jeweils unterschiedlichen Farben.

In der Mitte werde ich durchströmt vom weiß-goldenen Feuer. Plötzlich erkenne ich, dass ich in meiner Herzkammer bin. **Meine Herzkammer ist ein Mandala von Kuan Yin.**

Und dann erkenne ich, dass hier mehrere Orte ineinander-geschachtelt sind: Das weiß-goldene Feuer, welches hier durch mich hindurchfließt, ist das Feuer der Jurte vom weißen Land der Seele, und zugleich das Feuer meiner Jurte auf dem Hochplateau. All das existiert in meinem inneren Herz Mandala – die Jurte im Weißen Land der Seele ist jedoch zugleich mein Herz, in welchem mein Herz-Mandala existiert. Mein Intellekt kann das nicht sortieren, dennoch nehme ich das ganz klar wahr.

Immer noch befinde ich mich in der Mitte des Mandalas. Nun wird der bodenlose Raum in der Mitte zu einem weißen See, Ein See aus weißem Wasser, in dessen Mitte eine weiße Lotusblume aufsteigt. Auf dieser Blüte sitze ich nun. Der See besteht nicht nur aus Wasser, sondern auch aus Licht; eine Art Licht-Wasser. Der See ist zugleich ein Spiegel – ein Tor in andere Welten und Dimensionen.

Dann lösen sich diese Bilder wieder auf, und ich befinde mich einfach in der Mitte eines hellen Raumes. In diesem Moment erkenne ich, dass ich mich inmitten von Kuan Yins Herz befinde, und dass mein Herz in ihrem Herz enthalten ist und davon durchströmt wird.

Und mir wird klar, dass hinter all diesen Bildern und Erkenntnissen, die sich mir gerade zeigen, die Formlosigkeit erstreckt, die Leerheit, aus der alles entsteht und in die sich alles wieder auflöst. Ein endloser Tanz der Formen aus Kuan Yins Weisheit und Liebe.

In der Mitte dieses Mandalas erinnere ich mich an das Symbol des Zen-Kreises, das Zentrum allen Seins, das zugleich endloser Raum ist. Durch den Kreis, durch die innere Mitte, gelangen wir in den Raum, der hinter der Welt der Erscheinungen, Gedanken und Emotionen liegt. Dieser Raum ist untrennbar vom Geist der Kuan Yin, von ihrer liebenden Güte die ausnahmslos alle Wesen umfängt, ihrem bedingungslosen Mitgefühl und ihrer alles durchdringenden Weisheit. Dieser Raum ist das Licht der Existenz.

Aus der Mitte heraus entfaltet sich alles. Ohne den Mittelpunkt gibt es kein Mandala darum herum – ohne das Mandala existiert aber auch kein Mittelpunkt. Form und Leerheit bedingen einander – und sie entspringen aus einer Kraft, die dahinter und darin wirkt.

Dieser Mittelpunkt ist Kuan Yins Herz-Sonne! Aus unserer Herz-Sonne strömt ihr Licht, das große Licht der Liebe und Weisheit, es ist zeitlos, und es ist verbunden mit dem Licht aus der Zentralsonne der Milchstraßen-Galaxie!

Für heute ist es genug. Kuan Yin führt mich wieder den Weg zurück in das weiße Land der Seele – von dort reise ich in meinen Lebenskreis zurück.

Mein Verstand knackte noch an dem Erlebten, als mir ein Buch von Andreas Beutel zufiel. Eine Klientin gab es mir mit den Worten in die Hand, dass mich das Thema eventuell interessieren könnte. Es hatte den Titel „Mer-Ka-Ba". Das interessierte mich in der Tat.

In diesem Buch war beschrieben, dass es aus Sicht der heiligen Geometrie eine kleine Kammer im Herzen gibt, aus der heraus sich alles manifestieren kann. Dort soll sich das ganze Universum befinden. Von dort aus soll es möglich sein, mit allen Wesen aller Welten und Zeiten Kontakt aufzunehmen. Es scheint ein Ort jenseits unserer physikalischen Gesetze zu sein; ein sehr persönlicher Raum, indem wir uns selbst und allem, was existiert, begegnen können.

Offensichtlich war ich, ohne es zu verstehen, in meiner inneren kleinen Kammer gelandet.

Eine Schülerin der Sufi-Tradition kam zur Massage und erzählte mir, dass in ihrer Tradition das göttliche Bewusstseins in der sogenannten „innersten Kammer des Herzens" erfahrbar sei.

Diese Kammer würde „Das Herz der Herzen" genannt. Um dorthin zu gelangen, sei es nötig, zuvor innere Reinigungsprozesse zu durchlaufen. Ist der Schüler / die Schülerin nach einer gewissen Zeit bereit, dann – so erzählte sie mir - würde das Bewusstsein des Herzens durch die Gnade des Lehrers / der Lehrerin erweckt — eine Übertragung von Herz zu Herz. Dies stimmte exakt mit meinen Erlebnissen überein!

In der nächsten Pause liefen all meine Reisen – die Reisen in der Welt und meine inneren Reisen – vor meinem inneren Auge ab. Ich erkannte, dass all die wunderbaren und wertvollen Begegnungen und Erfahrungen, mich an einem bestimmten Zeitpunkt in das weiße Land der Seele zu Kuan Yin geführt hatten. Von ihr war ich gereinigt worden. Von ihr war mir das Bewusstsein des Herzens übertragen worden, sodass ich schließlich ins Herz der Herzen gelangen konnte. Zusätzlich war es wichtig gewesen, die geschickte und stetige Unterstützung meines Zen-Lehrers zu haben, um meine traumatischen Muster zu durchbrechen und mich für das Unvorstellbare öffnen zu können. Unser innerstes Wesen entzieht sich dem logischen Denken. Und mir wurde klar, dass dies erst der Anfang von einer weiteren Bewusstseinsentwicklung war.

Ich war in meinem Herz-Mandala angekommen!
Und Kuan Yin hatte mich jahrelang dorthin hingeführt.
Gehen musste ich aber selbst!

Auf dem Heimweg ging vor mir eine alte Frau. Sie war sehr langsam. Anstatt sie eilig zu überholen, entschloss ich mich dazu, auch mal langsamer zu machen und ging hinter ihr her. Mein Blick fiel auf ihren kleinen Rollwagen, den sie hinter sich herzog. Und da sah ich eine weiße Form aus der heiligen Geometrie, die sogenannte „Frucht des Lebens mit sich selbst verbunden" auf ihren roten Rolli aufgedruckt. Und auf ihren Turnschuhen leuchteten weiße Sterne – ein Gruß von Kuan Yin im Hier und Jetzt.

Eine ganze Weile später las ich in einem eher wissenschaftlichen Buch eine Erklärung für das, was ich während dieser Reise in meinen innersten Herz-Raum erlebt hatte … Und es klang ganz logisch: Die Abstände zwischen einzelnen Planeten, ganzen Sonnensystemen oder Galaxien können nicht nur linear berechnet werden, sondern die Abstände sind auch exponentiell verbunden. Zum Beispiel liegt zwischen der kleinsten Lichtmenge in der Dunkelheit und dem Helligkeitsgrad bei Sonnenschein ein Unterschied von etwa einer Milliarde Einheiten. Auf einer exponentiellen Skala wird jedoch ein Abstand von neun Einheiten gemessen. Nach diesem Prinzip sind manche Himmelskörper nicht Lichtjahre entfernt, sondern nur einen Schritt weit auf der nächsten Maßstabsebene. Dieses rechnerische Gesetz ist keine menschliche Erfindung, sondern diese Gesetzmäßigkeit enthüllt ein kosmisches Prinzip innerhalb und zwischen den Welten. Und es existiert nach meiner Erfahrung auch zwischen den verschiedenen Realitätsebenen, die es gibt.

Linear betrachtet ist daher die Entfernung von meinem menschlichen Körper und meiner Herzmitte zum Zentrum der Milchstraßen-Galaxie unglaublich weit entfernt. Aber da die Entfernung andererseits exponentiell ist, ist mein Herz dem Zentrum der Milchstraßen-Galaxie ganz nah. Mein körperliches Herz ist demnach eng mit dem Herz des Planeten Erde verbunden, wir können kommunizieren. Durch das Zentrum der Milchstraßen-Galaxie spüre ich die lichtvolle Kraft von Kuan Yins Herz, wir können miteinander kommunizieren. Wenn wir uns also von Herz zu Herz verbinden, gibt es kaum eine Distanz, ungeachtet der Anzahl der uns vermeintlich trennenden Kilometer. Das kennen wir doch auch alle, dass wir manchmal an jemanden denken und uns der Person ganz nah fühlen, obwohl sie weiter weg lebt. Und oft stellt sich im Nachhinein heraus, dass die andere Person zu der Zeit auch an uns gedacht hat. Im Herzen waren wir einander nah. Ein Grund mehr, unser Herz zu entwickeln und zu stärken, und unsere Herz-zu-Herz-Kommunikation zu kultivieren.

Kuan Yin begleitet mich nun seit vielen Jahren und meine Verbindung zu ihr scheint jeden Tag tiefer zu werden. Immer wieder entdecke ich Neues, erfahre Zusammenhänge, die mir noch nicht bewusst waren, sehe Spuren von ihr in anderen Traditionen und anderen Wegen, und lerne von ihr auf meinen schamanischen Reisen. Mein eigener Weg hat sich seit der Begegnung mit dieser liebenden, weiblichen Kraft gewandelt – so wie er auch mich verwandelt hat. Ich vertraue meiner Intuition mehr, weil mich die Reisen in andere Bereiche des Daseins geöffnet haben und ich nun mehr Möglichkeiten als Grenzen sehe. Meine Meditation ist weniger starr, dafür aber verbundener, liebevoller – sowohl was meinen Umgang mit mir selbst als auch meinen Umgang mit der Welt angeht.

Kuan Yin erscheint mir in so vielen Facetten, als inneres Bild, als plötzlicher Regenborgen oder Lichtstrahl, als Wolkenbild, als ein Mensch, der mir hilft, und so viel mehr. Dies erweitert meinen Horizont für meine menschliche Existenz deutlich. Es zeigt mir, dass auch mein Wesen viele verschiedene Facetten und Ausdrucksformen hat und haben darf. Ich muss mich nicht in die enge, allgemein anerkannte Norm des Menschseins hineinzwängen. Wenn ich meinem Wesen Raum gebe, ist alles in mir in bester Ordnung – mit mir ist nichts verkehrt.

Kuan Yin macht mir durch ihr Wirken klar, wie wenig meine Qualitäten der Weisheit und liebenden Güte bisher ausgeprägt sind. Auf dem Meditationskissen fühle ich oft Liebe für alle Wesen, doch wenn ich dann in den Alltag gehe, zeigt sich schnell, wo ich damit wirklich stehe. Ich habe noch viel Spielraum zur Weiterentwicklung und das motiviert mich. Hierfür brauche ich persönlich Vorbilder. menschliche Vorbilder, aber auch Vorbilder in den geistigen Welten. Kuan Yin ist dabei mein größtes Vorbild.

Ich möchte gern noch einmal auf die wundervolle Tatsache zurückkommen, dass alles miteinander verbunden ist. Dadurch, dass Kuan Yin mir in vielen verschiedenen spirituellen Traditionen begegnet, zeigt mir das, wie wichtig es ist zu verstehen, dass alle spirituellen Traditionen wertvoll sind, und in der Tiefe sogar miteinander verbunden. Das weibliche Prinzip ist eine verbindende Kraft, die wir alle in uns tragen. Anstatt miteinander zu konkurrieren, sich zu vergleichen und zu betonen, wo unsere Wege sich unterscheiden, sehe ich es als einen wichtigen Beitrag zum Frieden, das Augenmerk vor allem auf die Verbundenheit zu richten. Wir können uns jederzeit dafür öffnen, wo wir voneinander lernen und uns gegenseitig inspirieren können.

Ganz wichtig ist es mir, dazu zu ermutigen, wirklich neugierig und mit einem offenen Herzgeist zu erkunden, wie sich eine spirituelle

Tradition in jedem persönlich zeigen möchte. Ich möchte gern dazu anregen, das eigene spirituelle Wesen und den eigenen Weg wirklich zu durchdringen und nach außen zu leben. Auch, wenn es bedeuten kann, auf Kritik zu stoßen. Selbst wenn ich durch gewisse Kritik an meinem spirituellen Weg zunächst geknickt sein mag, gehe ich trotzdem weiter. Ich möchte niemanden nachahmen, sondern mein Wesen entfalten, so wie ein Blumensamen eines Tages als eine einzigartige Blume in voller Blütenpracht erstrahlt und ihren Duft verströmt, zur Freude der Wesen. Letztendlich glaube ich, dass wir uns gegenseitig am besten bereichern können, wenn wir wirklich uns selbst leben, und uns auf diese Weise in das große wundersame Lebensnetz einbringen. Wir alle sind kostbare Juwelen im unendlichen Gewebe des Seins. Lasst euer einzigartiges Juwelen-Licht scheinen!

Anrufungen

Kuan Yin – Mutter aller Buddhas

Ich rufe deinen Namen, Kuan Yin, die Quelle des Lichts in der Weisheit und liebende Güte untrennbar sind.
Mit Zuneigung schaust du auf uns vom Mandala in unserem Herzen. Die schmerzhafte Illusion der Trennung fallen lassend, öffnen wir uns für die Verbundenheit mit allen Wesen und betrachten voller Freude das, was uns miteinander verbindet. Indem wir deine Qualitäten verwirklichen, und dem Klang des Seins lauschen, erwecken wir Freude und Güte in jedem, der uns sieht oder an uns denkt.

Kuan Yins Mantra und Symbole

>   Namo Kuan Shi Yin Pusa
>   Namu Kwan Shi Yin Pusa
>   Namu Kwan Se Um Bosal
>   Namo Quan The Âm Botath
>   Namo Guan Shi Yin Pusa
>   Om Mani Padme Hum

Edelsteine, die mit Kuan Yins Feuer besonders verbunden sind:

Andenopal
Rosenquarz
Amethyst
Bergkristall
Sugilith
Jade
Regenbogen Flourit

33 Erscheinungsformen der Kuan Yin und ihre traditionelle Bedeutung

1) Kuan Yin mit dem Drachen — Kraft
2) Kuan Yin der Nichtdualität — Klärung
3) Kuan Yin der Einheit — Harmonie
4) Kuan Yin des Gebets — Hingabe
5) Kuan Yin mit dem Lotus — Integrität
6) Kuan Yin des reinen Wasser — Segen
7) Mutter Kuan Yin — Liebe
8) Muschel Kuan Yin- Erkenntnis
9) Kuan Yin der Furchtlosigkeit — Mut
10) Sutra Kuan Yin — Vergänglichkeit
11) Höhlen Kuan Yin — Entgiftung
12) Kuan Yin des Universellen Mitgefühls — Gnade
13) Kuan Yin der sechs Perioden — Zeit
14) Kuan Yin der Gelassenheit — Verankerung
15) Kuan Yin der Freude — Heiterkeit
16) Kuan Yin der Schätze — Reichtum
17) Kuan Yin des langen Lebens — Sicherheit
18) Kuan Yin mit dem blauen Hals — Umwandlung
19) Ein Blatt Kuan Yin — Bewusstheit
20) Wasser-Mond Kuan Yin — Reflexion

21) Fischkorb Kuan Yin — Leben
22) Wasserfall Kuan Yin — Regeneration
23) Medizin Kuan Yin — Gesundheit
24) Kuan Yin in weißer Robe — Frieden
25) Weidenzweig Kuan Yin — Flexibilität
26) Vier-Arme Kuan Yin — Schutzhülle
27) Anu Kuan Yin — Heiligtum
28) Feuerkranz Kuan Yin — Licht
29) Kuan Yin der Tugend — Zielgerichtetheit
30) Blätterkleid-Kuan Yin — Sammlung
31) Kuan Yin auf dem Lotusblatt — Glaube
32) Drachenfisch Kuan Yin — Bändigung
33) Kinder Kuan Yin — Kreativität

Symbole von Kuan Yin

Barke der Erleuchtung: auf diesem Schiff geleitet Kuan Yin die Seelen der Gläubigen in das Reine Land
Buch: großes Wissen erlangen
Dharmarad: Buddhistische Lehre
Doppelseitiges Zepter (Vajra): Werkzeug gegen Dämonen
Drache: Glück, Spiritualität, Weisheit, Kraft
Drachenfisch: Seeungeheuer
Drachenkopf-Emblem: Unterwerfung wilder Tiere
Einhorn: Sanftheit
Fisch: Glück, Fülle, Mitgefühl
Karpfen: kann Dämonen unterwerfen / zuweilen Kuan Yins Reittier
Gebetskette: Hilfe der Buddhas, Empfang im Reinen Land von Amitabha
Gefäß: enthält Heilwasser
Glocke: Weiblichkeit
Haken: Schutz
Hase: Mitgefühl, Fruchtbarkeit, Mond

Jadearmreif: Unterstützung durch eigene Kinder
Joo-i-Zepter: Schutz vor Gefahren, Wohlstand, Buddhistische Lehrer
Juwel: erfüllt hilfreiche Wünsche auf dem Weg zur Erleuchtung
Kinder: Kreativität, Familie
Knüppel: Macht über Geister
Korb: Dämonenfalle
Lotus: Reinheit, Erleuchtung / weiß: spiritueller Verdienst / blau: Wiedergeburt im Reinen Land / purpur: Erkennen der Bodhisattvas
Lotussockel: Herrschaft über Gier, Hass und Unwissenheit
Löwe: Schützer
Muschelhorn: Ruft Devas
Nektar: heilt, nährt, Kuan Yins Mitgefühl
Nektarvase: Langlebigkeit, Tugend und Mitgefühl
Palastartiger Pavillon: Palast der Buddhas
Perle: Perle der Unsterblichkeit, wunscherfüllendes Juwel
Pfau: Schutz
Pfeil: Freude, Gewahrsein
Pfirsich: langes Leben, Unsterblichkeit
Pfingstrose: Liebe, Glück, weibliche Schönheit
Phönix: himmlischer, glückbringender Vogel, weibliches Gegenstück zum Drachen
Rad: Buddhistische Lehre
Reisschale: Leben
Seil: schädliche Einflüsse werden gebunden
Spiegel: Weisheit, Natur des Geistes
Tiger: spirituelle Welt
Vogel, taubenartig Gesang vertreibt Verblendung
Wasser: Reinigung, Segnung, Heilung
Wedel, weiß: vertreibt Elend und schlechte Energien
Weidenzweig: Heilung, Mitgefühl, Austreibung von Geistern, Wunscherfüllung, Flexibilität
Weintraube: reiche Ernte

Danksagung

Dieses Buch ist wie Teppich, der sich aus den vielen, bunten Fäden vieler Menschen, Belehrungen und Erlebnisse gewebt hat. Es gibt so viele Menschen, denen ich danken könnte.

Als erstes danke ich besonders meinem Sohn Ole, der mich immer wieder inspiriert und motiviert, mir ehrliches Feedback gibt und mutig seinem Herzen folgt. Ihm widme ich mein Buch.

Danke an meine Familie und Miri, die mich so anerkennen wie ich bin und mich immer darin unterstützen, meinem inneren Ruf zu folgen. Meine Familie liegt mir sehr am Herzen.

Ursprünglich waren es Aufzeichnungen, persönlich für mich verfasst, um all die Details und Zusammenhänge, die sich mir im Laufe der Jahre erschlossen haben, nachlesen zu können. Die schamanische Lehrerin Fransje war diejenige, die mich dazu aufforderte, diese Texte nicht nur für mich in der Schublade zu behalten, sondern sie zu veröffentlichen und anderen Menschen zur Verfügung zu stellen. Darüber hinaus bin ich durch die Übungen, die sie mir beigebracht hat, Kuan Yin auf einer ganz tiefen Ebene wieder begegnet, zu der ich den Zugang verloren hatte. Dafür bin ich Fransje sehr dankbar.

Ich danke meinem zen-buddhistischen Lehrer Claude AnShin Thomas für seine präzise und herausfordernde Geistes-Schulung, ohne die ich weder die Offenheit noch den Mut dazu gehabt hätte, ein Buch zu schreiben und mich selbst so persönlich zu zeigen.

Ebenso danke ich den lieben Menschen aus der Zaltho Sangha für ihre Verbundenheit und besonders Wiebke KenShin für ihre Unterstützung und Inspiration.

Ich danke Jörn und Dzevada, die mich sehr unterstützt und ermutigt haben, als ich mein Buch-Projekt fallen lassen wollte, und danke auch an meine Freundinnen Christine, Ina und Petra für ihre emotionale Unterstützung und Ermutigung, wann immer ich zu Beginn Zweifel an diesem Projekt bekam. Danke an Jürgen für die Hilfe mit der englischen Übersetzung und Jinpa Lhamo für ihre ermutigenden Worte, dass ich ihr die Augen für Kuan Yin geöffnet hätte.

Danke auch an meine Nichte Alina Weiß, für ihre wunderschönen Kuan Yin Fotos (1,15,18, 21) die sie während ihrer Vietnamreise fotografiert und mir für mein Buch zur Verfügung gestellt hat.

Über die Autorin

Sonja MyoZen Sterner (*1968) ist Mutter, Großmutter, zen-buddhistische Nonne und Linienhalterin in der Tradition, die ihr von dem zen-buddhistischen Mönch Claude AnShin Thomas übermittelt wird. Sie lebt in Bielefeld und arbeitet als Ayurveda-Praktikerin.

Im Alter von 16 Jahren begann sie mit der buddhistischen Meditations-Praxis. 2006 begegnete sie dem zen-buddhistischen Mönch Claude AnShin Thomas und engagiert sich seitdem in seiner internationalen Gemeinschaft der aktiven Gewaltlosigkeit. Zusätzlich wurde sie von 2014 bis 2021 in einer spirituellen Tradition aus dem Altai unterrichtet und in dieser Tradition autorisiert. Die Ausbilderin ermutigte sie sehr dazu, dieses Buch zu schreiben.

Ihr spiritueller Schwerpunkt liegt in der buddhistischen Tradition und ihrer tiefen Verbindung zu Kuan Yin.

Dieses Buch spannt einen zauberhaften Bogen von der zen-buddhistischen Tradition hin zu einer spirituellen Tradition aus dem Altai. Wir begegnen Meisterinnen und Meistern, welche die Autorin herausfordern. Wir wandeln auf Traumpfaden und treffen archaische Wesen, die unsere Augen für das Zusammenspiel der sichtbaren und unsichtbaren Welten öffnen.

Das Ganze ist verwoben mit ungewöhnlichen Erfahrungen und Studien zum weiblichen Buddha Kuan Yin, deren zeitlose Weisheit uns dazu ermutigt, unseren ganz persönlichen Weg zu gehen und kreativ am derzeitigen Wandel mitzuwirken.

Kuan Yin spielt eine Schlüssel-Rolle in der persönlichen Transformation und fungiert als Brücke zwischen den Traditionen.

Möge dieses Buch zur Toleranz und Wertschätzung verschiedener spiritueller Traditionen anregen und uns für die Wirklichkeit öffnen, dass alle Wesen und alle Welten miteinander verbunden sind.

Buchempfehlungen

John Blofeld: Bodhisattva of Compassion, The Mystical Tradition of Kuan Yin, Shambala, Boston, 1977

Daniela Schenker: Kuan Yin, Begleiterin auf dem spirituellen Weg, Hans-Nietsch-Verlag, Freiburg, 2006

Wulfing von Rohr: Kuan Yin, die weibliche Fürsprecherin im Buddhismus, Schirner Verlag, Darmstadt, 2007

Claude AnShin Thomas: Meditation mitten im Leben, Edition Spuren, Winterthur, 2023

Claude AnShin Thomas: Am Tor zur Hölle, Der Weg eines Soldaten zum Zen-Mönch, Theseus, Stuttgart, 2003

Sandy Boucher: Discovering Kwan Yin, Buddhist Goddess of Compassion, Beacon Press, Boston, 1999

Sandy Boucher: She appears, Encounters with Kwan Yin, Goddess of Compassion, Goddess Ink, USA, 2015

Sarah E. Truman: Searching for Guan Yin, White Pine Press, New York, 2011

Alexander Studholme: The Origins of Om Manipadme Hum, A Study of the Karandavyuha Sutra, State University of New York Press, New York, 2002

Museum Rietberg Zürich: Kannon Göttliches Mitgefühl, frühe buddhistische Kunst aus Japan, Museum Rietberg Zürich, Zürich, 2007

Martin Palmer and Jay Ramsay: Kuan Yin, Myths and Prophecies of the Chinese Goddess of Compassion, Thorsons, San Francisco, 1995

Steven Levine: Becoming Kuan Yin, The Evolution of Compassion, Weiser books, San Francisco, 2013

Robert Aitken: The Morning Star, New and Selected Zen Writing, Honolulu Diamond Sangha, USA, 2003

Dennis Maloney: The Faces of Guan Yin, poems, Folded Word, USA, 2019

Alana Fairchild: The Kuan Yin-Transmission, Healing Guidance from Our Universal Mother, Blue Angle Publishing, Australia, 2019

Josephine Stark: Kuan Yin's Miracle Mantras, Awakening the Healing Powers of the Heart, Stark Light Press, Montana, 2003

Grace Schireson: ZenFrauen, Jenseits von Teedamen, Eisernen Jungfrauen und Macho-Meisterinnen, edition steinrich, Zwickau, 2009

Olga Kharithidi: Das Weiße Land der Seele, List, Berlin, 2005

Olga Kharithidi: Samarkand, List, Berlin, 2005

Sylvia Wetzel: Das Herz des Lotos, Frauen und Buddhismus, Fischer, Frankfurt am Main, 1999

Ma GCIG: Gesänge der Weisheit, Garuda Verlag, 1998

International Publications

Auroville Architecture
by Franz Fassbender

Auroville Form Style and Design
by Franz Fassbender

Landscapes and Gardens of Auroville
by Franz Fassbender

Inauguration of Auroville
by Franz Fassbender

Auroville in a Nutshell
by Tim Wrey

Death doesn't exist
The Mother on Death, Sri Aurobindo on Rebirth
Compiled by Franz Fassbender

Divine Love
Compiled by Franz Fassbender

Five Dream
by Sri Aurobindo

A Vision
Compiled by Franz Fassbender

Passage to More than India
by Dick Batstone

The Mother on Japan
Compiled by Franz Fassbender

Children of Change: A Spiritual Pilgrimage
by Amrit (Howard Shoji Iriyama)

Memories of Auroville - told by early Aurovilians
by Janet Feran

The Journeying Years
by Dianna Bowler

Auroville Reflected
by Bindu Mohanty

Finding the Psychic Being
by Loretta Shartsis

The Teachings of Flowers
The Life and Work of the Mother of the Sri Aurobindo Ashram
by Loretta Shartsis

The Supramental Transformation
by Loretta Shartsis

**The Mother's Yoga - 1956-1973 (English & French)
Vol. 1, 1956-1967 & Vol. 2, 1968-1973**
by Loretta Shartsis

Antithesis of Yoga
by Jocelyn Janaka

Bougainvilleas PROTECTION
by Narad (Richard Eggenberger), Nilisha Mehta

Crossroad The New Humanity
by Paulette Hadnagy

Die Praxis Des Integralen Yoga
by M. P. Pandit

The Way of the Sunlit Path
by William Sullivan

Wildlife great and small of India's Coromandel
by Tim Wrey

A New Education With A Soul
by Marguerite Smithwhite

Featured Titles

Divine Love

The texts presented in this book are selected from the Mother and Sri Aurobindo.

"Awakened to the meaning of my heart. That to feel love and oneness is to live. And this the magic of our golden change, is all the truth I know or seek, O sage."

Sri Aurobindo, Savitri, Book XII, Epilog

A Vision by the Mother

On 28th May 1958, the Mother recounted a vision she once had of a wonderful Being of Love and Consciousness, emanated from the Supreme Origin and projected directly into the Inconscient so that the creation would gradually awaken to the Supramental Consciousness. The Mother's account of this vision was brought out a first time in November 1906, in the Revue Cosmique, a monthly review published in Paris.

A Dream – Aims and Ideals of Auroville
the Mother on Auroville

50 years of Auroville from 28.02.1968 - 28.02.2018

Today, information about Auroville is abundant. Many people try to make meaning out of Auroville – about its conception, to what direction should we grow towards, and, what are we doing here?

But what was Mother's original Dream and what was her Vision for Auroville back then?

Matrimandir Talks by the Mother

This book presents most of Mother's Matrimandir talks, including how she conceived the idea for this special concentration and meditation building in Auroville.

Memories of Auroville - Told by early Aurovilians

Memories of Auroville is a book about the very early days of Auroville based on interviews made in 1997 with Aurovilians who lived here between 1968 and 1973. The interviews presented in this book are part of a history program for newcomers that I had created with my friend, Philip Melville in 1997. The plan was to divide Auroville's history into different eras and then interview Aurovilians according to their area of knowledge. Our first section would cover the years from 1968 till 1973 when the Mother was still in her physical body.

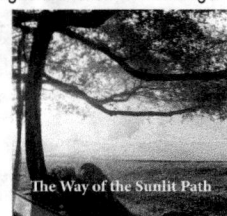

The Way of the Sunlit Path

May The Way of the Sunlit Path be a convenient guide for activating this ancient truth as a support for a Conscious Evolution.
May it illumine the transformation offered to us in the Integral Yoga.

A Dream Takes Shape (in English, French, Hindi)

A comprehensive brochure on the international township of Auroville in, ranging from its Charter and "Why Auroville?" to the plan of the township, the central Matrimandir, the national pavilions and residences, to working groups, the economy, making visits, how to join, its relationship to the Sri Aurobindo Ashram, and its key role in the future of the world. This brochure endeavours to highlight how The Mother envisioned Auroville from its inception, some of the major achievements realised over the years, and some of the difficulties currently faced in implementing the guidelines which she gave.

Mother on Japan

I had everything to learn in Japan. For four years, from an artistic point of view, I lived from wonder to wonder. And everything in this city, in this country, from beginning to end, gives you the impression of impermanence, of the unexpected, the exceptional... ...everything in this city, in this country, from beginning to end, gives you the impression of impermanence, of the unexpected, the exceptional. You always come to things you did not expect; you want to find them again and they are lost – they have made something else which is equally charming.

Auroville Reflected

On 28 February 1968, on an impoverished plateau on the Coromandel Coast of South India, about 4,000 people from around the world gathered for a most unusual inauguration. Handfuls of soil from the countries of the world were mixed together as a symbol of human unity. Why did Indira Gandhi, the erstwhile Prime Minister of India, support this development for "a city the earth needs?" Why did UNESCO endorse this project? Why does the Dalai Lama continue to be involved in the project? What led anthropologist Margaret Mead to insist that records must be kept of its progress? Why did both historian William Irwin Thompson and United Nations representative Robert Muller note that this social experiment may be a breakthrough for humanity even as critics commented, "it is an impossible dream"?

A House For the Third Millennium
Essays on Matrimandir

Nightwatch at the Matrimandir...
A cosmic spectacle; the black expanse above, the big black crater of Matrimandir's excavation carved deep into the soil. The four pillars - two of which are completed and the other two nearing completion - are four huge ships coming together from the four corners of the earth to meet at this pro propitious spot...

Passage to More than India

This book is a voyage of discovery. In 1959 the author, Dick Batstone, a classically educated bookseller in England, with a Christian background, comes across a life of the great Indian polymath Sri Aurobindo, though a series of apparently fortuitous circumstances. A meeting in Durham, England, leads him to a determination to get to the Sri Aurobindo Ashram in Pondicherry, a former French territory south of Madras.

www.ingramcontent.com/pod-product-compliance
Lightning Source LLC
LaVergne TN
LVHW010316070526
838199LV00065B/5578